πολιτικά

　　我(苏格拉底)跟得上你的道路吗？我说，你说的那门专业似乎指政治专业，而且还许诺把男子教成好的政治人？

　　就是就是，他（普罗塔戈拉）说，苏格拉底哟，这正是我的专职。

　　真漂亮，我说，你搞到的这门专业漂亮，要是你真的搞到了的话——我没法不说出自己的真实想法，尤其对你，——其实，我自己一直以为，普罗塔戈拉噢，这专业没办法教。可你现在却那样子说，我不知道该怎么看你的话。不过，为何我觉得这专业不可传授，没法由一个人递给另一个人，还是说清楚才好。

　　　　　　　　——柏拉图，《普鲁塔戈拉》，139a2–319b3

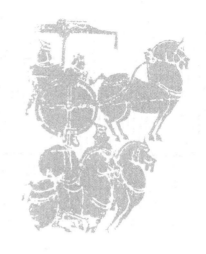

子曰:
可与共学，未可与适道；
可与适道，未可与立；
可与立，未可与权。

——《论语·子罕》

πολιτικά

政治哲学文库

甘阳　刘小枫｜主编

王光松　著

在"德"、"位"之间

华东师范大学出版社

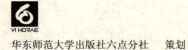

华东师范大学出版社六点分社　策划

中山大学"211工程"三期重点学科资助项目

总　序

甘　阳　刘小枫

　　政治哲学在今天是颇为含混的概念,政治哲学作为一种学业在当代大学系科中的位置亦不无尴尬。例如,政治哲学应该属于哲学系还是政治系? 应当设在法学院还是文学院? 对此我们或许只能回答,政治哲学既不可能囿于一个学科,更难以简化为一个专业,因为就其本性而言,政治哲学是一种超学科的学问。

　　在 20 世纪的相当长时期,西方大学体制中的任何院系都没有政治哲学的位置,因为西方学界曾一度相信,所有问题都可以由各门实证科学或行为科学来解决,因此认为"政治哲学已经死了"。但自上世纪七八十年代以来,政治哲学却成了西方大学内的显学,不但哲学系、政治系、法学院,而且历史系、文学系等几乎无不辩论政治哲学问题,各种争相出场的政治哲学流派和学说亦无不具有跨院系、跨学科的活动特性。例如,"自由主义与社群主义之争"在哲学系、政治系和法学院同样激烈地展开,"共和主义政治哲学对自由主义政治哲学的挑战"则首先发端于历史系(共和主义史学),随后延伸至法学院、政治系和哲学系等。以复兴古典政治哲学为己任的施特劳斯政治哲学学派以政治系为大本营,同时向古典学系、哲学系、法学院和历史系等扩展。另一方面，后现代主义和后殖民主义把文学系几乎变成了政治理论系，专事在各种文本中分析种族、性别和族群等当代最敏感的政治问题，尤其福科和德里达等对"权力—知识"、"法律—暴力"以及"友爱政治"等问题的政治哲学追问，其影响遍及所有人文社会科学领域。最后，女性主义政治哲学如水银泻地，无处不在，论者要么批判西方所谓"个人"其实是"男性家主"，要么强烈挑战政治哲学以"正义"为中心无异于男性中心主义，提出政治哲学应以"关爱"为中心，等等。

以上这一光怪陆离的景观实际表明，政治哲学具有不受现代学术分工桎梏的特性。这首先是因为，政治哲学的论题极为广泛，既涉及道德、法律、宗教、习俗以至社群、民族、国家及其经济分配方式，又涉及性别、友谊、婚姻、家庭、养育、教育以至文学艺术等表现方式，因此政治哲学几乎必然具有跨学科的特性。说到底，政治哲学是一个政治共同体之自我认识和自我反思的集中表达。此外，政治哲学的兴起一般都与政治共同体出现重大意见争论有关，这种争论往往涉及政治共同体的基本信念、基本价值、基本生活方式以及基本制度之根据，从而必然成为所有人文社会科学的共同关切。就当代西方政治哲学的再度兴起而言，其基本背景即是西方所谓的"60年代危机"，亦即上世纪60年代由民权运动和反战运动引发的社会大变动而导致的西方文化危机。这种危机感促使所有人文社会学科不但反省当代西方社会的问题，而且逐渐走向重新认识和重新检讨西方17世纪以来所形成的基本现代观念，这就是通常所谓的"现代性问题"或"现代性危机"。不妨说，这种重新审视的基本走向，正应了政治哲人施特劳斯多年前的预言：

　　彻底质疑近三四百年来的西方思想学说是一切智慧追求的起点。

政治哲学的研究在中国虽然才刚刚起步,但我们以为,从一开始就应该明确:中国的政治哲学研究不是要亦步亦趋与当代西方学术"接轨",而是要自觉形成中国学术共同体的独立视野和批判意识。坊间已经翻译过来不少西方政治哲学教科书,虽然对教书匠和应试生不无裨益,但从我们的角度来看,其视野和论述往往过窄。这些教科书有些以点金术的手法,把西方从古到今的政治思想描绘成各种理想化概念的连续统,盲然不顾西方政治哲学中的"古今之争"这一基本问题,亦即无视西方"现代"政治哲学乃起源于对西方"古典"政治哲学的拒斥与否定这一重大转折;还有些教科书则仅仅铺陈晚近以来西方学院内的细琐争论,造成"最新的争论就是最前沿的问题"之假象,实际却恰恰缺乏历史视野,看不出当代的许多争论其实只不过是用新术语争论老问题而已。对中国学界而言,今日最重要的是,在全球化时代戒绝盲目跟风赶时髦,始终坚持自己的学术自主性。

要而言之,中国学人研究政治哲学的基本任务有二:一是批判地考察西方政治哲学的源流,二是深入疏理中国政治哲学的传统。有必要说明,本文库两位主编虽近年来都曾着重论述施特劳斯学派的政治哲学,但我们决无意主张对西方政治哲学的研究应该简单化为遵循施特劳斯派路向。无论对施特劳斯学派,还是对自由主义、社群主义、共和主义或后现代主义等,我们都主张从中国的视野出发深入分析和批判。同样,我们虽强调研究古典思想和古典传统的重要性,却从不主张简单地以古典拒斥现代。就当代西方政治哲学而言,我们以为更值得注意的或许是,各主要流派近年来实际都在以不同方式寻求现代思想与古典思想的调和或互补。

以自由主义学派而言,近年来明显从以往一切讨论立足于"权利"而日益转向突出强调"美德",其具体路向往往表现为寻求康德与亚里士多德的结合。共和主义学派则从早年强调古希腊到马基雅维里的政治传统逐渐转向强调罗马尤其是西塞罗对西方早期现代的影响,其目的实际是缓和古典共和主义与现代社会之张力。最后,施特劳斯学派虽然一向立足于柏拉图路向的古典政治哲学传统而深刻批判西方现代性,但这种批判并非简单地否定现代,而是力图以古典传统来矫正现代思想的偏颇和极端。当然,后现代主义和后殖民主义各派仍然对古典和现代都持激进的否定性批判态势。但我们要强调,当代西方政治哲学的各种流派无不从西方国家自身的问题出发,因而必然具有"狭隘地方主义"(provincialism)的特点,中国学人当然不应该成为任何一派的盲从信徒,而应以中国学术共同体为依托,树立对西方古典、现代、后现代的总体性批判视野。

中国政治哲学的开展,毫无疑问将有赖于深入地重新研究中国的古典文明传统,尤其是儒家这一中国的古典政治哲学传统。历代儒家先贤对理想治道和王道政治的不懈追求,对暴君和专制的强烈批判以及儒家高度强调礼制、仪式、程序和规范的古典法制精神,都有待今人从现代的角度深入探讨、疏理和发展。近百年来粗暴地全盘否定中国古典文明的风气,尤其那种极其轻佻地以封建主义和专制主义标签一笔抹煞中国古典政治传统的习气,实乃现代人的无知狂妄病,必须彻底扭转。另一方面,我们也并不同意晚近出现的矫枉过正,即以过分理想化的方式来看待儒家,似乎儒家或中国古典传统不但与现代世界没有矛盾,还包含了解决一切现代问题的答案,甚至以儒家传统来否定"五四"以来的中国现代传统。深入研究儒家和中国古典文明不应采取理想化的方式,而是要采取问题化的方式,重要的是展开儒家和中国古典传统内部的问题、矛盾、张力和冲突;同时,儒家和中国古典传统在面对现代社会和外部世界时所面临的困难,并不需要回避、掩盖或否认,倒恰恰需要充分展开和分析。中国政治哲学的开展,固然将以儒家为主的中国古典文明为源头，但同时必以日益复杂的中国现代社会发展为动力。政治哲学的研究既要求不断返回问题源头，不断重读古代经典，不断重新展开几百年甚至上千年以前的古老争论，又要求所有对古典思想的开展，以现代的问题意识为归依。古老的文明中国如今已是一个高度复杂的现代国家，处于前所未有的全球化格局之中，我们对中国古典文明的重新认识和重新开展，必须从现代中国和当代世界的复杂性出发才有生命力。

政治哲学的研究在我国尚处于起步阶段，无论是批判考察西方政治哲学的源流，还是深入疏理中国政治哲学传统，都有待学界同仁共同努力，逐渐积累研究成果。但我们相信，置身于21世纪开端的中国学人正在萌发一种新的文明自觉，这必将首先体现为政治哲学的叩问。我们希望，这套文库以平实的学风为我国的政治哲学研究提供一个起点，推动中国政治哲学逐渐成熟。

2005 年夏

目　　录

引言：问题、方法与意义

余英时曾经指出："每一个特定的思想传统本身都有一套问题，需要不断地解决；这些问题，有的暂时解决了；有的没有解决；有的当时重要，后来不重要，而且旧问题又衍生新问题，如此流传不已。这中间是有线索可寻的。"他称这样的线索为"内在的理路(inner logic)"。① 在儒家思想传统的问题丛中，有一个处于不断解决之中、始终重要，但又不大引人注目的老问题，此即儒学史上的孔子"有德无位"问题。围绕该问题所生成的解释史，是余英时所说意义上的儒学史的"内在的理路"，理解该"内在的理路"之于儒学（特别是儒家政治哲学）的意义，需要对问题本身作一事先的概观式省察。

一、儒学史上的孔子"有德无位"话题

（一）一个让儒家有些伤感的话题

首先让我们回归传统，从领会儒生们谈论孔子"有德无位"事件时的感受来开始我们的省察工作。

---

① 余英时，《清代思想史的一个新解释》，见氏著，《论戴震与章学诚——清代中期学术思想史研究》，北京：生活·读书·新知三联书店，2005，页 325。

董仲舒曰:"孔子曰:'凤鸟不至,河不出图,吾已矣夫!'自悲可致此物,而身卑贱不得致也。"①

刘向曰:"是以孔子历七十二君,冀道之一行,……卒不遇,故睹麟而泣,哀道不行,德泽不洽,于是退作《春秋》,明素王之道,以示后人。"②

孔颖达曰:"此一节明子思申明夫子之德,与天地相似,堪以配天地而育万物,伤有圣德无其位也。"③

程颢曰:"若孔子之至德,又处盛位,则是化工之全尔。"④

儒学史上论及孔子"有德无位"事件者为数众多,以上只是略举数例,目的是使人们对儒生之于这一事件的感受有一初步了解。由上文可知,儒生们或认为孔子自悲"有德无位",或径直为孔子"有德无位"而伤感,对他们来说,孔子"有德无位"是一个让他们感到有些遗憾或伤感的事件。表面上看来,遗憾或伤感是由孔子"无位"引起的,人们注意到,道家人物就不会为"无位"而遗憾或伤感,以庄子为例,他不但不追求"位",且以"位"为负累,避之唯恐不及。⑤ 此种状况表明,儒家人物对孔子"有德无位"的伤感,是奠基在一种对"位"的特定理解与期待之上的。据上文刘向所言,孔子为"不遇"(即"无位")而"泣",为"道不行"而

① 《汉书·董仲舒传》。
② 《说苑》卷五《贵德》。
③ 《礼记正义》,[汉]郑玄注,[唐]孔颖达疏,龚抗云整理,王文锦审定,北京:北京大学出版社,1999,页1462。
④ [宋]程颢、程颐,《二程遗书》,上海:上海古籍出版社,2000,页177。
⑤ 庄子对"位"的态度,见《庄子·秋水》与《列御寇》,《史记·老子韩非列传》关于庄子拒楚王之聘的记载与《秋水》相类,不过,此等地方的"位"尚是臣子之位。在《庄子》中,与儒家孔子"有德无位"话题中的"位"相对应的是"天下"。在《逍遥游》、《让王》篇中,尧让天下于许由与子州支父;在《让王》篇中,舜让(转下页)

"哀"，孔子的哀伤源自"无位"所带来的"道不行"的结果，其中所含有的"道须借位而行"的观念，在儒学史上实为孔子本人首先发明。

> 子曰："虽有其位，苟无其德，不敢作礼乐焉；虽有其德，苟无其位，亦不敢作礼乐焉。"①

在孔子看来，"行道"须"德"、"位"兼备，或者说，"圣人在天子之位"（郑玄语）乃是实现理想的保证。② 据此，我们可将孔子心目中的政治理想标示为"德位合一"，"德"指圣德，"位"则指天子之位或君位。孔子"德位合一"的理想理解其来有自，③在他的理解中，"有其位"是"行道"不可或缺的条件。玄学家王弼对此把握甚准，其注《乾卦》"九五"爻辞曰：

> 夫位以德兴，德以位叙，以至德而处盛位，万物之睹，不亦宜乎？④

孔颖达疏证王注时曰：

> "夫位以德兴"者，位谓王位，以圣德之人能兴王位也。

（上接注⑤）天下于子州支伯、善卷、石户之农与北人无择，这些道家人物无一例外地都拒绝接受天下，他们不但不接受天下，反觉得受到了莫大的侮辱，不惜以逃离人世或自杀的方式来洗刷自己的不幸，由此可见庄周一派对"位"的态度。

① 《中庸》第二十八章。

② 参成云雷，《先秦儒学中的圣人之德与圣人之位——以秩序建构为中心》，见《哲学研究》，2007(12)。

③ 楚简《唐虞之道》所引逸《虞诗》曰："大明不出，万物皆暗。圣者不在上，天下必坏。"（李零，《郭店楚简校读记》［增订本］，北京：北京大学出版社，2002，页95—96。）

④ 《周易正义》，［魏］王弼注，［唐］孔颖达疏，李申、卢光明整理，吕绍刚审定，北京：北京大学出版社，1999，页6。

　　"德以位叙"者，谓有圣德之人，得居王位，乃能叙其圣德。
若孔子虽有圣德，而无其位，是德不能以位叙也。①

孔氏《尚书正义序》亦云：

　　　　先君宣父，生于周末，有至德而无至位，修圣道以显
　　圣人。②

　　王弼是就事论事，孔颖达则由理想的"德位合一"特征而联
想到了先君孔子的"有德无位"，在此他像刘向一样指认，孔子
"有德无位"让人伤感的地方在于："无位"使得孔子之德"不能以
位叙"。刘向与孔颖达的伤感系就孔子的个人命运而发，若从
"行道"的角度来看，孔子"有德无位"的缺憾正是在同"德位合
一"之完美性的对照中显现出来的，这提示出了如下重要线索：
儒生对"德位合一"理想的认同与执著，乃是引发其孔子"有德无
位"伤感的信念根基。
　　对那些追随孔子的后世儒生来说，一旦承继了"德位合一"
的理想信念，则不能不以此来打量现实，而现实又往往是"德"、
"位"分离的，如此一来，儒生就不能不生活于现实与理想相背离
的生存性紧张之中，紧张的程度视乎"德"、"位"分离的程度。在
上述紧张的驱动下，他们往往就孔子"有德无位"这一事件来说
事。一方面，他们通过言说这一事件的伤感性特征，来抒发其对
自身"有德无位"及"道不行"的伤感，此为情绪宣泄的方面；另一
方面，他们借助对这一事件的讨论，重新打量并调校自身在理想
与现实之间的位置，此为理性反思的方面。

---

① 《周易正义》，前揭，页7。
② 《尚书正义》，[汉]孔安国传，[唐]孔颖达疏，廖名春、陈明整理，吕绍刚审定，北
京：北京大学出版社，1999，页3。

儒家倡导"乐"的生活态度，从孔子"饭疏食，饮水，曲肱而枕之，乐亦在其中矣"的自述与对"回也不改其乐"的赞赏，①到周濂溪教导程氏兄弟"寻孔颜乐处"，一直都是儒学史上的美谈佳话。李泽厚指出了儒家文化的乐感特征，②但未及儒家之乐的心理背景与动因。儒家以"德位合一"为政治的当然状态，政治现实却是"德"、"位"分离，当然与现实之间的背离必然会为其带来一种有憾意的生存性紧张。如将这种"欲而不得"或"事与愿违"归因于他人或外力，伤感即转化为怨恨。怨恨与报复感最为相近，倾向于通过报复怨恨对象来释放心理能量，而孔子以来的儒生们强调"不怨天、不尤人"，③有意识地堵塞了伤感向怨恨转化的通道。④ 如将其归于自身，伤感则转化为自怨。贾谊自怨而死的个案表明，自怨因导向自责自罪而使怨者过于抑郁（以至于死）。⑤ 儒家理念虽易诱发伤感，但其使命感与进取精神亦阻止伤感向自怨转化。

儒生既不能怨恨、自怨，又不能够嫉妒，⑥其伤感委屈的情怀又必须排解，他们只能在上述途径之外另辟新径。⑦ 同怨恨

---

① 见《论语·述而》、《雍也》。

② 参李泽厚，《中国古代思想史论》，北京：人民出版社，1985，页 311。

③ 《论语·宪问》。

④ 关于儒家与怨恨的关系，可参刘美红《先秦儒学对"怨"的诊断与治疗》（中山大学博士学位论文，2009）一文。

⑤ 参《汉书·贾谊传》。

⑥ 在人类生活中，嫉妒是一种普遍存在的心理（关于该心理的结构与特点，参［奥］舍克，《嫉妒与社会》，北京：社会科学文献出版社，2003，页 7），儒生亦不能免俗（王符对包括儒生在内之嫉妒现象的揭示很是精到，参张成扬，《王符的嫉妒论》，见《中国人民大学学报》，1996[1]），儒生虽有嫉妒，但其嫉妒只指向其他儒生或"有位无德"者，并不指向历史上的"有德有位"者（即圣王），对他们来说，圣王不是嫉妒的对象，而是崇敬的对象，因此，在孔子"有德无位"问题上，儒家排斥嫉妒。

⑦ 在没有找到新径之前，屈原式的伤感者会走上自杀一途，参刘小枫，《拯救与逍遥》（修订本），上海：上海三联书店，2001，页 81－135。

一样,伤感也是一种负面的生存性体验。儒生个体的健康成长与儒学的长足发展都需要有效排解"有德无位"伤感。"儒教伦理中完全没有拯救的观念",[1]儒生不能像西方人那样通过诉诸超验上帝来排解伤感,他们只能在现世一重世界中寻求方案。[2]上文所言自孔子以来为儒生所津津乐道的"乐",作为对现世生活的一种精神性审美,实即儒生们的伤感化解方案之一。"乐"的态度要求在持守理想的同时,在欠缺的此世中发现"美",并通过开辟曾点式乐趣世界的方式,来认可这个"德"、"位"分离的欠缺的此世,从而缓解理想与现实的对立给儒生所带来的生存性紧张,换言之,"乐"要求以审美的眼光来看待理想与现实之间的距离并认可这个欠缺的此世。[3]除"乐"之外,儒家亦有其他解决伤感的方式,太史公"意有所郁结",辄以"述往事,思来者"来舒解,[4]对后世儒生来说,他们也需要通过对孔子"有德无位"这一重要"往事"不断的"述"(即反思),来舒缓儒学传统中不断积聚起来的紧张、焦虑与伤感,此种舒缓需求从内部推动着儒学的发展。

(二) 话题也是问题

孔子"有德无位"事件不但让众多儒生伤感,而且因其触及

---

① [德]韦伯,《儒教与道教》,洪天富译,南京:江苏人民出版社,1997,页182。

② 关于儒学留意于此世的入世性格,已为中外学者所注意并揭示,如柏逊思(Talcott Parsons)承继韦伯的观点说:"儒家伦理未能推动世界,正是因为它的入世趋向,致使无法在世外找到立足之地。"(Talcott Parsons. *The Structure of Social Action*. Newyork: The Free Press, 1949, p. 549.)杜维明也强调:"(儒家)以建立人间秩序作为终极关怀,所以儒家不在人间秩序(人所处的地球、人的世界)之外建立一个精神世界。"(杜维明,《儒家传统现代转化的资源》,见陈来、甘阳主编,《孔子与当代中国》,北京:生活·读书·新知三联书店,2008,页20。)

③ 李泽厚以为"乐"在儒家哲学中具有本体意义,具有超越性格(见氏著,《中国古代思想史论》,前揭,页311、页309);事实上,"乐"的这一意义与性格正以"有德无位"伤感为背景。

④ 《史记·太史公自序》。

孔门的核心价值观念以及儒生的现实生存而具有问题性的一面，话题也是问题。

> 子曰："舜其大孝也与！德为圣人，尊为天子，富有四海之内。宗庙飨之，子孙保之。故大德必得其位，必得其禄，必得其名，必得其寿。故天之生物，必因其材而笃焉。故栽者培之，倾者覆之。《诗》曰：'嘉乐君子，宪宪令德。宜民宜人，受禄于天。保佑命之，自天申之。'故大德者必受命。"①

孔子在此指出，"德位合一"理想的实现途径是"大德者得位"，"大德者"之"必得其位"，在他那里是为天所保证了的。在该信念下，孔子冀修德致位以达成理想，但与舜不同，孔子这个"大德者"最终没有"得位"，此为儒学史上的绝大件事。如果说孔子"有德无位"同"德位合一"不符带来的是伤感感受的话，其同"大德必得其位"信念的不符带来的则是棘手问题。孔子拥有圣德是孔门共识，按"大德必得其位"的信念逻辑，孔子应该有位，但孔子事实上又无位，事实与信念在此遂尖锐地对立起来。解决上述对立的思路有二：一是否弃"大德必得其位"的信念，如此则"有德"与"无位"可并处不悖；一是在坚持"大德必得其位"信念有效性的前提下，承认孔子"无德"或德不够大。上述两种解释都危及孔子的权威，是在此之外寻求第三种解释？还是两害相权取其轻？这正是考验后世儒生的地方。儒学的发展离不开其认同基础的一贯与稳固，孔子事迹同他本人信念之间的背离，在儒学创立之初就给孔子的后继者们留下了麻烦。

孔子"有德无位"话题不仅涉及孔子权威及孔门认同，而且

---

① 《中庸》第十七章。

也涉及孔门的核心价值观念及儒者生存。一方面,孔子修德不能致位的行动结果表明,"德位合一"理想难以通过"有德者得位"的途径来实现,在不放弃理想的情况下,理想如何才能实现的理论问题便摆在了后儒面前;另一方面,既然修德不能致位,儒生还要不要继续修德?儒生应如何怀抱理想而看待"位"并定位自身与"位"的关系?以上都是儒生生存中不容回避的大问题,涉及其存在根基。可见,孔子"有德无位"问题在儒学史上具有逼迫性与根本性,对它的讨论不但事关理想的稳固,而且也事关儒生的实际生存。

二、题域、方法与意义

(一) 题域与径路

本书试图通过对孔子"有德无位"解释史的历史追溯与分析来把握儒家政治哲学,兹对本研究的题域与径路加一说明。"政治哲学"一词颇有歧义,据任剑涛归纳,该词名目下的研究大致有三类,即政治思想史角度的研究、狭义政治理论角度的研究与政治科学角度的研究。① 本书之谓政治哲学属于第一类。政治哲学即哲人的政治性思考,研究政治哲学不但要考察作为思考结果的政治思想,而且还要考察思考行动本身。对政治哲学的理解与把握来说,思考者的哲人身份具有特别重要的意义,施特劳斯提醒人们,"所有的哲学家自己就构成了一个阶层,……与那些将特定哲学家和特定非哲学家集群联系起来的东西相比,那种将所有真正的哲学家结为一体的东西是更为重要的"。②

---

① 任剑涛,《政治哲学的问题架构与思想资源》,见任剑涛、郭巍青主编,《政治哲学的理论视界》,广州:广东人民出版社,2003,页 4—6。
② 〔美〕施特劳斯,《写作与迫害的技艺》,见贺照田主编,《西方现代性的曲折与展开》,长春:吉林人民出版社,2002,页 197。

哲人作为政治生活共同体中的一个特殊集群，其朝向政治的姿态、打量政治的视角及其面对政治的态度都有别于其他集群，由此我们可以说，哲人的政治思想实即此种特殊"朝向"、"打量"与"态度"下的特殊"看法"而已，阿伦特也在此意义上提示说："哲学家对于政治的态度，必然是政治哲学的题中应有之义。"①

政治哲学隶属于哲人，哲人身份是我们把握政治哲学的关键。问题是，谁是哲人？

在哲人这一特殊集群中，与政治哲学有关的是政治哲人。在西方，最初的哲人是关注万物本原的自然哲人，政治哲人是后起的，苏格拉底作为西方最初的政治哲人，其被雅典城邦判处死刑一事，一开始就展示了西方政治哲人与政治（民主制）之间的紧张关系。与西方不同，中国最初的哲人就是政治性的，他们与政治之间不但没有隔阂、紧张，相反，他们与政治乃是一体的关系，此即中国历史上集"德"、"智"、"位"于一身的圣王型哲人。孔子及其身后大儒是中国先秦世界中后起的新型哲人，作为"有德无位"式的圣人型哲人，他们与前者的差别主要体现在其有位或无位的身份上，前者因有位而使其政治思考直接见诸实践，成就的是堪称楷模的政治治理；后者的政治思考因其无位而大多只能成就为"立言"。研究以"言"的面貌而现身的儒家政治哲学，儒生的"有德无位"身份是枢纽，儒生朝向政治的姿态、其政治偏好与看法都系于这一身份，而基础性地构建起这一身份的则是其"德位合一"信仰。儒生的"德位合一"政治信仰与"有德无位"身份意识，在儒学史上的孔子"有德无位"话题讨论中有相对集中的阐发，因此，通过考察孔子"有德无位"解释史来研究儒家政治哲学乃一条恰当可

---

① ［美］阿伦特，《传统与现代》，见贺照田主编，《西方现代性的曲折与展开》，前揭，页397。

行的道路。

常见的儒家政治哲学研究偏重于儒生之"言",而少及其"行"。即便在"言"的方面,人们关注的也主要是儒生们所言说出来的东西,即儒生们的表面说辞或显白教诲,对儒生们的言说行动及言说的隐微教诲方面则少有措意。如考虑到儒家自孔子而始的隐微教诲传统,人们便不难明白上述研究方式的局限性。在儒家的众多话题讨论中,孔子"有德无位"主要是一个对"自己"或"自己人"所谈论的话题,其中的言论区别于那些以君或民为教诲对象的显白教诲。话题的切己性表明,我们可绕开儒家平日的显白说辞而径直洞察其对于理想、现实以及二者关系的真实看法。孔子"有德无位"解释史线索下的儒家政治哲学研究,不但可行且有其优越性。

(二) 方法与范围

本书希冀借助对孔子"有德无位"解释史的历史追溯与分析来切入并把握儒家政治哲学,此种研究径路与目的,决定了本书研究将在两个向度上展开,一是对孔子"有德无位"解释史进行历史追溯的历时性分析向度,一是前者基础上的共时性分析向度。

在历时性分析向度上,本书将从两方面加以展开。一是以"史"的眼光关注诸解释之间的异同,关注儒家基本政治哲学观念的来源、结构与历史流变,这是纵的一面。在该方面我们将主要使用观念史的方法,[1]该方法与哲学史研究中的"内在解释"或余英时所说"内在的理路"比较接近。一是对孔子

---

① 关于观念史的方法,参[美]诺夫乔伊,《存在巨链——对一个观念的历史的研究·导论》,张传有、高秉江译,邓晓芒、张传有校,南昌:江西教育出版社,2002。

"有德无位"解释史上之诸"点"（即各种具体解释）进行研究，这属于横的一面。在该方面，我们将采取哲学诠释学、哲学社会学等方法。哲学诠释学认为"理解"即"视域融合"，该诠释学原则对精神科学研究的意义在于，它提示出了关注由各种"前见"所规定的诠释学处境的重要性。对孔子"有德无位"解释史的研究而言，本书注意考察解释者们的前理解结构，也即儒生们理解、解释孔子"有德无位"问题时的诠释学处境。构成这一处境的，既有儒生们对时代问题的感受与判定，也有儒生之为儒生的身份认同。就关注观念同社会实在之间的关联而言，该研究方法接近于曼海姆所谓知识社会学或哲学史研究中的"外在解释"。① 由于知识社会学或"外在解释"具有简约主义的缺陷，柯林斯有针对性地提出了哲学社会学的方法，此种方法关注学术共同体的网络社会认同，以"向内求助于自己的论证的专业知识分子的网络是如何生产出抽象观念的"作为研究主题。② 这启发我们，当把儒家视为一个学术网络共同体，其网络联系不止体现在同时代的儒生之间的交往中，而且也体现在他们同前辈的精神联系中，这是儒生解释孔子"有德无位"问题时的"前见"之一。

儒学史上关于孔子"有德无位"的解释为数众多、连绵不断，本书无意穷尽所有此种类型的解释。本书的策略是，通过"以点带面"的方式，也即通过研究儒学经典时代中的经典解释的方式来切入课题。所谓儒学经典时代，即学界通常所说的先秦、汉、宋与清代四个儒学发展时期；所谓经典解释，是指

---

① 关于哲学史研究中的"内在解释"与"外在解释"的差异，参陈少明，《知识谱系的转换——中国哲学史研究范例论析》，见氏著，《等待刺猬》，上海：上海三联书店，2004，页72。

② ［美］柯林斯：《哲学的社会学——一种全球的学术变迁理论·导论》，吴琼等译，北京：新华出版社，2004，页16。

对塑造每一经典时代或儒学形态起了重大影响并流行一时的解释。

(三) 意义

对孔子历史形象的研究是现代儒学研究中的一个重要分支。众所周知,孔子在后世社会中经历了一个被符号化的过程,其结果是孔子具有了圣人、素王、先师、教主等诸多形象。在中国传统社会及其价值体系崩解之际,顾颉刚等现代学人以"剥皮主义"的手法研究孔子的历史形象问题,他们力图剥去孔子头上的神圣光环而对其加以历史还原。[①] 在对孔子的诸历史形象进行"剥皮"时,他们都强调这些形象生成于时代的需要,至于这些形象得以生成的手法,则因对孔子"有德无位"问题重视不足而揭示得不够充分。事实上,孔子"有德无位"通常正是后人塑造孔子不同形象的契机所在。此外,人们在研究孔子的历史形象时,通常关注这些形象之间的差异,而对差异背后的统一性基础则少有措意。事实上,不管道统中的孔子形象如何相异,它们皆植根于儒家"德位合一"的核心理念,以往对孔子历史形象的研究于此也不甚留意。本书以孔子"有德无位"解释史为线索而研

---

① 顾颉刚《春秋时的孔子和汉代的孔子》(见氏编著,《古史辨》[第二册],上海:上海古籍出版社,1982,页 130—139。)一文是该方面的开山之作,李零的《丧家狗——我读〈论语〉》(太原:山西人民出版社,2007)与《去圣乃得真孔子——〈论语〉纵横谈》(北京:生活·读书·新知三联书店,2008)则是该方面的最新之作;顾、李的矛头都指向那种推尊孔子的现代保守主义。此外,关于孔子历史形象的专题研究尚有如下成果:朱维铮《历史上的孔子与孔子的历史》(见氏著,《走出中世纪》,上海:上海人民出版社,1987)、吴润仪《从"神"圣到"玄"圣——关于董仲舒、王弼两种孔子圣人形象的比较研究》(中山大学硕士论文,2004)、李冬君《孔子圣化与儒者革命》(北京:中国人民大学出版社,2004)、林存光《历史上的孔子形象——政治与文化语境下的孔子和儒学》(济南:齐鲁书社,2004)、余树萍《另类圣人——道统之外孔子形象的若干考察》(中山大学博士论文,2005)。

究儒家政治哲学，这也将有助于推进孔子历史形象方面的研究，此为本书的理论意义之所在。

在把握儒学与中国现代世界的关系时，人们往往关注儒学在中国现代世界中显性断裂的一面，而对其在现代世界中隐性延续的一面则重视不够。① 可以说，以追求德性政治为特征的中国政治文化传统主要是由儒家塑造而成的，这一政治文化传统在中国现代世界中并没有伴随科举制的废除、历次激进主义的冲击而退出历史舞台，它仍然顽强地活在我们的现实中，将这一存活现象辨识出来是谈论儒家政治哲学现实意义的前提。

时下学者批评牟宗三时说，牟氏没有厘清德性与权力之间的关系，所以才试图证明从内圣开出民主政治的必然性。② 事实上，包括牟氏在内的新儒家对这种要求区分德性与权力关系的现代观点不是不了解，③他们之所以仍然要从内圣开出民主政治，乃是儒者身份使然。前文已言，儒者的身份认同奠基于"德位合一"政治理解之上。在此我们可观察到"德位合一"观念在现代儒生之心灵中的存活。当我们留意到民众习惯在"德"、"位"之间的思维框架中思考政治事务，并追求德性政治的政治文化现象时，④我们便不难明白，"德位合一"其实也存活在大众的心灵中。

如果"德位合一"仅存活于人们的心灵而与制度无涉，儒学的现代命运也就如余英时所言真的成了"游魂"。⑤ 刘小枫与金

① 参拙著，《儒学与中国现代世界》，见《广东教育学院学报》，2007(2)。
② 邓曦泽，《论德性与权力的断然分离》，见《中国哲学史》，2004(2)。
③ 参徐复观，《荀子政治思想的解析》，见氏著，《中国思想史论集续篇》，上海：上海书店出版社，2004，页305。
④ 该政治文化现象在当下的一个常见表现是，人们期望当政者有德，并将诸多政治问题的解决也寄望于当政者的修德上。
⑤ 余英时，《现代儒学的回顾与展望——从明清思想基调的转换看儒学的现代发展》，见氏著，《现代儒学论》，上海：上海人民出版社，1998，页38。

观涛的研究表明,在中国现代民族国家的建立过程中,"德位合一"通过与革命这一中国现代生存主题的衔接、通过与马克思主义的融构而悄然进入了中国现代生活,它不止为现代革命提供精神资源,而且也为革命成功后的政体选择与政治生活样式的设定提供了精神指导,①尽管"合一"的基础已由过去的圣王一身转变为代表着历史发展方向的先进阶级。可见,"德位合一"不是"游魂",而是附着在中国现代政治生活这一"体"上的"幽魂","幽魂"在此描述的是政治性儒学(或儒家政治哲学)同中国现代政治之间的实然性关系。

一百多年以来,国人以实现现代化为奋斗目标,在韦伯那里,现代化实即"理智化"。韦伯曾断言,现代世界因其独有的理性化和理智化,因其对世界的除魅,"它的命运便是,那些终极的、最高贵的价值,已从公共生活中销声匿迹,它们或者遁入神秘生活的超验领域,或者走进了个人之间直接的私人交往的友爱之中"。②"德位合一"是儒家政治思想中的最高贵的价值,其"幽魂"式存在表明,它并没有从公共生活中销声匿迹,新文化运动以来的激进主义触及到的只是其外缘,其内核则成功躲过了被除魅的命运。"德位合一"观念的"幽魂"式存在表明了中国政治现代化的不彻底性,但在保守主义者们看来,这倒是一桩好事,因为没有被除魅,所以人们可凭此去面对除魅后的世界及其现代性问题。③

---

① 参刘小枫,《儒家革命精神源流考》,上海:上海三联书店,2001,页15;金观涛,《当代中国马克思主义的儒家化》,转引自李明辉,《当代儒学的自我转化》,北京:中国社会科学出版社,2001,页4。

② [德]韦伯,《学术与政治》,冯克利译,北京:生活·读书·新知三联书店,2005,页48。

③ 《儒家与自由主义——和杜维明教授的对话》,见哈佛燕京学社、三联书店主编,《儒家与自由主义》,曾明珠整理,北京:生活·读书·新知三联书店,2001,页20—21。

　　问题看来很棘手。儒家政治哲学研究既事关儒学的现代出路问题，也事关中国政治的现代出路问题。围绕该二"出路"所形成的政治文化论争，在中国当下马克思主义、自由主义与保守主义并存的思想格局中有愈演愈烈之势。① 本书认为，无论争论如何展开，我们都绕不开一个基本问题，即对儒家政治哲学之本相的认识。自中西交会以来，关于儒家政治哲学的研究已经有了难以计数的成果，这些成果基本上是回溯式的，但与传统社会中那种我们习见的回溯不同，现代回溯业已跨越了经学范式的藩篱。梅洛-庞蒂提醒人们，"只有当反省能结合学说的历史，结合外部的解释，把学说的原因和意义重新放回一种存在结构中时，对一种学说的反省才是完整的"。②本书在孔子"有德无位"解释史视角下所从事的研究，就是这种"重新放回"的一种尝试。在作者看来，对把握儒家政治哲学的存在结构来说，孔子"有德无位"及其解释史是纽结所在，在中国当下的生存境遇中，打开这一纽结具有特别重要的意义。

---

① 关于这一论争的新近成果，参陈来、甘阳主编，《孔子与当代中国》，前揭。
② ［法］梅洛-庞蒂，《知觉现象学》，姜志辉译，北京：商务印书馆，2005，页16。

第一章　孔子"有德无位"问题的生成

一、孔子的政治信仰

儒学史上的孔子"有德无位"问题，生成于孔子政治信仰与政治行动结果之间的背离，本书"引言"部分对此曾有所论及，但属于泛论性质，本章将对此予以专题分析。

（一）文献问题

在历史上，人们主要依据《春秋》与《论语》这两个文本来把握孔子的思想。大致而言，古人重《春秋》，今人则重《论语》，[①]此种风尚转换涉及中国现代性的发生问题，此非本节主旨，兹不多述。考虑到孔子与《春秋》之间悬而未决的关系（即"述"或"作"《春秋》的问题），本章暂将《春秋》予以"悬置"。

《论语》出于弟子所记，但"孔子之道大而能博，门弟子不能遍观而尽识也"（韩愈语），[②]章学诚也强调《论语》未尝兼收夫子

[①] 钱穆，《孔子与春秋》，见氏著，《两汉经学今古文平议》，北京：商务印书馆，2003，页 263—264。

[②] ［唐］韩愈，《韩昌黎文集校注》卷二十《送王秀才序》，马其昶校注，马茂元整理，上海：上海古籍出版社，1986 年，页 261。

之言,①可见,通过《论语》来研究孔子的思想有其局限性。另外,《论语》的对话体文体特点以及孔子"因材施教"教诲法的使用,表明《论语》中的孔子之言既受制于对话场景,也受制于教诲对象的身份、材质以及孔子本人的教诲意图,场景缺失以及特殊教诲法的使用,使得那种欲通过《论语》中的孔子之言来把握其真实想法的研究变得殊为艰难,王充《论衡·问孔篇》对此早有说明。对本节研究目标而言,孔子在《论语》中所表达的政治思想,如"先富后教"、"政即正身"之类,偏重于"治",处于孔子教诲中的"显白教诲"的层面;孔子关于"政"方面的思考在《论语》中少有显现,因此,仅凭《论语》我们将难以领略孔子政治信仰与思想的全貌,康有为亦曰:"后世以《论语》见孔子,仅见其庸行。"②

孔子关于"政"的看法在《中庸》中有比较集中的表达,由于《中庸》文本本身的复杂性,这些文字的价值未被予以足够的重视。事实上,人们关于《中庸》的争论主要集中在文本作者和成书年代问题上,③对《中庸》中孔子语单独成章的"子曰"部分的真实性,人们倒是少有异议。④ 即便像欧阳修这样的传统怀疑论者,也只是质疑《中庸》中"诚明"部分的真实性而已,并不及单独成章的"子曰"部分。《中庸》原为《礼记》中之一篇,李零从古书体例的角度也指出,《礼记》当是战国古书,其中的许多篇同《论语》一样,也是孔门师弟间的谈话记录,应当把它放在与《论

---

① [清]章学诚,《文史通义校注》(上),叶瑛校注,北京:中华书局,2005 年,页 170。
② [清]康有为,《孔子改制考》,见刘梦溪主编,《中国现代学术经典——康有为卷》,朱维铮编校,石家庄:河北教育出版社,1996,页 590。
③ 参李文波《论〈中庸〉——思想、文本与传统》(中山大学博士论文,2005)之第二章第一节。
④ 参郭沂,《〈中庸〉成书辨正》,见《孔子研究》,1995(4)。

语》同时或在《论语》、《孟子》之间更合适。① 本书认为,《中庸》中"子曰"部分的真实性并不亚于《论语》,忽视它,我们将失却孔子关于政治的"隐微教诲"。

(二) 孔子的哲人身份

孔子的哲人身份是我们把握其政治信仰与思想的一条重要线索。在上古文献中,"哲"是王者理应具备的品质之一。② 西周初年,"哲人"指称历史上那些有德有智有位之王,如周公即以中宗、高宗、祖甲与文王为"四哲",③周、召二公有时也称他们为"先哲王",④这是中国历史上最初的德、智、位三资皆具的圣王型哲人。据夫子自道,夫子亦以哲人自居。

> 孔子蚤作,负手曳杖,消摇于门,歌曰:"泰山其颓乎? 梁木其坏乎? 哲人其萎乎?"既歌而入,当户而坐。子贡闻之曰:"泰山其颓,则吾将安仰? 梁木其坏,哲人其萎,则吾将安放? 夫子殆将病也。"遂趋而入。夫子曰:"赐,尔来何迟也? 夏后氏殡于东阶之上,则犹在阼也。殷人殡于两楹之间,则与宾主夹之也。周人殡于西阶之上,则犹宾之也。而丘也,殷人也。予畴昔之夜,梦坐奠于两楹之间。夫明王不兴,而天下其孰能宗予? 予殆将死也。"盖寝疾七日而没。⑤

---

① 李零,《简帛古书与学术源流》,北京:生活·读书·新知三联书店,2004,页205—206。
② 参《尚书·皋陶谟》。
③ 参《尚书·无逸》。
④ 参《康诰》、《酒诰》、《召诰》及《诗经·大雅·下武》。此外,这些被周人称为"哲人"或"先哲王"的古人,后被称为"圣人"或"圣王",后一种修辞在后世的流行与春秋末年以来的造圣运动有关。
⑤ 《礼记正义》,前揭,页206—207。《礼记》中的这段文字亦见于《史记·孔子世家》,后者当是对前者的转录。

　　《大雅》、《小雅》是西周后期的诗,人们注意到,《小雅·鸿雁》、《大雅·抑》及《大雅·烝民》等诗篇中已经出现了以"哲"指称臣子的现象,《小雅·小旻》、《大雅·瞻卬》则干脆以"哲"指称聪明的凡夫("哲夫"、"哲妇")。在《大雅·抑》中,"哲人"与"愚人"相对,其所谓"哲人"主要从"聪明"上立义。由以上线索可知,从西周初年到西周晚期,"哲人"一词经历了一个从指称"先哲王"到指称普通聪明人的语用变化,孔子这一"有德无位"者之所以自居为"哲人",当即以此种语用变化为背景。但由上文孔子之谓"泰山"、"梁木"的隐喻意义以及子贡的解读来看,孔子所谓"哲人"自不是《大雅·瞻卬》所讲的"哲夫",而是同周公所说的"四哲"或"先哲王"具有紧密的联系,郑玄就在这一意义上注"夫明王不兴,而天下其孰能宗予"曰:"今无明王,谁能尊我以为人君乎?"①可见,孔子自居哲人显示的是他欲承继"先哲王"之事业的心志,由此我们才能理解"哲人其萎"何以会具有"泰山其颓"、"梁木其坏"的意义。②"先哲王"们有德有智有位,其政治性思考直接见诸政治实践,他们与政治生活亲密无间。与他们相比,孔子是有德有智但却无位的哲人,由于孔子无位,原先那种哲人与政治之间的亲密关系也就中断了,这是孔子这一新型哲人同政治之间的新型关系。

　　孔子生活于"礼崩乐坏"的政治现实之中,面对这一现实,当时的隐士们主张隐退以"自洁其身",③换句话说,隐士们对这一现实采取了"忍"的态度。八佾舞于季氏之庭,子曰:"是可忍也,

---

①　《礼记正义》,前揭,页207。

②　宋儒之谓"哲人"即孔子意义上的,程颢去世后,"士大夫下至布衣诸生闻之,莫不相吊,以为哲人云亡也"(《二程遗书》附录《门人朋友叙述并序》,前揭,页390);朱熹去世,《年谱》亦以"哲人之萎"称之([清]王懋竑,《朱熹年谱》,何忠礼点校,北京:中华书局,2006,页266)。

③　《论语·微子》,以下所引《论语》文字仅注篇名。

孰不可忍也。"①"可忍"还是"不可忍",此乃隐士与哲人的分野
处。孔子因对现实的"不可忍"而从事政治哲学,柏拉图在交代
他何以从事政治哲学时,也将原因归于他对政治败坏之现实的
"不可忍",②对政治现实的"不可忍"或许正是所有政治哲人从
事政治哲学的原因所在。

(三) 孔子的政治信仰

孔子以哲人自居,与此种身份认同关联在一起的,是孔子对
此种身份所标志的那种古代理想政治生活的认同。

> 子曰:"舜其大孝也与! 德为圣人,尊为天子,富有四
> 海之内。宗庙飨之,子孙保之。故大德必得其位,必得其
> 禄,必得其名,必得其寿。故天之生物,必因其材而笃焉。
> 故栽者培之,倾者覆之。《诗》曰:'嘉乐君子,宪宪令德。
> 宜民宜人,受禄于天。保佑命之,自天申之。'故大德者必
> 受命。"③

《论语》中的孔子也曾多次赞美舜,那些赞美涉及他对政治
治理(即"治")的理解,④上文的赞美则涉及孔子对"政"(即"权
力")的理解,这一理解有三个层次清晰的要点。首先,在什么样
的政治是好政治问题上,孔子认为,那种以"至德"(即"圣人")处
于"至尊"(即"天子")之位所代表的政治,也即"德位合一"式的

---

① 见《八佾》。
② 参[古希腊]柏拉图,《第七封信》,见苗力田主编,《古希腊哲学》,北京:中国人民
　大学出版社,1990,页 238。
③ 《中庸》第十七章。
④ 舜作为理想治理的象征,孔子一则称赞他不贪恋权力(《泰伯》),二则称赞他"无
　为而治"的治理方式(《卫灵公》)。

政治才是理想的好政治,张灏将这种"德行与权力的结合便是造成理想社会的基础"的政治理解称之为"天德本位的政治观"。①其次,在上述好政治如何实现问题上,孔子指出,好政治实现的途径是"大德者得位"。再次,在"大德者得位"问题上,孔子强调,"大德者得位"具有必然性("大德必得其位"),此为天命所保证("大德者必受命")。孔子的上述言论及其所包含的观念,实乃儒家政治信仰的根本所在。顾颉刚等人认为上述"大德必得其位"、"大德者必受命"等观念系出于墨家,不是孔子本人的观念;②事实上,这些观念不仅为孔子所本有,而且其来有自。

这种认为好政治取决于"德"、"位"匹配的观念在历史上源远流长,《尧典》一方面称赞尧有"钦明文思"四德,一方面又称赞他"克明俊德",即"能明俊德之士任用之"(郑玄语)。《皋陶谟》更是明确指出,人君应当修身,应当具备"哲"、"惠"品质。《尧典》、《皋陶谟》都强调,不管是作为最高统治者的人君还是人君之下的治理者,都应该由有德者来充任。作为中国古代政治哲学的源头,《尚书》这种注重治理者修身、强调"位"与"德"须匹配

---

① 张灏,《宋明以来儒家经世思想试析》,见氏著,《张灏自选集》,上海:上海教育出版社,2002,页 64。

② 顾颉刚在论证其"禅让传说起于墨家"的观点时,以为这段文字及其"大德必得其位"的观念乃是墨家的,是儒家承受墨家学说的证据(见氏著,《战国秦汉间人的造伪与辨伪》,见吕思勉、童书业编著,《古史辨》[第七册上编],上海:上海古籍出版社,1982,页 11;《禅让传说起于墨家考》,见吕思勉、童书业编著,《古史辨》[第七册下编],前揭,页 75—76)。余英时在《章实斋的"六经皆史"说与"朱、陆异同"论》(见氏著,《论戴震与章学诚——清代中期学术思想史研究》,前揭,页 56—57)一文的一个脚注中指出,《中庸》是秦统一之后的作品,暗示《中庸》中的德、位之论并非出自孔子本人。李存山也怀疑"大德者必受命"非孔子本人的思想(李存山,《"穷达以时"与"大德者必受命"》,见《国际儒学研究》第 11 辑,北京:国际文化出版公司,2001)。上述学者的否定或质疑皆出于臆测,都缺乏令人信服的实据。退一步讲,即便将来有确凿的证据能证明"大德必得其位"、"大德者必受命"之类的话并非孔子所言,这也不会在根本上影响本书的立论,这是因为,孔子之后的儒生们相信它们是孔子所说的话,或者说,孔子讲"大德必得其位"在后儒那里乃是一种信仰真实。

的政治理解,基础性地塑造了中国古代政治哲学的传统。区别于西方那种以"心识"为根基的政治哲学传统,中国古代政治哲学是一种根基于"身体"的政治哲学。[①] 孔子序《书传》,以《书》教弟子,其于《书》不可谓不熟稔,[②]《尚书》中的上述政治理解实即孔子"德位合一"政治信仰的源头。

在中国古代权力理论中,政权转移有世袭与非世袭两种途径,非世袭式的权力转移又有禅让与革命两种情况。禅让遵循尚贤原则,[③]以和平方式将权力交接给有德者;革命则是有德者在天命的名义下通过暴力从无德者手中夺取权力。在传世文献记载中,前一情况见于尧让舜、舜让禹,后一情况见于汤伐桀、武王伐纣。禅让与革命都是对世袭进程的中断,具有僭越性质,因此,在《尚书》中现身的禅让论与革命论都是带有对自身行为之正当性进行自我辩护性质的理论,二者都以"德"为"得位"的正当性根据。由此可知,孔子所言"大德者得位"实有禅让与革命两种情况。禅让论与革命论虽都将"得位"的正当性根据诉诸"德",但它们对"德"的理解以及解释自身行为的方式却有所不同。在禅让论中,权力在有德者之间转移,无关乎天命;作为权力转移根据的"德",主要是孔子所说意义上的孝德。[④] 在革命论中,权力从无德者向有德者的转移是一种上天授意下的神圣行为,其所谓"德"主要指勤政惠民这一类的合乎天意民心的政

---

① 参张再林,《中国古代身体政治学发微》,见《政治学》,2008(7)。另外,对中国哲学之身体观的揭示,参陈立胜,《身体之"窍"——宋明儒学中的身体本体论建构》,见《世界哲学》,2008(4)。

② 《论语》引《书》共两次,见《为政》、《宪问》。

③ 楚简《唐虞之道》曰:"禅也者,上德授贤之谓也。"(李零:《郭店楚简校读记》[增订本],前揭,页96。)

④ 孝德之所以能成为权力的正当性依据,郭店楚简《唐虞之道》篇解释说:"(尧)闻舜孝,知其能养天下之老也。"又曰:"孝之施,爱天下之民。"《五行》篇亦曰:"爱父,其继爱人,仁也。"(李零:《郭店楚简校读记》[增订本],前揭,页95、页78。)

治行为，①而不再主要指孝德这一类家族范围内的德行。孝德隶属于祖先崇拜，勤政惠民之德则与天命信仰（或神祇信仰）相联系，在周人那里，该二信仰系统同时存在，但各行其是，②下文分析将表明，孔子融构了此二信仰系统。

如果将孔子的"大德必得其位"观念同传统的禅让论与革命论加以对照，我们便不难发现，它们之间虽有着千丝万缕的联系，但毕竟有异。从"质料"、"形式"的角度看，孔子"大德必得其位"观念中的"质料"是尧舜禅让事迹，其"形式"即解释逻辑则是受命论，所谓"大德必得其位"，实则是孔子以殷周之际的受命论来解释尧舜禅让事迹所得出的结论。禅让与革命同达于道德政治，文献记载中的禅让论与革命论宣扬的也都是"大德者得位"，但二者得位方式及解释逻辑毕竟不同，孔子的"大德者得位"观念系来自对禅让论与革命论之观念要素的重组。"内圣外王"是儒家道德政治论说中的根本要义，至于"内圣"与"外王"之间的必然性关联在儒学史上是如何确立起来的，人们少有究问。据上文分析，当孔子以受命论来解释尧舜禅让事迹，并用禅让论中的孝德置换革命论中的政治性之"德"时，由舜所标志的这一"内圣外王"的偶发事件，就在天命的担保下具有了必然性。

在孔子的政治信仰中，天总负其责，"德位合一"式政治的正当性及其可实现性一系于天。孔子在《论语》中讲到"天"的地方共有十五处，关于这些"天"的含义，冯友兰认为都是主宰之天，③徐复观则以为系指道德的超经验的性格；④冯说不尽然但

---

① 参《尚书·康诰》及《无逸》。另参赵明，《先秦儒家政治哲学导论》，北京：北京大学出版社，2004，页78。

② 参许倬云，《神祇与祖灵》，见《许倬云自选集》，上海：上海教育出版社，2002，页321。

③ 冯友兰，《中国哲学史》（上册），北京：中华书局，1992，页55。

④ 徐复观，《中国人性论史（先秦篇）》，上海：上海三联书店，2002，页77。

近是。① 值得注意的是,《论语》中的主宰之天主要与孔子本人相联系(共有八处),其主宰权能主要落实为孔子一人的命运,此种走向个体并与个体人生发生关联的"天",与传统革命论之谓主宰权力转移的"天"颇为不同,②后一意义上的天主要出现于《中庸》以及其他文献中。③ 孔子在《论语》中论"治"时不谈"天",强调"敬鬼神而远之",④其政治思想呈现出重"义"的人文取向;孔子在《中庸》中论"政"时谈"天",表现出了同传统天命信仰的联系。孔子对"治"、"政"谈论方式的不同,反映出了他同传统天命信仰之间的复杂关系,⑤这也从一个侧面反映出了春秋时期传统信仰世界的微妙变化。

二、孔子的政治行动

孔子基于对政治现实的"不可忍"而介入政治,最直接的介入政治的方式是出仕。孔子一生仕途不顺,虽也断断续续从过几次政,但都为期颇短,亦无甚政绩可言。出仕之外,孔子为追求理想实现而采取的行动主要有劝告行动与修德致位行动。

(一) 劝告行动
不管是周游列国还是在本国,孔子都以劝导有位者为职志。

---

① "唯天为大"(《泰伯》)、"天何言哉"(《阳货》)、"天之历数"(《尧曰》)中的"天"就很难说是主宰之天。
② 可参丁为祥,《命与天命:儒家天人关系的双重视角》,见《中国哲学史》,2007(4)。
③ 参《上海博物馆藏战国楚竹书(一)·孔子诗论·第四章》及《上海博物馆藏战国楚竹书(二)·鲁邦大旱》篇。
④ 《雍也》。
⑤ 关于这一复杂关系,可参王杰,《论孔子的天命、人性及政治价值依据》,见《孔子研究》,2005(6)。

> 齐景公问政于孔子。孔子对曰:"君君,臣臣,父父,子子。"公曰:"善哉!信如君不君,臣不臣,父不父,子不子,虽有粟,吾得而食诸?"
>
> 季康子问政于孔子。孔子对曰:"政者,正也。子帅以正,孰敢不正?"①

孔子的劝告对象是有位者,内容是"正身",涉及有位者在政治秩序与伦常秩序中的两种身位(即"君君,臣臣"与"父父,子子")。孔子之所以要采取劝告行动,这在他的时势判断及政治秩序理解中有其根基。在孔子看来,春秋末世中的政治动乱与伦常失序,正是由有位者的"身不正"所带来的,"解铃还须系铃人",政治动乱与伦常失序问题的解决有赖于有位者的"正身"。

孔子所致力于恢复的"礼乐征伐自天子出"的"天下有道"的政治秩序,是那种表现为"天下—国—家"或"天子—诸侯—大夫"之等级序列的天下秩序,此种秩序的生成与维系有赖于"礼",更有赖于有位者对"礼"身体力行所产生的表率示范。

> 子曰:"下之事上也,不从其所令,从其所行。上好是物,下必有甚者矣。故上之所好恶,不可不慎也,是民之表也。"②

孔子的"上之好恶是民之表"论表明,他所理解的政治秩序是那种奠基于"榜样—效仿"模式上的审美秩序,③对此种秩序来

---

① 《颜渊》。
② 《礼记正义·缁衣》,前揭,页 1503。
③ 在郝大维那里,审美秩序指向特殊性和个性,理性秩序趋向一般性和绝对可替代性;前者依靠对榜样的模仿来实现,后者通过对原理的服从或证明来实现(参[美]郝大维、安乐哲,《通过孔子而思》,何金俐译,北京:北京大学出版社,2005,页 136、页 179)。郝大维把理性秩序归于西方、把审美秩序归于中国 (转下页)

说,有位者的"正身"委实是关键性的,所谓"劝告",正是要唤起有位者对其作为"民之表"之角色的自觉与担当。可见,孔子欲通过劝告而唤起有位者们的"正身"意识或修德意识,希冀通过使有位者变成有德者的方式来实现"德位合一",这是孔子劝告行动背后的基本思路。

　　"孔子生于乱世,思尧舜之道,东西南北,灼头濡足,庶几世主之悟。"①孔子在劝告行动方面曾非常投入,但劝告行动的成败要取决于"世主"是否能"悟",此非孔子本人所能左右。卫灵公问陈,孔子明日遂行;②齐景公对孔子的劝导虽能有所领会,然亦终曰"吾老矣,弗能用也";③孔子评论当时有位者时也说"居上不宽,为礼不敬,临丧不哀,吾何以观之哉",④并明确将"今之从政者"称为"斗筲之人",⑤有位者们的言行及孔子的评论表明,当时的有位者们没有能"悟"并听从孔子劝告的,这意味着孔子劝告行动的失败。孔子以"今之从政者"为"斗筲之人"的说法,同楚狂接舆"今之从政者殆而"的说法非常接近,⑥他们同对"今之从政者"失望,但反应不同,隐士由失望而从政治中抽身而退,哲人则基于"不可忍"的态度而不能不另觅途径。

_____

　　(上接注③)的儒家,关于他的这一思想历程,可参彭珊珊《瞻之在前,忽焉在后:英语世界中作为哲学家的庄子》(见《中国哲学史》,2005[3])一文。本书将借用郝大维的这一秩序类型划分来把握儒家的政治秩序理解;本书作者认为,儒家的政治秩序理解其实含有审美与理性两种类型,当他们讲"正身"时,其理解的政治秩序主要是一种审美秩序,注重道德榜样的效仿效应;当他们讲"正名"或"礼治"时,其理解的政治秩序主要是一种理性秩序,强调"礼制"原理的真理性(天经地义)及其对政治世界的规范意义;在儒学史上,此两种理解之间有一定的紧张,大致而言,心性派儒家强调审美秩序,制度派儒家注重理性秩序。
①　《盐铁论·大论第五十九》。
②　《卫灵公》。
③　《史记·孔子世家》。
④　《八佾》。
⑤　《子路》。
⑥　《微子》。

（二）修德致位行动

孔子心目中的理想政治以"德位合一"为特征,诚如孔子在
《中庸》第二十八章中所言,要实现这一理想,"有位无德"不行,
"有德无位"也不行。在劝告行动失败或"使有位者变成有德者"
路途不通的情况下,孔子走上了"修德致位"的路子,把实现理想
的希望转寄于自身。

在《论语》中,孔子教导弟子要"不患无位,患所以立",[①]其
实际行为却表明他本人求位颇为心切,甚至连叛者公山弗扰与
佛肸的召唤都能使他心动,虽然在弟子的劝阻下孔子最终未能
成行,但"欲往"的动作还是反映出了其内心深处的得位焦灼。[②]
从孔子的表面言行来看,他所欲求的是臣子之位,但要实现"德
位合一"的理想政治则不能没有天子之位,问题是,无位之圣人
如何才能获得天子之位呢?

> 无位之圣人,得位之方法,或为和平的,即所谓揖让,或
> 为非和平的,即所谓革命或征诛;前者以尧舜为理想的代
> 表,后者以汤武为理想的代表。[③]

革命或征诛具有伯夷、叔齐所批评的"以暴易暴"问题,孔子
曾借论乐而对之表示微词,[④]孔子虽认可革命的正当性,但不主
张本人由革命而获得权力。[⑤] 革命被排除之后,剩下的也只有

---

① 《里仁》。
② 参《阳货》。
③ 冯友兰,《中国政治哲学与中国历史中之实际政治》,见吕思勉、童书业编著,《古
　史辨》(第七册下编),前揭,页300。
④ "子谓韶'尽美矣,又尽善也',谓武'尽美矣,未尽善也'。"《八佾》)
⑤ 参[美]史华慈,《古代中国的思想世界》,程钢译,刘东校,南京:江苏人民出版
　社,2005,页114。

禅让一途了。

在《中庸》第十七章中,孔子在解读舜的得位事迹时曾得出了"大德必得其位"、"大德者必受命"的结论,照此来看,禅让资格的获得来自修德,支持孔子从事修德致位行动的正是此处的"大德必得其位"信仰。舜以一介布衣通过修德而成为天子的事迹,对孔子来说具有榜样意义,康有为论及该章时即言"大德必受命,专言命字,不过借舜为摸样"①。《论语》中的孔子勤于修德,以"德之不修"为忧,孔子勤于修德固然有其人格完善方面的追求,但"大德必得其位"信仰下的"修德"则不仅关乎人格完善,亦关乎"得位"以及理想实现。

在一个世袭贵族政治解体的时代里,②孔子赞扬禅让,③也期待禅让,但他也深知世袭观念深入人心,作为一个懂得并擅长"隐微教诲"的哲人,④他对这一期待的表达十分谨慎与曲折,下面是我们在《论语》中所发现的蛛丝马迹。孔子曾称赞泰伯"三以天下让"的行为是"至德",⑤又说:"苟有用我者,期月而已可也,三年有成。"⑥据《舜典》,尧在禅位之前,对舜曾有一番为期三年的试验性的"用",三年后才将天子之位让给他。孔子勤奋修德,同时也自信拥有天命之德,使儒者意外并难堪的是,孔子这个有德者终究没有像舜一样得位,事实与理想信念之间的矛

---

① ［清］康有为,《长兴学记　桂学答问　万木草堂口说》,楼宇烈整理,北京:中华书局,1988,页165。

② 参何怀宏,《世袭社会及其解体——中国历史上的春秋时代》,北京:生活·读书·新知三联书店,1996,页174－175。

③ 参《泰伯》与《尧曰》。顾颉刚质疑孔子曾论及禅让(氏著,《禅让传说起于墨家考》,见吕思勉、童书业编著,《古史辨》[第七册下编],前揭,页62),郑杰文对此进行了反驳(氏著,《禅让学说的历史演化及其原因》,见《中国文化研究》2002年春之卷)。

④ 子曰:"可与言而不与之言,失人;不可与言而与之言,失言。知者不失人,亦不失言。"(《卫灵公》)

⑤ 《泰伯》。

⑥ 《子路》。

盾与背离在此突兀地显现出来,孔子的"有德无位"问题在此历史地生成了。据前文分析,孔子致力于使"德"、"位"重新"合一"的两种政治行动都落空了,哲人不能不陷入失落与危机之中。

三、问题的初次提起

(一) 孔子本人对"有德无位"的感受

当孔子讲"虽有其德,苟无其位,亦不敢作礼乐焉"的时候,他就在儒学史上首次提出了"有德无位"这一表述。对孔子而言,"有德无位"不但意味着不具备制作礼乐的资格,而且也宣告了其修德致位行动的失败,孔子本人如何看待自身"有德无位"的命运呢?

> 子曰:"凤鸟不至,河不出图,吾已矣夫。"①

据《史记·孔子世家》,孔子上述言辞系于哀公十四年获麟之后而发,距孔子去世仅两年。弄清这句话的含义,需要明确"凤鸟"、"河图"的象征意义及其与"吾已矣夫"之间的关联。历史上绝大多数的注家都以"凤鸟"、"河图"为"瑞",至于它们是什么性质的"瑞",则颇有分歧,或以为是明王或圣人之瑞,或以为是王道太和之瑞,分歧的焦点在于"凤鸟"、"河图"是否是孔子之瑞。② 确定"凤鸟"、"河图"的象征意义,当求证于与孔子相近之时代的文字,首先值得人们关注的是《墨子·非攻下》中的相关言论。

---

① 《子罕》。
② 参看程树德,《论语集释》,程俊英、蒋见元点校,北京:中华书局,1997,页588—590。

逮至乎商王纣，天不序其德，祀用失时，兼夜中十日，雨土于薄，九鼎迁止，妇妖宵出，有鬼宵吟，有女为男，天雨肉，棘生乎国道，王兄自纵也。赤鸟衔圭，降周之岐社，曰："天命周文王伐殷有国。"泰颠来宾，河出绿图，地出乘黄。

葛洪曰："夫祥瑞之征，指发玄极，或以表革命之符，或以彰至治之盛。"[①]以此来看，墨子所言"祥瑞"主要是"革命之符"意义上的，对受命的一方来说，它表现为"河图"、"乘黄"等瑞应。墨子与孔子生活时代接近，且同秉传统天命信仰，"河图"在此信仰中实即有德受命为王的瑞应。

"凤鸟"的情形比较复杂，《墨子·非攻下》谈瑞应时没有提到"凤鸟"。在孔、墨之前的典籍中，"凤鸟"仅见于《诗经·大雅·卷阿》、《尚书·益稷》、《左传》"庄公二十二年"及"昭公十七年"，这些文献中的"凤鸟"皆无受命为王之瑞的意义。在《论语·微子》篇中，楚狂接舆讽喻孔子时曾歌曰："凤兮！凤兮！何德之衰？"皇侃《论语义疏》曰："（接舆）知孔子有圣德，故以比凤，但凤鸟待圣君乃见，今孔子周行屡不合，所以是凤德之衰也。"据此，则以"凤鸟"为圣君之瑞的看法在孔子的时代即已有之，但皇侃所言缺乏旁证，此外，他是南朝人，他以当时流行的以"凤鸟"为圣君之瑞的看法来注解《论语》也未可知。人们注意到，《孔子世家》中无"凤鸟不至"而有"洛不出书"一句，"司马迁撰《孔子世家》、《仲尼弟子列传》，取《论语》次为篇，以为孔氏《古文》近是"。[②]据此，则汉初的《论语》本子本无"凤鸟不至"一句。又，《淮南子·缪称训》明确以"凤鸟"为圣瑞。由此来看，"凤鸟不

---

① 《抱朴子》外篇《诘鲍卷第四十八》。

② 孙世杨，《〈论语〉考》，见罗根泽编著，《古史辨》（第四册），上海：上海古籍出版社，1982，页93。

至"一句很有可能是汉儒添加上去的。不管"凤鸟"是《论语》中本来就有的,还是汉儒添加上去的,就其同"河图"对举使用而言,其象征意义与"河图"同,是在受命为王之瑞的意义上被使用的。据汉人的主流看法,"凤鸟不至"、"河不出图"表征的乃是孔子"有德无位"。① 从夫子"吾已矣夫"的感慨,我们亦可领略其失落与伤感之深沉,该失落与伤感以对"位"的预先期待为引发条件。子曰:"天生德于予,桓魋其如予何?"②孔子对自己受命于天一事曾极为自信,但到此孔子始明白,他所受的天命乃是"有德无位"的天命。

孔子在表达其政治信仰时,有一未明言出来的思路,据该思路,修德之能致位取决于人事与天命两种因素;人事方面的因素又有两个方面,第一,受禅者须具有舜一样的大德;第二,要有尧那样的肯禅让天下的天子,如果没有尧那样的禅让者,有大德者也只能空怀其德。孔子十分自谦,但对自己拥有天命文德一事却十分自信。据此来看,孔子不是由于无德或德不够大而没有成为天子。当孔子为"凤鸟不至,河不出图"而发出"吾已矣夫"的失落感慨时,他实将自身的"有德无位"归因于天命,有"有德者无位是天命如此"的意思。孔子强调"不怨天,不尤人",③如果没有因"有德无位"这类事件所引发的"怨天"念头在先的话,这句话无疑便成了无厘头的话。

在孔子那里,"有德"出于上天之命,④"无位"亦出于上天之

---

① 据王充《论衡·问孔篇》,汉人对"凤鸟不至,河不出图,吾已矣夫"的理解有二,一是认为孔子自伤不得王,一是认为孔子伤时无明王而己不得用。照第一种理解,孔子欲求的是王位;照第二种理解,孔子欲求的是臣子之位;在汉代,第一种理解是主流。
② 《述而》。
③ 《宪问》。
④ 孔子关于自身之德的说法有一内在紧张,他一面讲其"德"来自修为,一面又讲其德受命于天。

命;在天命之下,"有德"与"无位"得以并存,这当是孔子在修德致位行动受挫之后,对"大德必得其位"信念所作的自我修正。凭借天命这一终极保障,"有德无位"事实同"大德必得其位"信念的背离所可能引发的诸问题得以被掩过,但如此一来,孔子之谓"天"在无形中也就发生了某种改变。当孔子讲"大德必得其位"、"大德者必受命"时,实现"德位合一"的天意是断然必定的。当孔子承认"有德无位"系出于天命时,天意遂不再具有上述那种断然性与必然性。

(二) 行为调整

孔子对自身"有德无位"的命运虽不无伤感,但这一负面情绪并没有泛滥。在他看来,"有德无位"的命运出自上天,人对上天这一终极主宰不能怨恨,而唯有领受听从。孔子在明白了他所受的乃"有德无位"的天命之后,他对自身的角色与行为方向进行了适时的调整。

> 子曰:"述而不作,信而好古,窃比于我老彭。"[1]

皇侃《论语义疏》对此解释说:

> 述者,传于旧章也。作者,新制作礼乐也。孔子曰:"言我但传述旧章而不新制礼乐也。"夫得制礼乐者,必须德位兼并,德为圣人,尊为天子者也。所以然者,制作礼乐必使天下行之。若有德无位,既非天下之主,而天下不畏,则礼乐不行;若有位无德,虽为天下之主而天下不服,则礼乐不

---

[1] 《述而》。

行，故必须并兼者也。孔子是有德无位，故述而不作也。[①]

"作"是"有德有位"者的作为方式，"述"则是"有德无位"者的作为方式。"述"即"传述旧章"，"传述旧章"在孔子那里是通过教诲活动来实现的，因此，我们也可以说"述"即教诲。就教诲方式来说，孔子的教诲活动可分为身教与言教两种。从教诲对象上，又可分为对弟子的教诲与对有位者的教诲两种（以前者为主）。夫子"述而不作"的自道表明，他由"作"而"述"的行为调整，乃是在意识到了自身"有德无位"的身份限制之后所作出来的，对孔子来说，这是一个大转向，一个从追求实现理想转变到保存、传播理想的大转向。下面让我们来简略考察一下孔子之教诲活动的政治哲学性质。

据孔子自述，他之所以从事教诲活动，系出于一己之仁心，[②]这与他"鸟兽不可与同群，吾非斯人之徒与而谁与"[③]自道中的精神是一致的。在以弟子为对象的教诲活动中，孔子的教诲内容是"旧章"，目标是"造成君子"。[④] 在《论语》中，孔门师弟对君子有大量的讨论，所谓"君子"，从形式方面言，实即指那种体现为仁、智、勇的人格；[⑤]从实质性内容方面言，"君子是'义'的践行者，'礼'的具体化身，是个人和社会秩序的典范"，[⑥]质言之，君子是"德位合一"理想的承担者，是这一理想的人格化。孔

---

① 程树德，《论语集释》，前揭，页 435。
② 子曰："爱之，能勿劳乎？忠焉，能勿诲乎？"（《宪问》）《经义述闻》训"劳"为"勉"，曰："谓爱之则当勉勉之也。勉与诲义相近，故劳与诲并称。"（程树德，《论语集释》，前揭，页 958。）"爱"、"忠"同为仁，可见，孔子出于仁心而从事教诲。
③ 《微子》。
④ 顾颉刚就看得很准确，认为《论语》的中心问题是"造成君子"（顾颉刚，《春秋时的孔子和汉代的孔子》，见氏编著，《古史辨》[第二册]，前揭，页 133）。
⑤ 关于此点，可参陈少明《孔门三杰的思想史形象——颜渊、子贡、子路》一文，见氏著，《经典世界中的人、事、物》，上海：上海三联书店，2008，页 80—103。
⑥ [美]郝大维、安乐哲，《通过孔子而思》，前揭，页 192。

门子弟从事的职业或活动主要有两项,一是从政,一是教诲。孔子推行君子人格教诲,实即是要把他未竟之理想传达到弟子们的从政活动与教诲活动中去,前者意在改善现实的政治生态,后者则瞄向未来,意在保存与传承理想。前者培养具有政治操守的从政者,[1]后者培养儒家政治哲学的接班人。由此可知,孔子是通过从事教诲的方式来克服自身的"无位"限制的,或者说,在"有德无位"问题生成之后,孔子以行动的方式对这一问题作出了回应与解决。

孔子不仅向弟子传播理想,而且也向他们传播同现实权力打交道的生存艺术,他屡言"天下有道则见,无道则隐",认可"隐"的正当性与必要性,其间原委在于,从"德位合一"理想的眼光来观看现世,孔子当时及以后的政治世界都不具备充足的正当性,认同"德位合一"理想也就意味着对现实政治世界的不认同(后世儒生的"是古非今"论即其具体体现),如此一来,儒生则不能不同现实政治处于紧张对立之中,这必将会给儒生的生存带来尴尬乃至危险,持守"德位合一"理想的儒生们需要生存艺术方面的指导。

史华慈说:

> 君子不会通过运用武力,也不会通过建立意在推翻已有权威的权力机构来实现他的目的。他要么成功地将其影响灌输到他那个时代的统治者身上,要么一事无成。[2]

孔子的确不是一个革命者,他也没能将其影响成功地灌输

---

[1] 孔子鼓励弟子从政,但有其底线原则,对违背该底线原则者(如冉有),子曰:"非吾徒也!小子鸣鼓而攻之可也。"(《先进》)

[2] [美]史华慈,《古代中国的思想世界》,前揭,页114。

到他那个时代的统治者身上,但他决非一事无成,通过教诲而传播理想,传播一种基于理想持守的生活方式,是孔子这一"有德无位"者在中国政治文化史上所成就的大事业。孔子远不是一个成功的政治家,但却是一个对中国政治生活产生了深远影响的政治哲人,[1]这种影响主要是通过他的弟子后学们的从政与教诲活动来实现的。[2]

---

[1] 李泽厚从孔子的思想史影响的意义上也说:"尽管在当时政治事业中是失败了,但在建立或塑造这样一种民族的文化——心理结构上,孔子却成功了。"见氏著,《中国古代思想史论》,前揭,页33。

[2] 陈荣捷曾指出:"在儒家第二、三、四代一百五十年当中,孔门非常活跃,成就也高。人数比任何学派为多,版图也比他们为大,几乎分布全国。他们分两途并进,一是从政,一是教学。"(陈荣捷,《初期儒家》,见《历史语言研究所集刊》第四十七本第四分,页724。)

第二章　战国儒家的解决尝试

一、楚简《穷达以时》篇的初步探索

上世纪九十年代出土的郭店楚简,为我们了解孔孟之间的思想史环节——"七十子"时期的儒家思想,提供了重要的地下文献支撑。学界公认竹简的入葬年代在战国中期偏晚,约公元前 300 年左右,①竹简的写定时间必在此之前。在出土的十三篇儒简中,《穷达以时》篇(以下简称《穷》篇)与孔子"有德无位"问题直接相关,李零指出,该篇简文内容见于《荀子·宥坐》、《韩诗外传》卷七第六章和《新序·杂言》,所述为孔子厄于陈、蔡的故事;②这提示人们,《穷》篇与《论语·卫灵公》"在陈绝粮"章存在着前后接续的联系。③

"在陈绝粮"在《卫灵公》篇中的原始记载是:

　　在陈绝粮,从者病,莫能兴。子路愠见曰:"君子亦有穷

---

①　庞朴,《古墓新知——漫谈郭店楚简》,见《新华文摘》,1998(12)。

②　李零,《郭店楚简校读记》(增订本),前揭,页 86。

③　周凤五即认为《穷》篇是对《论语·卫灵公》"在陈绝粮"章所作的传,参郭齐勇,《上博楚简所见孔子为政思想及其与〈论语〉之比较》,见《哲学研究》,2007(2)。

乎?"子曰:"君子固穷,小人穷斯滥矣。"

"在陈绝粮"是孔门的紧要时刻,由"绝粮"所引起的"从者"之"病"不仅体现在身体方面,而且也体现在精神方面。子路在孔门中以鲁直坦率见称,其"君子亦有穷乎"之问当是"从者"们的共同心声。在子路的思路中,"君子不当有穷",但他们事实上又遭遇到了"穷",事实与应当之间的背离使子路产生了困惑。孔子以"君子固穷,小人穷斯滥矣"作答,对君子之穷与小人之穷进行了区分,指出君子固然也有穷的时候,但小人一穷便放肆无行了。孔子之答子路,不说及君子之穷的原因,子路对这一回答是否满意,我们不得而知,但从《穷》篇对这一问题的重提与讨论来看,这一问题并没有得到很好的解决,而是仍然困惑着许多子路式的儒生。下面让我们来看一下《穷》篇作者是如何面对并回答这一问题的。

有天有人,天人有分。察天人之分,而知所行矣。有其人,无其世,虽贤弗行矣。苟有其世,何难之有哉?舜耕于历山,陶埏于河浒,立而为天子,遇尧也。邵繇衣枲盖,冒经蒙缠,释板筑而佐天子,遇武丁也。吕望为臧棘津,战监门来地,行年七十而屠牛于朝歌,举而为天子师,遇周文也。管夷吾拘繇束缚,释械柙而为诸侯相,遇齐桓也。百里转鬻五羊,为伯牧牛,释板栓而为朝卿,遇秦穆。

孙叔三射恒思少司马,出而为令尹,遇楚庄也,初韬晦,后名扬,非其德加。子胥前多功,后戮死,非其智衰也。骥厄张山,骐塞于邵来,非无体状也,穷四海,致千里,遇造故也。遇不遇,天也。动非为达也,故穷而不[怨。隐非]为名也,故莫之知而不吝。[芝兰生于幽谷],[非以无人]嗅而不芳。无荟葟,逾宝山,石不为[开,非以其]善负己也。穷达以时，德行一也。誉毁在旁，听之戈母。缁白不厘，穷达以时。幽明不再，故君子敦于反己。①

"君子之穷"或孔子"有德无位"在简文中被表述为"有其人，无其世，虽贤弗行"，简文对此问题有原因解释与意义解释两个层面。

（一）关于孔子"有德无位"的原因

孔子曾暗自将自身"有德无位"的命运归于上天，以天命来解释这一命运的原因。与孔子不同，《穷》篇作者不是通过诉诸天命，而是通过诉诸历史经验的方式来解释孔子"有德无位"的原因。在历数舜、孙叔敖等古代圣贤及骐骥等良马的得遇事迹之后，作者得出了"遇不遇，天也"、"穷达以时"的普遍性结论，在此结论中，孔子的"穷"或"不遇"（也即"有德无位"）被归因于"天"或"时"。《穷》篇之谓"天"实即"命运之天"，它虽能支配个体命运（其支配作用通过"时"、"世"而实现），但与传统天命信仰中的意志主宰之天不同，它没有人格意志，此种理解亦见于郭店楚简中的其他儒简。②

《穷》篇作者强调"遇不遇"（即"有位"或"无位"）同"天"、"时"、"世"这些非人力可及因素的关联，而将"德"判为"人"，此种"天人有分"的观念解除了《中庸》中"德"与"位"之间的必然性联系，这就既消解了"无位"对孔子"有德"形象与圣人身份的冲击，③也消解了子路式的困惑：君子之"穷"与德无关，而与"天"或"时"相关，修德本不保证君子必"达"。通过给出君子之"穷"

---

① 李零，《郭店楚简校读记》（增订本），前揭，页86。
② 参李零，《郭店楚简校读记》（增订本），前揭，页90—92。
③ 《墨子·公孟篇》即利用孔子"无位"的事实来攻击孔子的"有德"形象及其圣人身份。

的原因,《穷》篇作者比孔子更好地解答了子路式的困惑。

(二) 儒者的新角色

对《穷》篇作者来说,对孔子"有德无位"的原因作出解释只是初步的工作,他更为关注的是孔子"有德无位"的意义,即孔子"有德无位"之后的儒生们应该如何生活、如何面对现实世界的问题。在作者看来,问题的关键是如何看待"位"及其同"德"之间的关系。该篇开篇即言"有天有人,天人有分。察天人之分,而知所行矣",这是作者解决这一问题的基本思路。"天人有分"在此强调的实即是"德位有分"。在作者看来,"位"为"天"所决定,为不可求者;"德"属于"人"(即"人为"),是可求并应当追求者。所谓"察天人之分,而知所行"是指:既知"德"、"位"分别属于可求与不可求两个不同领域之后,儒者当放弃"必得其位"的执著心态,而应致力于操之在我的修德。① 简文曰"穷达以时,德行一也",它在强调"德行"具有自足价值与意义的同时,也强调了"德行"同"穷达"的脱钩。作者真正要表达的是,儒生当以修德为务(即"敦于反己")而勿以"穷"、"达"为念。可以想见,在孔子"有德无位"事件发生之后,后儒有见于孔子不能通过修德致位实现理想,则不能不对修德的必要性与意义有所怀疑、动摇,此即《穷》篇作者所欲真正解决的问题。

《穷》篇上述文字是在孔子身后对孔子"有德无位"问题首次作出的解释,该解释包含原因解释与意义解释两个向度,后世的孔子"有德无位"解释虽然众多,但大致不出这一范围。郭沂以为《穷》篇为子思言论,出于子思门人所记,② 此说难定其是。就

---

① 李存山注意到,《穷达以时》的思想与《中庸》"大德者必受命"的思想是相矛盾的,参氏著《"穷达以时"与"大德者必受命"》一文(见《国际儒学研究》第 11 辑,北京:国际文化出版公司,2001)。

② 郭沂,《郭店竹简与先秦学术思想》,上海:上海教育出版社,2002,页 24—25。

该篇在"天人有分"框架下解释孔子"有德无位"的手法来看,作为思孟学派重要成员的孟子确实同它保持着紧密的精神联系,但荀子同它的联系看上去要更为紧密一些。李存山认为该篇是孟、荀共有的思想源头,①此说或更接近实情。不管怎么说,《穷》篇作者在"天人有分"框架下对孔子"有德无位"问题所作的解释,为后世儒生们的解释工作提供了范型。

二、孟子对事件的淡漠及解释

(一)孟子对事件的淡漠与对理想的关切

1. 对事件的淡漠

孟子极力推尊孔子,并十分关注其事迹,令人有些不解的是,对孔子"有德无位"这一显著事件,他既不在意,也没有伤感,他只是在讨论政权转移问题时顺带谈及了这一事件,给人的印象是,孟子压根就没有把孔子"有德无位"当作一回事。在儒学史上,孟子之于孔子"有德无位"事件的这一态度比较特殊,这与他对"行道"的独特理解有关。孟子曾说:"居天下之广居,立天下之正位,行天下之大道。得志与民由之,不得志独行其道。"②在孟子那里,所谓"得志"、"不得志",实即指"得位"、"不得位";"不得志独行其道"的言述表明,"无位"者亦可"行道",这是孟子对孔子"有位方可行道"思想的一大突破。

> 世衰道微,邪说暴行有作,臣弑其君者有之,子弑其父者有之。孔子惧,作《春秋》。《春秋》,天子之事也;是故孔子曰:"知我者其惟《春秋》乎! 罪我者其惟《春秋》乎!"……

---

① 参李存山《"穷达以时"与"大德者必受命"》(前揭)一文。
② 《孟子·滕文公下》(以下所引《孟子》文字仅注篇名)。

昔者禹抑洪水而天下平,周公兼夷狄、驱猛兽而百姓宁,孔子成《春秋》而乱臣贼子惧。①

据孟子所言,孔子作《春秋》乃"天子之事",其功业堪与大禹治水、周公兼夷狄驱猛兽相媲美。这也就是说,孔子虽然"无位",但通过"作《春秋》"业已行道。在孔子那里,"有位方可行道"是引发"有德无位"伤感的信念前提。孟子以为"无位亦可行道",这就在无形中撤消了"有德无位"伤感的引发前提。孟子本人没有为孔子"有德无位"伤感,而且认定孔子也没有为之伤感。依据圣人们不同的出处态度,孟子将圣人区分为"圣之清"、"圣之任"、"圣之和"与"圣之时"四种类型,②他以孔子为"圣之时"者。孟子解释说:

> 非其君不事,非其民不使;治则进,乱则退,伯夷也。何事非君,何使非民;治亦进,乱亦进,伊尹也。可以仕则仕,可以止则止,可以久则久,可以速则速,孔子也。③

在孟子看来,伯夷作为"圣之清"者,在政治生活中坚持严格的出处进退标准,④是为一偏。伊尹是与伯夷刚好相反的"圣之任"者,他对政治生活的环境与条件无所挑剔与选择,因以天下为己任而勇于担当,此又为一偏。柳下惠介于伯夷与伊尹之间,既有"清"的骨气,又有"任"的风格,所以是"圣之和"者。作为"圣之时"者,孔子高于上述三圣的地方在于,他不一味地"清",亦非不择手段地"任",也不因"和"而流,而是能根据不变的道理

---

① 《滕文公下》。
② 参《万章下》。
③ 《公孙丑上》。
④ 孟子由此而批评"伯夷隘",认为"君子不由"(《公孙丑上》)。

和变化的情况,将原则性和灵活性结合起来以决定自己或仕或止、或久或速的行为。① 面对权位,"孔子进以礼,退以义,得之不得曰'有命'",②孟子心目中的孔子在政治生活中进退自如,丝毫不为"位"所困,这样的孔子自然不会为"有德无位"而伤感。

2. 对理想的关切

据孟子自述,他因"惧"而关切、介入政治,其所"惧"有二,一是"诸侯放恣",一是"杨朱墨翟之言"。前者"率兽食人"、背离孔子之道;后者"盈天下",使"孔子之道不著"。③ 可见,孟子所惧怕的是包括当时诸侯在内的时人对孔子之道的遮蔽与背离,出于此种"惧",他立志捍卫孔子之道,并竭力使之实现或彰著出来。在孟子看来,孔子之道的核心要义是"德位合一"理想,因此,捍卫孔子之道实即捍卫"德位合一",基于此种考虑,孟子十分关注政治生活中的"位"。"位"的本义是指人站立或坐时所处的位置,④由空间意义上的位置转指人在政治生活中的位置并进而指示权力,"位"的这种政治意义上的语义使用起源甚早,⑤孟子对此种意义上的"位"(实即权位或权力)非常关注,有系统的思考与论述,其要点如下:

第一,对权力的来源及权力者责任问题的关注。在重责任而不重主权的中国政治思想传统中,⑥孟子既重主权又重责任的思想显得尤为珍贵。

---

① 庞朴,《一分为三论》,上海:上海古籍出版社,2003,页176—177。
② 《万章上》。
③ 《滕文公下》。
④ 《说文》曰:"位,列中庭之左右谓之位。从人、立。"《左传》"成公十七年":"矫以戈杀驹伯、苦成叔于其位。"杜预注曰:"位,所坐处也。"
⑤ 如《尚书·尧典》即有"(帝尧)将逊于位,让于虞舜"的记载。
⑥ 钱穆,《中国历代政治得失》,北京:生活·读书·新知三联书店,2006,页128。

　　万章曰："尧以天下与舜,有诸?"孟子曰："否。天子不
能以天下与人。""然则舜有天下也,孰与之?"曰："天
与之。"①

　　孟子在天命信仰下谈论尧舜禅让的方式,同孔子在《中庸》
第十七章中的谈论方式具有一致性。孟子强调天子不能以天下
与人,这是因为,天子不是天下的所有者,他无权对权力转移作
出决定,而只有天这一天下的所有者才能对政权作出"与"或
"废"的决定。从此种主权在天的思想来看,天与天子之间是一
种所有者与执行者之间才有的委托/代理关系,②孟子在同齐宣
王及平陆大夫谈话时曾对此大加发挥。③作为上天派出的代理
执行者,世俗权力者须向其派出者即天负责,权力者的责任问题
在此得以被突显。在孟子天意即民心的政治思想结构中,"向天
负责"也即"向民负责",该责任具体表现为"养民教民",④权力
者之为权力者的资格即源于对这一职责的恪守;对于不能尽此
职责者,孟子以"率兽食人"称之,⑤认为他们已丧失了成为权力
者的资格。孟子强调天是政治生活中的绝对主宰者,具有彰显
世俗权力的相对性、矫治"诸侯放恣"的用心与意义。⑥

---

① 《万章上》。
② 以现代意义上的委托/代理关系释孟子所言天(或民)与天子的关系,始于康有
　 为,见氏著,《孟子微 礼运注 中庸注》,楼宇烈整理,北京:中华书局,1987,页
　 20—21、页92、页105。
③ 参《梁惠王下》、《公孙丑下》。
④ 《梁惠王上》。
⑤ 见孟子对汤武革命的评论(《尽心上》)。
⑥ 在天意即民心的思想结构中,"主权在天"含有"主权在民"的意味,中国近代知
　 识人在接受西方民主思想时之所以多受孟子之赐,实即此。孟子的"主权在
　 天"论同卢梭的人民主权论,同样具有虚化主权所有者的危险,参李畅然,《孟子
　 的民本思想和平等倾向在晚清的凸显与局限》,见《北京大学学报》(哲社版),
　 2006(6)。

第二,对权力类型及其合法性问题的关注。孟子曰:

> 以力假仁者霸,……以德行仁者王,……以力服人者,非心服也,力不赡也。以德服人者,中心悦而诚服也,如七十子之服孔子也。[①]

孟子从"服人"的角度来理解权力,并依据"服人"的不同情形而将权力或政治形态区分为两种:"霸"与"王"(或"以力服人"与"以德服人")。"以力服人"式权力奠基于"力",这是一种强制下的被迫服从。"以德服人"式权力奠基于"德",由于"德"的实质性内涵为民意,因此,这实即是一种民众出于自身意志的对自己的服从。"考虑到意志的核心本质在于命令和被服从",[②]因此,权力现象可被看作是一种意志现象。作为意志现象,权力的正当性问题亦当从意志自由及民众心理认同方面来理解。[③]孟子对"霸"与"王"的描述与刻画表明,前者不正当,后者正当。尽管像今人朱维耐尔(Bertrend de Jouvenel)一样,孟子也从"服从"的角度来理解权力,但他对"王"、"霸"的区分表明,在他那里,"警察"与"劫匪"之间是有着本质区别的。[④]

第三,对世俗权力之相对性的关注。出于矫治"诸侯放恣"的考量,孟子否认世俗权力具有绝对权威而强调其相对性,他不

---

① 《公孙丑上》。

② [美]阿伦特,《什么是自由》,见贺照田主编,《西方现代性的曲折与展开》,前揭,页383。

③ 韦伯关于权力正当性类型的划分广为人知,冯克利指出,这一类型划分实际上是基于一种心理学的立场,诉诸民众的心理认同(见韦伯,《学术与政治》,前揭,页119),施特劳斯对韦伯这一思想的批评,见氏著,《自然权利与历史》,彭刚译,北京:生活·读书·新知三联书店,2003,页59—61。

④ 参[美]阿伦特,《权力与暴力》,见贺照田主编,《西方现代性的曲折与展开》,前揭,页424—425。

只通过绝对之天来彰显世俗权力的相对性,而且在讨论人类生活本身时他也强调这一点。在孟子的视野中,人类生活由多个领域构成,政治仅为其中之一,他曾说:"天下之达尊三:爵一,齿一,德一。朝廷莫如爵,乡党莫如齿,辅世长民莫如德。"①"爵"(即"位")、"德"同为"天下之达尊",分属两个平行对等的价值系统,"位"之于"德"并无优越性,这一强调"爵"或"位"之相对性的思想,为孟子"以德抗位"的政治姿态提供了理论依据。

值得注意的是,孟子留意到了"位"的复杂性,他不只关注政治权力意义上的"位",而且也关注人伦等领域中的"位"。用人们所熟悉的"内圣外王"这一表述来说,前者与"外王"相联系,后者则与"内圣"相联系。孟子曾指出,一个人可能会同时身处几个系列中的"位",这些不同的"位"在同一个人身上有可能会发生冲突,如在"瞽瞍杀人"的讨论中,舜即拥有两个相互冲突的"位"(或角色)。从政治生活方面而言,舜身处天子之位,有责任命令皋陶去抓捕犯有杀人罪的父亲。从家庭生活方面而言,舜身处子位,有责任维护父亲的生命安全。面对桃应所设计的这一两难,孟子给出的解决方案是让舜放弃天子之位而将父亲"窃负而逃"。② 在孟子的解决方案中,亲情重于权位,人伦之"位"优先于政治之"位",实际上,这也是原始儒家的一贯立场;③该立场表明,原始儒家是站在人伦亲情这一基点上来观看并批评政治世界的,此为原始儒家政治哲学的一大特点。

(二) 对孔子"有德元位"的解释

孟子因忧惧"孔子之道不著"而关注、讨论"位",正是在这样

---

① 《公孙丑下》。
② 参《尽心上》。
③ 关于这一立场,可参郭店竹简《六位》篇,见李零,《郭店楚简校读记》(增订本),前揭,页131。

的关注、讨论中,孟子才遭遇并解释孔子"有德无位"事件的,下面让我们直接面对孟子的解释。

1. 解释及手法

孟子论及孔子"有德无位"事件的原文如下:

> 万章问曰:"人有言:'至于禹而德衰,不传于贤而传于子。'有诸?"
>
> 孟子曰:"否,不然也。天与贤,则与贤;天与子,则与子。昔者舜荐禹于天,十有七年,舜崩。三年之丧毕,禹避舜之子于阳城。天下之民从之,若尧崩之后,不从尧之子而从舜也。禹荐益于天,七年,禹崩。三年之丧毕,益避禹之子于箕山之阴。朝觐讼狱者不之益而之启,曰:'吾君之子也。'讴歌者不讴歌益而讴歌启,曰:'吾君之子也。'丹朱之不肖,舜之子亦不肖。舜之相尧,禹之相舜也,历年多,施泽于民久。启贤,能敬承继禹之道。益之相禹也,历年少,施泽于民未久。舜、禹、益相去久远,其子之贤不肖,皆天也,非人之所能为也。莫之为而为者,天也;莫之致而至者,命也。匹夫而有天下者,德必若舜禹,而又有天子荐之者,故仲尼不有天下。继世以有天下,天之所废,必若桀纣者也,故益、伊尹、周公不有天下。"①

据孟子所言,"有德无位"者是一个包含伊尹、周公等古圣贤在内的群体,而非专指孔子,孔子"有德无位"在孟子这里不具有突兀性。像孔子一样,孟子也以天命信仰及其受命论逻辑来解释尧舜及舜禹之间的禅让事件,在此解释中,孟子强调天对天子之位的终极主宰作用,所谓"天与贤,则与贤;天与子,则与子"是

_____

① 《万章上》。

也。在强调天的终极主宰作用的前提下,孟子用以解释"有德无位"现象的框架是:"匹夫而有天下者,德必若舜禹,而又有天子荐之者。"这也就是说,"匹夫有天下"需要同时具备"德若舜禹"与"天子荐之于天"两个条件。孟子认为,"自生民以来,未有盛于孔子也",[①]孔子"德若舜禹"自然不成问题。孔子没有成为天子是因为缺乏了第二个条件,即"天子荐之于天"这一条件。需要说明的是,"天子荐之于天"在孟子那里其实也只是个权变性的说法,而非关键性条件,如禹曾荐益于天,但益终究没有成为天子,启没有得到禹的推荐,反而成了天子。可见,是否成为天子的关键不在于"天子荐之于天",而在于天意、民心。另一方面我们也需要注意到,"天子荐之于天"虽然不能确保有德匹夫能得位,但它毕竟是有德匹夫得位路途中的一个重要条件,缺乏这一条件,有德匹夫也就失去了"施泽于民"的机会,最终决定得位的"天受之"、"民受之"也就难以谈起。[②]

在孟子的孔子"有德无位"解释中,"天子荐之于天"是要点所在,他在讨论尧舜禅让时也使用了这一说法。[③] 人们注意到,在孟子之前的《墨子》以及记载舜禹禅让事迹的《舜典》、《大禹谟》等文献中,都没有"舜荐禹于天"的记载,在历史上,该说始见于孟子。[④]《尧典》记载尧舜禅让时虽讲过"荐",不过,那是大臣("四岳")荐舜于尧,而非孟子所言"尧荐舜于天"。同《尧典》中的尧舜禅让说相比,在孟子尧舜禅让说的"A 荐 B 于 C"的言说结构中,只有 B 这一指称对象("舜")前后保持一致。A 在《尧

---

① 《公孙丑下》。

② 在天子决定问题上,孟子同孔子一样坚持天意决定论,但在孟子看来,仅有天意决定("天受之")是不够的,尚需有民意决定("民受之")(见《万章上》),其天意决定论以民意为中介,有别于孔子的直接决定论。

③ 参《万章上》。

④ 参顾颉刚,《禅让传说起于墨家考》,见吕思勉、童书业主编,《古史辨》(第七册下编),前揭,页56。

典》中本指大臣,在孟子这里则指"尧"。C 在《尧典》中本指天子("尧"),在孟子这里则指"天"。上述差异带来了如下变化:《尧典》中的禅让行为发生于尧舜之间,也即人际之间;孟子所说禅让则发生于天与舜之间,也即天人之际。舜在两个禅让说虽同为禅让行为的接受者,但行为的发出者却有"尧"与"天"之别。相应地,尧在二说中的角色与地位也发生了重大改变:《尧典》中的尧是禅让行为的发出者,地位重要;孟子说中的尧则充当了天与舜之间之中介人的角色,其地位与作用远没有在《尧典》中那么重要。

顾颉刚认为《尧典》成书于汉武帝时期,其所言尧舜禅让系承自《墨子》,①该说是否成立另当别论。如把孟子的禅让说同《墨子·尚贤上》、《尚贤中》与《尚贤下》诸篇中的禅让说加以对比,人们不难发现其间存在如下差异:第一,《墨子》只讲尧舜禅让,《孟子》则不仅讲尧舜禅让,而且也讲舜禹禅让,相应地,禹在二书中的身份与得位方式也十分不同。在《墨子·鲁问》与《非攻下》篇中,禹是百里诸侯,通过征诛而得位;而在孟子这里,禹变成了布衣,通过禅让而得位。第二,《墨子》所言禅让可直接实现,孟子则为禅让的实现添加了"德必若舜禹,而又有天子荐之者"等条件。第三,墨子以天命信仰下的受命论来解释革命或征诛事件,②并未以此解释禅让事件,孟子则以受命论来解释尧舜禹之间的禅让事件。综合起来看,孟子的"天子荐之于天"说于古无征,它是孟子用受命论来贯通《尧典》之谓"荐"时作出的创造性解释。

2. 解释中的信念修正与信仰变化

在孟子的孔子"有德无位"解释中,"德若舜禹"(即"大德")

---

①　参顾颉刚,《禅让传说起于墨家考》,见吕思勉、童书业主编,《古史辨》(第七册下编),前揭,页96—98。

②　参《墨子·非攻下》。

仅是"有天下"(即"得位")的必要条件,而非充分条件,如此一来,孔子的"大德必得其位"信念就被孟子修正为:匹夫"得位"一定要有"大德",但匹夫有"大德"并不必定"得位"。如同《穷》篇作者一样,孟子也取消了"大德"与"得位"之间的必然性关联,①此种情况在孟子那里是如何发生的?

> 孟子曰:"广土众民,君子欲之,所乐不存焉。中天下而立,定四海之民,君子乐之,所性不存焉。君子所性,虽大行不加焉,虽穷居不损焉,分定故也。君子所性,仁义礼智根于心。"②
>
> 孟子曰:"求则得之,舍则失之,是求有益于得也,求在我者也。求之有道,得之有命,是求无益于得也,求在外者也。"③

据孟子所言,"德"(即"仁义礼智")是君子性中所本有的,对它的追求属于"求在我者也",其特点是"求有益于得"、"求则得之"。君子对"位"虽"欲之"、"乐之",但"位"非君子性中所本有("所性不存也"),对它的追求属于"求在外者也",其特点是"求无益于得"。孟子上述文字的主旨是说,由于"德"、"位"在获得方式上有上述之别,因此,君子当致力于"在我"之"德",而不当致力于"在外"之"位"。这种将"德"、"位"分别归于可求与不可求两个领域的作法与意图,同《穷》篇是一致的。既然"德"可求、"位"不可求,二者在获得方式上迥然有异,那么,二者之间没有

---

① 孟子对"德"、"位"之必然性关联的取消并不彻底,他曾说:"有天爵者,有人爵者。仁义忠信,乐善不倦,此天爵也;公卿大夫,此人爵也。古之人修其天爵,而人爵从之。"(《尽心上》)"修其天爵,而人爵从之"实即"修德致位",孟子至少承认该情况在古代是流行的。

②③ 《尽心上》。

线性的必然性关联也就明矣。孟子讨论"得位"问题时,强调天是"位"的所有者与主宰者,此时之天为意志主宰之天。当孟子为"德"寻求形上依据而讲"尽心、知性、知天"时,①此时之天为义理之天。② 前者的德性色彩不浓,后者则没有主宰政治的权能,二者分司"德"、"位"而看似不相通。据《尚书》《诗经》等典籍中的记载,传统天命信仰中的天既有主宰权能,又有喜好德性的特点。由此来看,孟子的主宰之天与义理之天,系来源于他对革命论之天之二特征的剥离与分立,传统的统一的天命信仰在孟子这里出现了分裂。在孟子这里,"大德"与"得位"之间之所以不再有必然性关联,实即以上述信仰变化为前提与背景。

(三) 理想论证与身位调整

1. 理想论证

孔子"有德无位"事件给"德位合一"理想带来了相当大的冲击,既然像孔子这样的有德者都不能得位从而实现理想,儒生还要不要继续坚持这一理想? 如果坚持,又当如何去追求它的实现?《穷》篇作者去孔子未远,急于应对子路式儒生的个体精神困惑,对此等问题尚未暇顾及。孟子以继孔子为志,且惧"诸侯放恣"及"杨朱墨翟之言"对"孔子之道"的充塞、遮蔽,所以对上述问题格外留意。从孔子"有德无位"解释史的角度看,孟子在儒学史上的一个重大贡献是,他既对孔子"有德无位"事件后的"德位合一"理想进行了论证,以使其处于稳固的地位,又对事件后的儒生们的生存角色进行了调整,力图使理想与现实的张力在儒者身上能保持在一个适度的可接受的范围之内。

---

① 《尽心上》。
② 冯友兰即留意到,孟子所言之天有主宰之天、运命之天与义理之天三义(冯友兰,《中国哲学史》,前揭,页355)。

　　孟子对"德位合一"理想的论证有二,一是王道说,一是仁政说。前者关乎"德位合一"理想的正当性(见本节第一部分),后者则关乎理想的可实现性。关于"仁政",孟子曰:

　　　　人皆有不忍人之心。先王有不忍人之心,斯有不忍人之政矣。以不忍人之心行不忍之政,治天下可运之掌上。①

　　在孟子看来,人皆有仁心,王者作为人类之一分子,自然也有此仁心,只要王者将此本有之仁心施之于政,理想实现"可运之掌上"。人们注意到,孟子将理想实现的问题内在化了,他在人的内在心性中为理想实现找到了根基,这既解决了理想的可欲性问题(理想因合乎人性而成为可欲的),也解决了理想实现的基础与途径问题(理想实现系于王者之仁心及其发用)。

　　在孔子的思路中,实现理想的途径有二,一是"使有位者有德",一是"有德者得位"。前者对应于孔子的劝告行动,后者对应于修德致位行动。萧公权曾说:"孔子欲君子之以德致位,孟子则以德抗位。"②其说大旨不谬,然细考之,由于孟子并没有彻底取消"修德"与"得位"之间的关联,他本人对"以德致位"也并非全无想望。孟子认为"唯仁者宜在高位",③又说:

　　　　五百年必有王者兴,其间必有名世者。由周而来,七百有余岁矣。以其数则过矣,以其时考之则可矣。夫天未欲平治天下也;如欲平治天下,当今之世,舍我其谁也?④

---

① 《公孙丑上》。
② 萧公权,《中国政治思想史》,沈阳:辽宁教育出版社,2001,页88。
③ 《离娄上》。
④ 《公孙丑下》。

"舍我其谁"不但显示了孟子对自身具有"平治天下"之德能的自负，而且也显示了他对"以德致位"的想望，该想望亦体现在其"舜发于畎亩之中"的那段名言中。①由于有德者是否得位要取决于天的"欲"或"不欲"，因此，"以德致位"最终掌握在天的手中，此非儒生所能左右。相比较而言，"使有位者有德"的途径更具有现实可操作性，仁政说为孟子在此方向上的行动提供了理论基础。

2. 身位调整

《穷》篇作者在解答孔子"有德无位"困惑时，曾将儒生的生存角色调整为"敦于反己"，未及儒生如何同有位者打交道的问题。孟子依其对"位"的看法，在《穷》篇"敦于反己"的基础上，对儒生的生存角色进行了更为系统的思考。孟子虽然讲"无位亦可行道"，但从他"舍我其谁"的自负及其对弟子"古之君子仕乎"的回答来看，②对"位"之于行道的意义，他并不小觑。对孟子来说，不是"位"不重要，重要的是对"位"要具有正确的态度，该正确态度有两个方面，首先，在"由其道"的情况下儒生应积极出仕；其次，儒生当有一种不为"位"而动心的心态。第一个方面不是新内容，相当于孔子所言"天下有道则见"。第二个方面则是具有孟子特色的东西。孟子主张对"位"不动心，③对外在权力世界来说，这具有"以德抗位"、持守儒家立场的意义；对儒家内部说，这具有破除"必得其位"的执著心态或焦虑心态的意义。

在儒生与权力者的交往关系上，孟子强调儒生要藐视权力者：

---

① 参《告子下》。

② 参《滕文公下》。

③ 孟子自称自四十岁就不动心，但弟子充虞观察到他去齐时"若有不豫色然"（《公孙丑下》），据钱穆考证，孟子去齐时已年过七十（钱穆，《先秦诸子系年》，北京：商务印书馆，2002，页432），孟子对"位"的微妙心态于此可见。

说大人,则藐之,勿视其巍巍然。……在我者,皆古之制也,吾何畏彼哉?①

儒生据以藐视权力者的凭借是"德"。孟子以"爵"(即"位")、"齿"、"德"为天下三达尊,强调"德"之于"位"的独立性及其自足的价值与意义。可见,孟子之谓"藐"实即是一种立足于"德"来审视并批评"位"的政治姿态,该姿态宣示:绝不放弃儒家理想,也绝不向背离了"孔子之道"的现实妥协。孟子开辟了儒家"以德抗位"的抗议传统。孟子讲"说大人,则藐之",并不是要儒生同权力者搞对立,而是要儒生在权力者面前以德自尊,保持独立性,在此前提下,孟子主张二者合作,在"德"、"位"分离的现实中,二者之间的合作乃是实现理想的关键。

孟子曰:"惟大人为能格君心之非。君仁莫不仁,君义莫不义,君正莫不正。一正君而国定矣。"②

"君仁莫不仁,君义莫不义,君正莫不正"的说法表明,孟子理解中的政治秩序也是审美秩序,对此种秩序的维系来说,"君正"委实是关键性的。孟子似乎承认权力者(如君)难以自正或自正之力不够,所以他将儒生在政治世界中的职责定位为"正君",即帮助权力者成为道德楷模。儒生如何"正君"? 孟子的思路有二,从消极方面言,就是要"格君心之非";从积极方面言,就是要"务引其君以当道,志于仁而已"。③ 儒生同权力者之间的关系复杂,孟子之谓"正君"系从这一复杂关系的道德方面而言。

---

① 《尽心下》。另,儒家之谓德具有多种含义,人伦意义上的仁义礼智信固然是德,对"古之制"等古典知识的掌握也是德,如孟子在此处所论。

② 《离娄上》。

③ 《告子下》。

他在评论"子思不悦穆公友己"时说：

> 子思之不悦也，岂不曰："以位，则子君也，我臣也，何敢
> 与君友也？以德，则子事我者也，奚可以与我友？"①

据孟子所言，儒生与权力者之间不可能存在平等的朋友关系，他们之间要么是政治上的君臣关系，要么是道德上的师事关系。从后一关系来说，儒生作为君王之师，肩负教导君王以达成理想的大任，这是孟子为儒生在新的政治世界中（战国）所作的新的角色定位。对上述新角色，孟子不只进行理论阐明，而且也身体力行。在战国"方务于合从连衡，以攻伐为贤"的时代中，孟子"述唐虞三代之德"并以此来教导君王的行为颇不合时宜，其"所如者不合"的命运自是情理中的事。② 但正是这种"不合时宜"所体现出来的倔强，使得"孔子之道"得以在"以攻伐为贤"（也即"尚力"）的战国时风中不但没有被泯灭，反而被挺立起来。对"孔子之道"而言，这具有延续与张大之意义；从政治史而言，则具有限制"尚力"政治并彰显其缺陷的意义。

三、荀子对事件的感同身受及其解释

（一）荀子对事件的关切与伤感

孟子以孔子为"圣之时者"，对其"有德无位"一事颇不以为意，仅把它当作一事实来看待并加以接受。荀子强调孔子是圣人中的"不得势者"，③他不但关切孔子"有德无位"事件，而且还

---

① 《万章下》。
② 参《史记·荀子孟卿列传》。
③ 参《荀子·非十二子篇》，以下所引《荀子》文字仅注篇名。

把它当作是问题性事件。

> 世之愚,恶大儒,逆斥不通孔子拘。①
>
> 虞舜、孝己孝而亲不爱,比干、子胥忠而君不用,仲尼、颜渊知而穷于世。②
>
> 比干见刳,孔子拘匡。昭昭乎其知之明也,郁郁乎其遇时之不祥也。③

　　荀子对孔子之穷事件的一再提及正显示了他对事件的关切,他从这一事件中解读出了"不祥"的感受,"不祥"指不幸,有伤感意味。"孔子拘匡"在荀子这里之所以被看作是"不祥",尚需从荀子对于理想的理解说起。

　　在荀子看来,理想的政治秩序是那种"德必称位,位必称禄,禄必称用"的礼治秩序,④它以"德位合一"(即圣人在天子之位)为特征与实现条件。问题是,"德"与"位"或"圣"与"王"如何"合一"呢?对理想的实现途径这一重要问题,孟、荀理解有异,孟子关注理想与人的内在心性的关联,把理想实现主要寄望于人君之仁心的觉醒与运用上,遵循的是"由王而圣"或"有位者有德"的"王圣"路线。荀子关注理想与政治制度的关联,以为具备礼制设计之能力的仁人的"在上"才是实现理想的关键,遵循的是"由圣而王"或"有德者得位"的"圣王"路线;⑤前一路线与"人格本位的政治观"相联系,后一路线则与"客观礼治的政治观"相联

---

① 《成相篇》。
② 《大略篇》。
③ 《赋篇》。
④ 《富国篇》。
⑤ 李冬君以"圣王"与"王圣"为先秦"圣化"的两条路线(李冬君,《孔子圣化与儒者革命》,前揭,页176),本书的用法与李氏不同,本书不是从"圣化"方面立论,而是着眼于儒家关于理想实现途径方面的思考。

系。① 在"王圣"路线下，孟子将儒者的角色主要锚定在"教"的方面；在"圣王"路线下，荀子等儒生则具有强烈的得位要求。

在荀子的"圣王"路线中，"位"对理想实现来说是不可或缺的。儒生们往往自信他们拥有理想实现所必须的"德"、"能"，所缺的不过是"位"而已。荀子曰："大儒者，善调一天下者也，无百里之地，则无所见其功。"②同孔子一样，荀子也持有"有位方可行道"的观念，这是引发他对"孔子拘匡"之"不祥"感受的观念前提。荀子的"不祥"感受也有其个体经验方面的"前理解"背景，他曾在"圣王"路线上努力过，试图通过"以德致位"来实现理想，虽然他也"德若尧禹"，但最终还是落了个"世少知之，方术不用，为人所疑"的结局，③一个同孔子一样的"有德无位"的结局。从其"嗟我何人，独不遇时当乱世"的感慨来看，④他对自身的"有德无位"命运无疑十分苦闷与伤感。荀子对孔子"有德无位"事件的关切正是出于对这一事件的感同身受，对他来说，讨论孔子"有德无位"事件在他那里具有解决自身精神困惑的意义。

（二）荀子的解释

1. 解释方式：故事创作

"孔子厄于陈、蔡"涉及孔门精神危机，在《论语》的原始记载中，孔子情急之下的解答并不周全。《穷》篇作者接过这一遗留问题，通过历史回顾的方式而总结出了"遇不遇，天也"、"穷达以时"的结论，对"君子之穷"的原因作出了解释。继《穷》篇作者之后，荀子利用相同题材以讲故事的方式，对子路式困惑作了进一

① 关于孟子"人格本位的政治观"与荀子"客观礼治的政治观"之异，参张灏，《宋明以来儒家经世思想试析》，见氏著，《张灏自选集》，前揭，页64—73。
② 《儒效篇》。
③ 《尧问篇》。
④ 《成相篇》。

步的探讨与解释,故事如下:

> 孔子南适楚,厄于陈、蔡之间,七日不火食,藜羹不糁,弟子皆有饥色。子路进问之曰:"由闻之:'为善者天报之以福,为不善者天报之以祸。'今夫子累德、积义、怀美,行之日久矣,奚居之隐也?"孔子曰:"由不识,吾语女。女以知者为必用邪?王子比干不见剖心乎!女以忠者为必用邪?关龙逢不见刑乎!女以谏者为必用邪?吴子胥不磔姑苏东门外乎!夫遇不遇者,时也;贤不肖者,材也。君子博学深谋不遇时者多矣。由是观之,不遇世者众矣,何独丘也哉!"且夫芷兰生于深林,非以无人而不芳。君子之学,非为通也;为穷而不困,忧而意不衰也,知祸福终始而心不惑也。夫贤不肖者,材也;为不为者,人也;遇不遇者,时也;死生者,命也。今有其人不遇其时,虽贤,其能行乎?苟遇其时,何难之有?故君子博学、深谋、修身、端行以俟其时。孔子曰:"由!居!吾语女。昔晋公子重耳霸心生于曹,越王句践霸心生于会稽,齐桓公小白霸心生于莒。故居不隐者思不远,身不佚者志不广。女庸安知吾不得之桑落之下!"[①]

"孔子厄于陈、蔡"在《论语》中的记载很简略,该事件在后世所引起的关注出人意料,从战国时期的《庄子》到三国时期的《孔子家语》,围绕该事件所创作的故事至少有九个不同的版本。[②]从儒家立场上看,这些故事创作可分为两类,即道统立场上的版本与道统之外立场上的版本。从出现时间上看,道统之外立场

---

① 《宥坐篇》。
② 关于这些不同故事版本的专题研究,参陈少明《孔子厄于陈蔡之后》一文,见《中山大学学报》(社会科学版),2004(6)。

上的故事创作在先,①儒家的创作在后,这意味着,儒家是为反击前者而进行此类故事创作的。在道统立场上的诸故事版本中,上述《宥坐篇》中的故事出现最早,此后它为《韩诗外传》卷七、《说苑·杂言》等文献所辑录,可见其影响力之大。

《宥坐篇》中的故事多为荀子创作,"孔子厄于陈、蔡"亦属此列。同《墨子》、《庄子》中的离谱创作相比,荀子的创作可谓很忠实于原始记载,背景同是"在陈绝粮",对话也是在孔子与子路之间展开,子路"奚居之隐"之问同《卫灵公》中"君子固有穷乎"之问,也保持着语义上的一致性,甚至连子路的率直以及孔子回答他的语气,也同《卫灵公》保持着一致。值得注意的是,《宥坐篇》不但同《卫灵公》中的记载具有一致性,而且同楚简《穷》篇也保持着紧密的联系,二者的问题意识、解释手法与观点主张都非常接近,甚至连某些重要描述也大致不差,如《穷》篇将"有德无位"描述为:"有其人,无其世,虽贤弗行矣。苟有其世,何难之有哉?"《宥坐篇》的描述是:"今有其人不遇其时,虽贤,其能行乎?苟遇其时,何难之有?"二者之间仅有个别字句上的差异。

荀子认为"君子必辩",也擅长"辩",他将自己的时代使命就定位为"辨说"。② 问题是,对孔子"有德无位"这一事件,荀子为何不以他所擅长的"辨说"来处理而是采用故事创作的方式呢?"厄于陈、蔡"关乎孔圣受难,涉及儒家精神信念问题,题材与问题都很敏感,对此不宜作正面发挥。另一方面,面对《墨子》、《庄子》利用该故事素材对孔子所进行的攻击与形象重塑,"儒门只能软接招,也利用同一素材,修补、扩充先师的形象",这是一种

---

① 参《墨子·非儒下》、《庄子》之《让王》与《山木》。《墨子·非儒下》致力于攻击孔门师徒的道德形象,子路在故事中被描述成抢人衣食的强盗,孔子则被描述成"污邪诈伪"的小人;在《庄子·山木》的两则故事中,孔子由孔门宗师变成了道家的代言人或信徒。

② 参《非相篇》、《正名篇》。

思想斗法的策略。①

2. 解释脉络与意义

荀子的故事由子路的发问开始,我们的分析工作也由此而始。子路从"为善者天报之以福,为不善者天报之以祸"的"天报"信念出发,对"夫子累德、积义、怀美,行之日久"但仍然"居之隐"的状况产生了困惑。在子路的理解中,上天应报予夫子以福,但夫子实际上遭遇的却是祸,子路困惑即生发于此种实际与信念之间的背离,该困惑关涉到人类历史上一个影响巨大而至今尚未解决的老大难问题——神义论问题。② 对于子路困惑的实质,我们须结合故事中的孔子之言来把握。孔子在教导子路时,将他的"天报"信念转述为"知者必用"、"忠者必用"与"谏者必用",③"仁"、"忠"、"谏"俱为"德","用"则与"位"相联系,可见,子路所困惑的实即是孔子"有德无位"问题,即孔子"有德无位"事实同"大德必得其位"信念相背离的问题。

子路式困惑在人类精神史上具有普遍性,常见的解决方式有二,一是在坚持原有报应信念的情况下,放弃现世报应的关联方式,而代之以超越的方式,如佛教的三世因果报应说;一是通过放弃报应信念(即切断德行与福之间的必然性关联)来解除困惑。先秦儒家没有佛教或基督教式的关于彼岸世界的观念,像

---

① 陈少明,《孔子厄于陈蔡之后》,前揭。
② 在西方,神义论问题的核心在于现世之恶同全知全能仁慈的上帝之间的相容问题,《旧约·约伯记》中约伯所困惑的"好人受难,恶人好报",即此类问题的典型样式。西方历史上最早对这一问题加以专题研究的是莱布尼茨(参氏著,《神义论》,朱雁冰译,北京:生活·读书·新知三联书店,2007)。在中国,神义论问题主要表现为公正的上天同现世不公现象之间的相容问题。
③ 在《史记·孔子世家》的"孔子厄于陈蔡"的记载中,孔子将子路信念转述为"仁者必信"、"知者必行","仁"、"知"是孔门之德的主体内容,因此,"仁者必信"、"知者必行"反映的也是"大德必得其位"的信念。

故事中的孔子一样,他们采取的是第二种解决方式。① 孔子在其第一步的解答工作中,通过历史回顾,用历史事实否定了子路"大德必得其位"的信念,伴随"有德"("知"、"忠"、"谏")与"有位"("用")之间之必然性联系的切断,子路式的"必用"执著得以被破除。第二步,故事中的孔子对包括自己在内的"有德无位"现象作出了正面解释。首先,同孟子一样,他强调"有德无位"者乃一群体("君子博学深谋不遇时者多矣"),以显示他本人的"有德无位"并非特别之事;其次,同《穷》篇作者一样,孔子将得位与否归因于"遇不遇"(即"时"),以"不遇时"来解释"有德无位"的原因。② 以上是荀子对孔子"有德无位"事件所作的原因解释,但这并非是故事的最终目的,故事创作的真正意图是要向那些遭遇了"有德无位"困惑的子路式儒生们指明生活的方向。

在第三步的解答工作中,孔子指出,树立正确的君子生活态度须正确认识并对待"材"、"人"、"时"、"命"这些因素。在荀子的思想系统中,"材"属于"性","人"即"伪"(即"学"或"修身"),二者皆为"在己者"。③ "遇不遇"为"时",而"节遇谓之命",④ "时"与"命"俱属于"在天者",此时之天为命运之天。可见,荀子关于"材"、"人"、"时"、"命"的区分,乃是在《穷》篇"天人有分"的框架下进行的,荀子不过是将《穷》篇所说的"天"、"人"作了进一步的细分而已,其区分目的依然是要通过"察天人之分"而使儒

---

① 关于此点,可参刘美红《先秦儒学对"怨"的诊断与治疗》(中山大学博士学位论文,2009)之第三章第三节中的论述。另,子路式困惑极易导向对正义之可能的追问,此种追问势必会指向同现实发生了背离的传统信仰,古今中外历史上都不乏此类事例,如司马迁由伯夷等不得善终、盗跖"竟以寿终"而对天道的正义性提出了质疑(《史记·伯夷列传》);霍布斯由《旧约·约伯记》没有很好地解决"恶人得福,好人受难"问题,而向基督教信仰发难。(参刘小枫,《霍布斯的"申辩"》,见《中山大学学报》[社会科学版],2007[6])。

② 后来王充也在这一思路下来解释孔子"有德无位"现象,见《论衡·逢遇篇》。

③ 参《礼论篇》与《天论篇》。

④ 《正名篇》。

生"知所行"。荀子在这一问题上的看法,用《天论篇》中的话来说就是"敬其在己者,而不慕其在天者"。故事中的孔子要子路正确对待"学"(即"人"),认为"君子之学,非为通也;为穷而不困,忧而意不衰也,知祸福终始而心不惑也",此种对儒家"为仁由己"精神的描写,强调了"学"与"通"(即"得位")的脱钩。此外,像孟子一样,①荀子也将"穷"解释为君子生命中磨炼道德意志的必要环节,赋予它以积极的意义。如此一来,正确的君子生活态度就是"博学、深谋、修身、端行以俟其时",在《穷》篇"穷达以时,德行一也"的基础上,荀子特别突出了"俟时"一项。②

同孔子一样,荀子也持有"大德必得其位"的信念,③他的"有德无位"自伤实即导源于此,上述故事中的子路困惑实即荀子本人的困惑。荀子通过对"大德必得其位"信念的否弃来解决困惑,实际上,这是荀子本人在自我精神历程中对自己所作的自我否定,故事中的子路是自我否定之前的荀子,故事中的孔子则是进行自我否定之后的荀子。这一自我否定的实质,是通过放松或放弃对"位"的执著把持,来消解由迫切"得位"所引发的内心紧张与焦虑,此种解决问题的方式同詹姆士所提到的美国历史上的"医心运动"(Mind-cure movement)的解决方式不谋而合。④

3. 信仰裂变与理想修正

"大德必得其位"是传统"天报"信念的一具体样式,而"天

---

① 参《孟子·告子下》。

② 《中庸》第十四章有"君子居易以俟命"一句,从荀子"遇不遇"为"时"、"节遇谓之命"的观念来看,"俟时"也就是"俟命",由此亦可见荀子与《中庸》的思想联系。

③ 《儒效篇》曰:"故君子务修其内,而让之于外;务积德于身,而处之以遵道。如是,则贵名起如日月,天下应之如雷霆。"由此可知荀子亦持有"修德致位"的观念。

④ 参[美]詹姆士,《宗教经验之种种——人性之研究》,唐钺译,北京:商务印书馆,2002,页76—116。

报"信念又从属于天命信仰。神义论问题的发生以对神的信仰为前提,荀子解决子路式神义论问题的利落处在于,他直截了当地否定了子路信仰中的那个"神",即那个具有道德色彩且有主宰权能的、能根据人的不同行为而给予赏罚报应的上天。荀子学说中的天有多种含义,最基本的含义有二,一是自然之天,一是"时遇"、"命运"意义上的天(即命运之天),①它们的共同特点是都具有自然意味。荀子指出,自然之天没有意志主宰权能,作为一种冷冰冰的客观存在,人们无须崇拜它、敬畏它,对它的正确态度是理性的"应";他由此而强调"治乱非天"、"天有其时,地有其财,人有其治",②据此来看,荀子理解中的政治乃一脱离了神性的人为领域,世上没有天神,政治这一人类事务只能由人类自己来负责。通过以自然之天对意志主宰之天的置换,荀子否定掉了子路式信仰中的"神",前述神义论问题由是自行消解。传统天命信仰在孟子那里只是出现了分裂,在荀子这里却是断裂了。荀子以无神论取代传统天命信仰带来的一个重要思想史后果是,先秦神权政治思想至荀子而中断了。③

伴随意志主宰之天及"天报"信念的消除,儒家的"德位合一"理想落入到了纯粹的人文世界中来,它仍然值得欲求,但由于失去了意志主宰之天的支撑而不再具有神圣性与天命必然性。在荀子那里,实现"德位合一"理想的关键是"仁人在上"(也即"大德者得位"),对仁人如何在上或大德者如何得位这一问题,荀子没有作出明确的说明;而对于禅让这一"大德者得位"的途径,荀子的态度也有些矛盾,他在《正论》篇中将"尧舜禅让"斥为"虚言"、"浅者之传,陋者之说",但在《成相》

---

① 参向世陵、冯禹,《儒家的天论》,济南:齐鲁书社,1991,页 91。
② 《天论篇》。
③ 参王杰、顾建军,《先秦时期神权政治的演变》,见《中国哲学史》,2008(2)。

篇中又承认并赞美尧舜禅让，认为"尧授贤，舜遇时，尚贤推德
天下治"。由此来看，荀子还是期待禅让的，只不过禅让的实
行要取决于"时"而已。既然大德者的得位要取决于"时"，那
么，理想实现看起来也就系于"时"了。荀子在激励弟子时
指出：

> 比干见刳，孔子拘匡。昭昭乎其知之明也，郁郁乎其遇
> 时之不祥也。拂乎其欲礼义之大行也，暗乎天下之晦盲也。
> 皓天不复，忧无疆也。千岁必反，古之常也。弟子勉学，天
> 不忘也。圣人共手，时几将矣。①

据荀子所言，"德位合一"理想的实现不是为主宰之天所
保证，而是为"千岁必反"的常道（规律）所保证，"古之常"使理
想避免了坠入飘零命运的危险。在《尚书》以来的天命论中，
"德位合一"政治出于上天意志，为上天所喜爱并担保。传统
天命信仰在孔孟那里虽已有所变形，但他们在讨论政治生活
时毕竟都保留了这一信仰及其中的主宰之天，该保留为理想
的神圣性及其实现的必然性提供了担保。荀子对主宰之天的
否定，既撤消了"德位合一"理想的神圣性，也使理想实现的必
然性打了折扣。孟子讲"五百年必有王者兴"，荀子讲"千岁必
反"，理想实现的期限在荀子这里被拉长了。此外，人们会留
意到，当荀子讲"弟子勉学，天不忘也"时，这个不会忘记弟子
之努力的天，同他在"孔子厄于陈、蔡"故事中所要否定的那个
关注、关怀人事的天有几分相像，这显示了荀子思想及其信仰
的复杂性。

---

① 《赋篇》。

（三）迫害与生活政治化

1. 迫害问题

自孔子以来，儒家就比较关注自我保存问题，①原因主要有二：第一，儒生持守"德位合一"理想，自然会对"德"、"位"分离的政治现实产生不认同，并在言论上进行批评，这容易给儒生的生存招致危险；此外，儒生相对独特的生活方式（如对衣冠样式的坚持等）也易招致他人的非议。② 第二，儒生往往自感身系道之命运，因此，他们的自我保存为传道所必需。荀子承此传统而关注自我保存以及与之相关的迫害问题，一方面他提醒儒生说："夫士欲独修其身，不以得罪于比俗之人也。"③这涉及到哲人与民众的关系问题。另一方面他又教导说，儒生要依据所居国之国君的不同情形而采取相应的事奉策略，④要具备"时绌则绌，时伸则伸"、"与时迁徙，与世偃仰"的生存技艺，⑤这涉及到哲人与权力者的关系问题。荀子提醒儒生注意并躲避迫害，吊诡的是，其思想本身却蕴含迫害。荀子曾将自己的时代使命定位为"辨说"，之所以如此，他解释道：

> 今夫仁人也，将何务哉？上则法舜禹之制，下则法仲尼、子弓之义，以务息十二子之说，如是则天下之害除，仁人

---

① 孔子赞赏那些善于自我保护的人，在《论语》中，被他称赞过的有南容、宁武子、史鱼、蘧伯玉等人（见《公冶长》、《卫灵公》）。
② 儒家很重视服饰问题，如孟子就主张要"服尧之服"（《孟子·告子下》），该方面的研究可参张永义《穿衣之道——诸子争辩的一个话题》一文（见陈少明主编，《体知与人文学》，北京：华夏出版社，2008，页238—249）。
③ 《修身篇》。
④ 参《臣道篇》。
⑤ 参《仲尼篇》、《不苟篇》。

之事毕,圣王之迹著矣。①

　　今圣王没,天下乱,奸言起,君子无执以临之,无刑以禁之,故辨说也。②

可见,荀子之所以主张通过"辨说"来"务息十二子之说",并以此作为自己的政治使命,其原因主要有二:一方面,荀子认为"百家之说"遮蔽了圣王之道,有害于政,因此,"百家之说诚不详";③由此可见,光大圣王之道需要禁止"百家之说"。另一方面,有位君子通过"势"、"刑"就能禁绝"十二子之说"这些"奸言",但荀子本人由于"有德无位"而无"势"、"刑"之便利,故唯有通过"辨说"的方式来"息十二子之说"。当荀子讲有位君子以"势"、"刑"来禁绝"奸言"的时候,我们不能不从中感受到杀气,他主张援引思想之外的政治权力来解决思想争论,无疑是提倡政治对哲学的迫害。

上述吊诡现象在荀子的政治秩序理解中有其根基。在荀子的政治秩序理解中有一内在紧张,即审美秩序与理性秩序之间的紧张。荀子曾说:

　　闻修身,未尝闻为国也。君者仪也,民者景也,仪正而景正;……君者,民之原也;原清则流清,原浊则流浊。④

在这等地方,荀子理解中的政治秩序是审美秩序,此种秩序不是依靠暴力强制,而是依靠在上者的榜样引导与在下者的自觉效仿来建立的,在上者的修身及其所提供的效仿榜样是此种

---

① 《非十二子篇》。
② 《正名》。
③ 《成相篇》。
④ 《君道篇》。

秩序形成与维系的关键,这一理解同孔子的"正身"说是一贯的,与孟子的审美秩序理解则有异。[①]

荀子认为,实现"德位合一"理想的关键是"仁人在上","仁人"一旦"在上",他要将一种什么样的政治秩序建立起来? 如何去建立它? 在《王制篇》中,荀子以"复古"为名所表达出来的理想秩序,实即是一套以"礼义"建构起来的等级秩序,关于此种秩序的面貌,《王霸篇》云:

> 治国者,分已定,则主相、臣下、百吏各谨其所闻,不务听其所不闻;各谨其所见,不务视其所不见。所闻所见诚以齐矣,则虽幽闲隐辟,百姓莫敢不敬分安制以化其上,是治国之征也。

"分"是礼的基本功能,即据德、能等标准对社会成员进行等级划分,并对各等级成员的角色规范进行模式化的详细规定。[②] 礼治秩序强调"安分守己",荀子希望借此来解决政治与经济问题。"分"是"仁人"设计出来的,问题是,"仁人"如何将其实现出来并加以维持呢? 荀子主张,"才行反时者死无赦";[③]对那些上不顺权力者、下不和百姓的"奸人之雄"及不服从礼义教化的"妖怪狡猾之人",他认为,"圣王起,所以先诛也"、"虽则子弟之中,刑及之而宜"。[④] 很明显,荀子主张依靠权力来"定于一是",依靠权力来强制推行并维持礼治秩序。可见,在荀子的礼治秩序中没有"不安分者"的生存空间,它不允许并趋向清除异质,颇有

---

① 其间差异主要产生于他们对"修身"的不同理解上,同样讲"修身",孟子偏重内在心理的发掘,荀子则强调外在规范的约束。关于此种不同,可参李泽厚,《中国古代思想史论》,前揭,页 109。

② 殷海光关于此问题的分析,参氏著《孔制崩溃》一文(见王曰美主编,《儒家政治思想研究》,北京:中华书局,2003,页 266—268)。

③ 《王制篇》。

④ 《非相篇》、《非十二子篇》。

肃杀之气。① 荀子的这一秩序理解同哈耶克之谓建构论理性主
义若合符节,二者都主张对社会进行全面干预从而重建社会,都
预设了一种特别理性或知识(即全面重建社会所需要的那种理
性或知识)的存在,在孕育迫害这一点上二者也是一致的。② 建
构论理性主义是现代革命极权主义的理论根源,③礼治思想则
与中国古代极权主义关系密切。

2. 政治生活对私人生活的吞并

徐复观论及"孔子诛少正卯"故事时曾说:

> 荀子把礼外在化了,政治化了,而礼又是"人道之极",
> 其归结必至人只有政治生活,而无私人生活、社会生活,且
> 必至以不合于现实政治者为罪大恶极。所以他说"才行反
> 时者死无赦"(《王制》),而孔子诛少正卯的故事,亦堂皇出
> 现于其《宥坐》篇,此点与《管子·法法》篇主张诛戮"不牧之
> 民",及韩非子以隐者为"不令之民"(《说疑》),同出一辙。
> 天下至于诛戮隐士,诛戮言行不合于现实政治之人,则真可
> 谓生人之道绝。④

徐先生的观察是准确的。荀子曰:"川渊者,龙鱼之居也;山
林者,鸟兽之居也;国家者,士民之居也。"⑤在荀子那里,"国家"

---

① 钱穆认为"荀卿韩非取径狭,主定于一是,有肃杀之气",又谓荀子"欲以一己之
意见,强天下之必从"的议论"早为秦廷焚书埋下种子",可谓史见如炬。见氏
著,《秦汉史》,北京:生活·读书·新知三联书店,2004,页13、页23。
② 荀子笔下的少正卯就是礼治秩序下的一个牺牲品,或者说,荀子正是依据其礼
治秩序理解来创作"孔子诛少正卯"这一故事的(见《宥坐篇》),关于该故事的虚
构性质,可参戛长朴《子为政焉用杀——论孔子诛少正卯》一文(见《国际儒学研
究》第五辑,北京:中国社会科学出版社,1998)。
③ 参[英]哈耶克,《致命的自负》,刘戟锋等译,北京:东方出版社,1991,页71。
④ 徐复观,《荀子政治思想解析》,见氏著,《中国思想史论集续编》,前揭,页304。
⑤ 《致士篇》。

是士民唯一的生存场所,政治之外别无世界,这是对先秦儒家政治思想的一大扭转。荀子之前的儒家并不把政治看作是人类生活的全部,如在孟子的"三达尊"思想中,"爵"所标志的政治生活既不是唯一的,也不具有特别的优越性。更为重要的是,荀子之前的儒家有一个一脉相承的思想传统,即在"亲亲"与"尊尊"或"仁"与"义"的张力结构中,站在"亲亲"或"仁"的基点上来思考并把握政治生活。当"亲亲"与"尊尊"或"仁"与"义"发生冲突时,他们皆主张"亲亲"或"仁"具有优先性,强调"亲亲"高于"尊尊"。[①] 与先儒不同,荀子主张"从义不从父",[②]如此一来,原先与"义"并立且对"义"构成约束的"仁",就被置于了"义"之下,不是"亲亲"之"仁",而是"尊尊"之"义"更具有优先性。在荀子这里,伴随"仁"、"义"之间之张力结构的消失,原始儒家区分公私生活领域的精神意向也消失了,而伴随公私生活领域之间之屏障的撤离,政治得以长驱直入私人领域并覆盖之,政治摇身一变而成为人类生活的全部。

荀子所谓"义"即"礼义",据此建构起来的政治制度即礼制,礼制就其作为理性设计之产物的特点来看,我们可称之为"理"。"仁"在先秦儒家那里主要指以"孝"、"悌"等为核心的家庭亲情。诚如姜广辉等学者所言,贵情乃是早期儒学的一大特征;[③]早期儒家主张社会政治应建立在"情"之上,荀子现在则主张建立在

---

① 可参孔子"亲亲互隐"的主张(《论语·子路》)、楚简《六位》篇"为父绝君,不为君绝父"的观念以及孟子关于"瞽瞍杀人"的讨论(《孟子·尽心上》),此种"亲亲"高于"尊尊"的观念,为荀子之前的儒生批评甚至对抗政治提供了价值基点。近年来,该话题引起了哲学界与法学界的关注与讨论,相关成果,参郭齐勇主编,《儒家伦理争鸣集——以"亲亲互隐"为中心》,武汉:湖北教育出版社,2004。

② 《子道篇》。

③ 参姜广辉,《郭店竹简与早期儒学》,见姜广辉主编,《中国经学思想史》(第一卷),北京:中国社会科学出版社,2003,页176—177。蒙培元对传统儒学特别是早期儒学重视情感的原因所作的理论说明,见氏著,《中国哲学中的情感理性》,《哲学动态》,2008(3)。

"理"之上。在荀子那里之所以只有政治生活而无私人生活，或政治生活吞并了私人生活，原因即在于"尊尊"之"义"对"亲亲"之"仁"的吞并，这一吞并其实也是"理"对"情"的吞并，由此而建立起来的社会乃是一种"合理"但却"无情"的社会，一种机械的同质性的社会。

第三章　汉儒的理论解决与行动解决

一、关注与伤感

（一）关注与伤感

汉初儒生有经学之儒、事功之儒与思想家之儒三种类型，[①]其中，关注孔子"有德无位"问题的主要是思想家之儒这一群体。陆贾是汉初思想家之儒的先驱，他在应高祖要求而创作的《新语》中，对孔子的言语事迹多有所录，其中就有对孔子"有德无

---

① 参韦政通，《董仲舒》，台北：东大图书公司，1986，页 188－192。另，经学之儒即杨雄《法言·渊骞卷第十一》所谓"守儒"或《盐铁论·刺议第十六》所谓"执经守道之儒"，以伏生、申公、辕固等为代表；事功之儒"进退与时变化"，以叔孙通、公孙宏等为代表，余英时称之为"法家化的儒家"（余英时，《反智论与中国政治传统——论儒、道、法三家政治思想的分野与汇流》，见氏著，《中国思想传统的现代诠释》，南京：江苏人民出版社，2003，页 66－74）；思想家之儒处于上述二者之间，既持守儒家理想又有明确的现实问题意识，以陆贾、董仲舒等为代表。三类儒生之间的关系复杂，一方面，在要求通经致用方面，事功之儒与思想家之儒具有一致性，他们大多来自齐学，其与经学之儒之间的紧张即齐学同鲁学之间的紧张，以刘小枫教授的话来说就是左派儒教士与右派儒教士之间的紧张（刘小枫，《纬书与左派儒教士——纬书研究述评》，见氏著，《儒教与民族国家》，北京：华夏出版社，2007）；另一方面，在持守理想方面，思想家之儒与经学之儒也有一致性，他们以此共同批评事功之儒"阿谀"（参《史记·叔孙通列传》、《儒林列传》）。

位"事件的记录与评价。

> 故孔子遭君暗臣乱,众邪在位,政道隔于三家,仁义闭
> 于公门,故作公陵之歌,伤无权力于世,大化绝而不通,道德
> 施而不用,故曰:"无如之何者,吾末如之何也已矣。"夫言道
> 因权而立,德因势而行,不在其位者,则无以齐其政;不操其
> 柄者,则[无以制其刚]。①

陆贾所说"公陵之歌"出于《论语·卫灵公》,原文是:"不曰
'如之何?如之何'者,吾末如之何也已矣。"陆氏将之称为"公陵
之歌"的缘由不得而知,在他看来,孔子在这段话中自伤"有德无
位",此种理解与解释在历史上与众不同。② 无独有偶,在陆贾
之后,董仲舒从《论语》中孔子的另一自述也解读出了相同的
看法。

> 孔子曰:"凤鸟不至,河不出图,吾已矣夫!"自悲可致此
> 物,而身卑贱不得致也。③

董仲舒认为,"凤鸟不至,河不出图,吾已矣夫"乃是孔子为
自身"有德无位"所发的悲慨,后来的汉儒(如昭帝时的文学④)
多持此种看法。事实上,对孔子"有德无位"的关注与伤感观感,
从汉初到西汉晚期一直不绝如缕,皇室成员刘向亦谓:

---

① 《新语·辨惑第五》。
② 在历史上,人们一般认为孔子在这段话中所表达的意思是,做事情要谋之于未
  兆,治之于未乱,如果不如是而妄行,虽圣人亦无如之何也(见程树德,《论语集
  释》,前揭,页 1098—1099)。
③ 《汉书·董仲舒传》。
④ 参《盐铁论·论儒第十一》。

是以孔子历七十二君,冀道之一行,……卒不遇,故睹麟而泣,哀道不行,德泽不洽,于是退作《春秋》,明素王之道,以示后人。①

若依韦政通的标准,刘向也应在思想家之儒的行列。像陆贾、董仲舒一样,刘向也认定孔子为"有德无位"而哀伤,其间区别在于,刘向依据的不是《论语》中的孔子自述,而是《春秋》中的相关记载。值得一提的是,刘向不只关注孔子"有德无位"自伤事件,而且也关注荀子"有德无位"自伤事件。② 由以上简单分梳可见,西汉思想家之儒这一群体中的主要成员无不关注孔子"有德无位"事件,他们对该事件的关注与观感具有共通性与连贯性,他们的人数虽然不是很多,但由该事件阐发出来的思想所产生的思想史影响与政治史影响却很大。

(二) 何以伤感

西汉思想家之儒之所以认定孔子为"有德无位"而自伤,这是因为,在他们看来,孔子"无权力于世"的结果是"大化绝而不通,道德施而不用"、"大道隐而不舒"③、"道不行,德泽不洽",一句话,即"道不行"。由此可见者有二,第一,如同孔子与荀子一样,在西汉儒生这里,引发伤感的也是"有位方可行道"的"行道"理解,此即其所谓"道因权而立,德因势而行"是也;第二,在西汉儒生的描述中,孔子为"道不行"而伤感,下文分析将表明,其实这也是西汉儒生的伤感对象,他们正是出于对"道不行"的关切与伤感,而关注孔子"有德无位"事件并从

---

① 《说苑》卷五《贵德》。
② 参《孙卿书录》。
③ 《新语·本行第十》。

中解读出孔子"自伤"观感的,在这里,孔子之"伤"实即汉儒之"伤"。

"行道"是儒生们的共同想望与追求,由于生活于其中的时代情势不同,不同时代中的儒生对自身与"行道"关系所作的定位也不同。战国儒生在回应孔子"有德无位"事件时,将自身角色定位为"修身俟时",他们在将理想实现寄于未来的同时,特别突出了"俟"(即"等待")这一角色规定。人们注意到,汉儒不像战国儒生那样有耐心,在"行道"问题上他们有些急迫甚至是焦虑。理解战国儒生与汉儒在"行道"上的不同心态,需考察战国以来儒生同其时代之间的关系。韩非在比较战国与古代的区别时曾说:"上古竞于道德,中世逐于智谋,当今争于气力。"①"争于气力"一语可谓是对战国之时代特征的传神刻画,在这样的时代中,以讲论仁义见长的儒生自然难以见用。司马迁在为孟子作传时指出:

> 当是之时,秦用商君,富国强兵;楚魏用吴起,战胜弱敌;齐威王、宣王用孙子、田忌之徒,而诸侯东面朝齐。天下方务于合从连衡,以攻伐为贤,而孟轲乃述唐虞三代之德,是以所如者不合。②

司马迁以"所如者不合"来描述孟子的遭遇,其实这也是战国儒生集体遭遇的写照。在战国儒生眼中,"争于气力"的时代自是一个背离"德位合一"理想的时代;有见于理想与现实之间之距离的拉大,以及理想难以在当下实现的现实,战国儒生选择了"修身俟时",这是一种"守"的姿态,他们希望通过"守道"来挽

① 《韩非子·五蠹》。
② 《史记·孟子荀卿列传》。

理想于不坠。

战国时代的气力博弈以秦的胜出而终结。秦在历史上虽不重儒生，[①]但二者倒也相安无事。在始皇之世的中前期，儒生不受重用，但在秦廷中毕竟尚有一席之地。儒生与秦的交恶始于始皇三十四年的焚书事件及次年的坑儒事件。出于对"秦焚其业"的怨恨，孔子的后裔孔甲等"诸鲁儒持孔氏之礼器往归陈王"，[②]这是儒生同秦彻底决裂的标志性事件。汉初思想家之儒也表现出一副与秦不共戴天的姿态，后文的分析将表明，前一种决裂系基于怨恨心态，后一种决裂则更多的是基于理性的历史反思。

汉兴，刘邦君臣惮于重蹈秦王朝速亡的覆辙，出于巩固政权的考量而产生了总结历史成败的需要，当时承担这一工作的主要是儒生（特别是思想家之儒）。思想家之儒在进行历史反思时将秦对象化，他们一致将秦的速亡归因于"尚刑"或"仁心不施"的统治原则。在他们看来，秦的速亡既从正面证明了法家法治的谬误性，同时也从反面彰显了儒家德治的真理性。汉承秦制是汉初政治的基本事实，思想家之儒在其言论中所表达的对秦政的批评与不认可，实际上也就是对汉初政治现实的批评与不认可。他们倡议"改制"、"更化"，目的就是要改变汉承秦制的现实；把汉代政治纳入到儒家仁政或德治的轨道上来是汉初思想家之儒的共同想望，这在董仲舒那里有尤其清晰明确的表达。

> 　　自古以来，未尝有以乱济乱，大败天下之民如秦者也。
> 其遗毒余烈，至今未灭，使习俗薄恶，人民嚣顽，抵冒殊扞，
> 孰烂如此之甚者也！孔子曰："腐朽之木不可雕也，粪土之

---

① 　如荀子就指出"秦之短"在于"无儒"（《荀子·强国篇》）。

② 　《史记·儒林列传》。

墙不可圬也。"今汉继秦之后,如朽木、粪墙矣,虽欲善治之,亡可奈何。……故汉得天下以来,常欲善治而至今不可善治者,失之于当更化而不更化也。①

如将荀子对秦政秦俗的赞美同董氏的上述言论加以对照,②人们将不难发现战国儒生与汉儒对秦的不同态度。以董氏为代表的汉初思想家之儒在激烈批评秦政的同时,也强调儒家德治是汉室达至"善治"的不二选择,汉室统治者们如何看待这些意见?思想家之儒在汉初的生存状况如何?

（高祖时）叔孙通作汉礼仪,因为太常,诸生弟子共定者,咸为选首,于是喟然叹兴于学。然尚有干戈,平定四海,亦未暇遑庠序之事也。孝惠、吕后时,公卿皆武力有功之臣。孝文时颇征用,然孝文帝本好刑名之言。及至孝景,不任儒者,而窦太后又好黄老之术,故诸博士具官待问,未有进者。③

从高祖到景帝的汉初四世之间,儒生集体颇不得势,不要说让统治者们接受其摒弃秦制、实行德治的政治意见,有时（孝景、窦太后时）连发表此种意见的空间都没有。像孔子一样,汉初思想家之儒也处于"有德无位"的境况:想"行道",但因"无位"而不得其志（儒家之道未能同权力相结合）。这是汉初思想家之儒关注孔子"有德无位"并从中解读出伤感感受的"前理解"背景;他们像荀子一样为"有德无位"及其"道不行"的结果而伤感,但他

---

① 《汉书·董仲舒传》。
② 参《荀子·强国篇》。
③ 《史记·儒林列传》。

们没有走上荀子式的伤感化解之路,也没有像荀子一样强调"俟时"。

> 陆生时时前说称《诗》、《书》。高帝骂之曰:"乃公居马上而得之,安事《诗》、《书》!"陆生曰:"居马上得之,宁可以马上治之乎?且汤武逆取而以顺守之,文武并用,长久之术也。……乡使秦已并天下,行仁义,法先圣,陛下安得而有之?"高帝不怿而有惭色。①
> 叔孙通……说上曰:"夫儒者难与进取,可与守成。"②

　　陆贾是思想家之儒,叔孙通是事功之儒,他们的"顺守"、"守成"说异说同谓,这表明,汉初儒生对其时代有一共识性判断,即儒生有为的时代到来了。"有为"("行道")需要积极进取的心态,"有德无位"伤感作为负面性情绪不能适应此种要求,这不能不使他们重新打量孔子"有德无位"事件,这种新的打量自陆贾而始,至董仲舒而初步完成。

二、理论解决:孔子素王论

　　孔子在历史上拥有先师、圣人、素王、教主等多种形象,其中,孔子的王者形象是由汉代的孔子素王论所塑造出来的,如顾颉刚所言,这本是一种解释孔子"有德无位"事件的理论。③ 孔

---

①　《史记·陆贾列传》。
②　《史记·叔孙通列传》。
③　顾氏指出:"汉代的经师和谶纬的作者……以为'大德者必受命',像孔子这样的圣人,必然该作天子,然而竟不得作天子,于是'孔子为素王','以《春秋》当新王'以及'端门受命'诸说都起来了。"(顾颉刚,《禅让传说起于墨家考》,见吕思勉、童书业编著,《古史辨》[第七册下编],前揭,页104—105。)

颖达追溯孔子素王论时以董仲舒为首,暗示董氏就是这一理论的提出者,但又未如此明言。① 孔子素王论对汉代及后世都产生了巨大影响,其源头与生成问题却一直晦而不明,兹对此试加探析。

(一) 汉初"素王"话语流变考

"素王"本为道家说法,最早见于《庄子·天道》篇。

> 夫虚静恬淡,寂漠无为者,万物之本也。明此以南乡,尧之为君也;明此以北面,舜之为臣也。以此处上,帝王天子之德也;以此处下,玄圣素王之道也。

成玄英疏云:"夫有其道而无其爵者,所谓玄圣素王自贵者也,即老君尼父是也。"②很明显,这是在孔子素王论流行之后,为调和儒道关系所作的折衷解释;尽管如此,该解释还是抓住了"素王"一词的基本含义——"有道无位"。在汉初可见文献中,贾谊《新书》最早提及"素王",《新书·过秦下》云:"诸侯起于匹夫,以利会,非有素王之行也。"贾谊的意思是说,秦末那些起事者并无素王一般的德行,他们因追逐私利起事,终而为诸侯,其所谓"素王"系指"有德无位",同上述"有位无德"之诸侯相对。贾氏将《天道》篇"素王"说之"有道无位"中的"道"置换为"德",这是"素王"话语由战国道家进入汉初儒家的一个重要标志。与后世孔子素王论相比,贾谊的"素王"论具有偶然提及(在《新书》中仅上述一见)、无特定指称对象、无深意等诸特征。贾谊之后,

---

① 《春秋左传正义》,[周]左丘明传,[晋]杜预注,[唐]孔颖达正义,浦卫忠、龚抗云、于振波整理,胡遂、陈咏明、杨向奎审定,北京:北京大学出版社,1999,页25。

② [清]郭庆藩,《庄子集释》,上海:上海书店出版社,1994,页205。

以"素王"专门指称孔子者,一为《淮南子·主术训》篇的作者,一为董仲舒。由于关涉到对孔子素王论源头的认定问题,兹对此二说及其关系试作考察。

刘安于建元二年(前139)向武帝献《淮南子》,可知,《主术训》篇的孔子素王论问世于建元二年。董仲舒是在给武帝的第二次对策中提到孔子素王论的,《汉书·武帝纪》载对策于元光元年(前134),《资治通鉴》依《史记》以为对策在建元元年(前140)。依建元元年说,董氏孔子素王论的问世时间比《主术训》要早一年。若依元光元年说,则比《主术训》晚五年。在缺乏硬材料的情况下,我们似乎很难断定它们孰先孰后,如再考虑到这两种孔子素王论的形成时间问题,情形将变得更为复杂。下面我们通过将上述二说同后世流行之孔子素王论进行比对的方式来确定其间关系。首先让我们来看一下《主术训》篇中的孔子素王论。

> 孔子之通,智过于苌宏,勇服于孟贲,足蹑郊菟,力招城关,能亦多矣。然而勇力不闻,伎巧不知,专行教道,以成素王,事亦鲜矣。春秋二百四十二年,亡国五十二,弑君三十六,采善锄丑,以成王道,论亦博矣。[①]

《主术训》篇作者认为,理想的人格具有"心小"、"志大"、"智员"、"行方"、"能多"与"事鲜"等六种品质,作者以尧、舜、禹、文、武、周公、成、康为前四种品质的代表,而以孔子为后两种品质(即"能多"与"事鲜")的代表。孔子"能多"无需多言,他本人也承认"吾少也贱,故多能鄙事",[②]此处的关键是"事鲜"。"事鲜"

[①]　《淮南子·主术训》。
[②]　参《论语·子罕》。

在本文中指"得柄持术，得要以应众，执约以治广，处静持中，运于璇枢，以一合众，若合符者也"，很明显，这是典型的法家言路。本篇中的"事鲜"本来是描述人主之术的，问题是，孔子"有德无位"，怎么能用"事鲜"或"执约以治广"来描述孔子这一布衣呢？据该篇作者所言，孔子的"执约以治广"不是体现在政治治理领域，而是体现在其《春秋》写作中。作者转换了"执约以治广"的适用领域，正是凭借这一转换，孔子由布衣而为"素王"的身位转变始得以实现。在作者的论述中，孔子与古代圣王并在，已然跻身于王者之列。孔子无位是众所周知的事实，视布衣孔子为王不能不遇到难题，作者的解决办法是以孔子为"素王"，以便使其能同历史上的那些有位圣王区别开来，"素王"之"素"指无位，"素王"之"王"指孔子以"采善锄丑"的《春秋》书法所成就的王道大业。

　　《主术训》篇的主题是人主之术，论述以道家为本而杂以儒法。徐复观由该篇"仁智"并称的言述特征而推断作者的儒家思想出自子思、孟子系统，[①]就作者立足于孔子与《春秋》之间的特殊关系而以孔子为素王的谈论方式来看，作者确实与孟子保持着某种紧密的精神联系。在儒学史上，孟子最早论及孔子与《春秋》之间的特殊关系，他对孔子作《春秋》的背景（"邪说暴行有作，臣弑其君者有之，子弑其父者有之"）、动机（"惧"）、性质（"天子之事"）与政治效果（"乱臣贼子惧"）首次作出了系统交代。[②]在这些交代中，"《春秋》，天子之事"的说法最有问题，"《春秋》所最着重的是'名分'，所最反对的是'僭越'。孔丘是一个平民，而要诛那些国君大臣，即使他们是乱臣贼子。这也是最大的'僭

---

① 徐复观，《〈淮南子〉与刘安的时代》，见氏著，《两汉思想史》（第二卷），上海：华东师范大学出版社，2001，页163。
② 见《孟子·滕文公下》。

越'"。① 对"名分"与"僭越"之间的矛盾问题,孟子含混其辞,没有作出正面回答,问题遂被遗留了下来。

值得注意的是,除《主术训》篇作者之外,汉初诸儒言"素王"者皆有《春秋》学背景,贾谊修习《春秋左氏传》,②董仲舒以《春秋公羊传》名世,③陆贾虽未径言素王,但其"舜禹因盛而治世,孔子承衰而作功,圣人不空出,贤者不虚生"之语,④显与后世孔子素王论具有密切的联系。此外,《新语》两及《穀梁传》,据考证,陆贾的穀梁学系出于荀子弟子浮邱伯。⑤ 汉初素王话语与《春秋》的这种关联当非偶然现象,可以说,素王话语由道入儒的转换是在汉初《春秋》学的论域中实现的。孟子只是讲"《春秋》,天子之事也",并未将孔子径称天子("王"),《主术训》篇作者以孔子为素王,这在孔子素王论形成史上是关键性的一步,但同后世流行之孔子素王论相比,《主术训》篇的孔子素王论缺少了两个重要环节,一是"麟是帝王之瑞,故有素王之说"中的孔子的受命凭证,⑥一是孔子素王论话语的目的——改制。可见,《主术训》篇的孔子素王论只是具备了后世流行之孔子素王论的雏形,二者不能等同。

下面让我们再来看一下董仲舒的孔子素王论。

　　　孔子作《春秋》,先正王而系万事,见素王之文焉。⋯⋯故《春秋》受命所先制者,改正朔,易服色,所以应天也。⑦

---

① 冯友兰,《中国哲学史新编》(中),北京:人民出版社,1998,页 52—53。
② 参《汉书·儒林传》。
③ 参《史记·儒林列传》。
④ 《新语·思务第十二》。
⑤ 余嘉锡,《〈四库提要〉辨证——〈新语〉》,见罗根泽编著,《古史辨》(第四册),前揭,页 205—206。
⑥ 《春秋左传正义》,前揭,页 25。
⑦ 《汉书·董仲舒传》。

同《主术训》篇的孔子素王论相比,董氏的孔子素王论有两个重要特征:第一,董氏以受命论解释孔子与《春秋》之间的关系,这是前所未有的事;第二,董氏的孔子素王论与改制主题相联系,此亦为《主术训》篇所无。在董氏这里,后世孔子素王论通论的观念要素("孔子"、"受命"、"作《春秋》"、"改制")一应俱全,毫无疑问,董氏的孔子素王论即后世流行之孔子素王论的蓝本。

从粗疏到精致是思想发展的一般模式,据此我们可对汉初素王话语的流变作如下推断:在贾谊同时或之前的汉初《春秋》学研习中,"素王"一词在儒道兼习的时风中实现了由道入儒的过渡,但该词彼时既未专指孔子,也未被寄予深意。《主术训》篇作者受孟子的影响与启发,将其"《春秋》,天子之事"的论述与贾谊式"素王"论相结合,"素王"遂由泛指而专指孔子,到董仲舒在改制更化的问题意识下用受命论贯通此种素王说,后世通论意义上的孔子素王论始得以成型。戴黍立足于对策元光元年说,认为董仲舒有研习《淮南子》的机会,[1]该说依据可商榷,但就汉初孔子素王论形成史而言,情形倒很可能是这样。

(二) 董仲舒与孔子素王论

董仲舒缘何创立孔子素王论? 他是如何创立的? 这一理论在董氏思想体系及其学术生命中处于何种位置? 与孔子素王论有关的这些基本问题都有待回答。

摒弃秦制、实行仁政(即"改制")是汉初思想家之儒的共同识见与想望,他们由推尊仁政而产生了推尊孔子的需要,[2]而推

---

① 戴黍,《〈淮南子〉治道思想研究》,广州:中山大学出版社,2005,页328。
② 他们推尊孔子的一个重要表现是在著作中引"孔子曰"以为立论依据,据作者统计,《新语》引"孔子曰"凡四,《新书》六见,《春秋繁露》二十三见,此种数量上不断扩大的趋势同推尊的需求是相吻合的。

尊孔子就无法回避孔子的无位身份,在"有位方可行道"的观念下,孔子无位无论如何都是一种限制或欠缺,该限制成为推尊仁政与孔子的一个瓶颈。刘师培指出,董氏孔子素王论兼有"抑秦"与"尊孔"的双重意图,[1]可知董氏孔子素王论正为突破上述瓶颈而创立。据苏舆《董子年表》,董氏一生的学术思想经历了一段从"儒道兼习"到"通《五经》"再到"以《春秋》为归宿"的历程。[2]董氏早年儒道兼习属风会所趋,陆贾、贾谊、《主术训》篇作者亦在此列,董氏的与众不同之处在于"通《五经》"与"以《春秋》为归宿"。汉初儒生以通经传业为业,通常的情况是通一经,通二经者已为少数,像董氏这样"通《五经》"者就更为罕见了。

> 仲舒遭汉承秦灭学之后,《六经》离析,下帷发愤,潜心大业,令后学者有所统壹,为群儒首。[3]
>
> 汉兴至于五世之间,唯董仲舒名为明于《春秋》,其传公羊氏也。[4]

由以上可见,第一,董氏"通《五经》"的动力主要来自"遭汉承秦灭学"背景下的"潜心大业";第二,董氏虽"通《五经》",但却以治《春秋》名世。《汉书·五行志·叙》谓:"汉兴,承秦灭学之后,景武之世,董仲舒治《公羊春秋》,始推阴阳为儒者宗。"可见,董氏之所以"名为明于《春秋》",乃在于他以儒学之外的阴阳说来治《春秋》的新方法;所谓"为群儒首"或"为儒者宗",从方法论的角度看,是指董氏为西汉经学研究提供了新眼光、新方法,或

---

① 刘师培,《论孔子无改制之事篇》,转引自钱穆,《国学概论》,北京:商务印书馆,1997,页98—99。

② [清]苏舆,《春秋繁露义证》"附录一",钟哲点校,北京:中华书局,2002,页477—478。

③ 《汉书·董仲舒传》。

④ 《史记·儒林列传》。

者说,为西汉经学确立了新"范式"。①

董仲舒在景帝之前即治《春秋》,据《五行志·叙》,他于景武之世始以阴阳说治《春秋》,这是董氏《春秋》学研究历程中的一次重大转型。阴阳、五行本与天相联系,因此,董氏引入其《春秋》学研究的不仅是阴阳说,此外尚有五行说及天命说。借助天命说与阴阳五行说,董氏在《春秋》经传中发现了孔子与上天之间的神圣联系,发现了孔子书写在《春秋》中的天意,至此,董氏推尊仁政与孔子的想望终于得到了着落。在董氏的发现中,"孔子受命作《春秋》"是关键性环节,这既是其整个《春秋》公羊学的根基,也是其孔子素王论的根基。

以受命论解释孔子与《春秋》之间的关系是董氏孔子素王论的一个重要特征。从"质料"、"形式"的角度来看,在董氏对孔子"有德无位"所作的素王论解释中,解释的"质料"是"孔子作《春秋》"这一"事实","形式"则是受命论的解释逻辑。"孔子作《春秋》"说始于孟子,但以受命论来解释此说则自董氏始,这是他营建孔子素王论的关键。受命论是一种古老的政治解释理论,受秦汉之际政权更迭现象的刺激,该论于彼时颇为兴盛。秦汉之际流行的受命论有大、小传统两个系统,儒生持大传统受命论,以孟子之谓"民受之"为受命凭证,这种以民心向背为受命依据的解释理论具有浓厚的人文道义色彩,齐《诗》博士辕固即以此同黄生争论汤武革命的正当性。② 小传统受命论主要流行于民间,以神异性事件为受命凭证,③其解释具有神秘性特征;与《墨

---

① 徐复观由此而认为董氏塑造了汉代思想的特征(《先秦儒家思想的转折及天的哲学的完成——董仲舒〈春秋繁露〉的研究》,见氏著,《两汉思想史》[第二卷],前揭,页182—183)。

② 参《史记·儒林列传》。

③ 《史记·高祖本纪》所记刘媪梦与神遇而生高祖、高祖斩白蛇、高祖居上方常有云气等即此类。按,以神异解释受命的传统其来有自,可参《墨子·非攻下》。

子·非攻下》中的贵族受命论不同的是,此时的小传统受命论是
布衣受命论。

　　大传统与小传统相混杂融合既是汉代文化发展的基本趋
势,也是汉代文化的基本特征。① 在西汉文化发展史上,董仲舒
因其对大、小传统受命论的"混杂融合"处理而具有重要的地位,
同时,这一"混杂融合"处理也产生了非常大的影响。一方面,他
以大传统受命论来解释"汉之伐秦"的正当性问题;②另一方面,
他又以小传统受命论来解决孔子的受命问题;与大传统受命论
泛泛地讲"民受之"不同,小传统受命论特别注重受命的可见凭
证,因此,说孔子受命,就得找到孔子的受命凭证。董仲舒曰:

　　　　有非力之所能致而自致者,西狩获麟,受命之符是也。
　　然后托乎《春秋》正不正之间,而明改制之义。一统乎天子,
　　而加忧于天下之忧也。③

　　在董氏看来,"西狩获麟"就是孔子受命的可见凭证,或者
说,董氏由"西狩获麟"而认定孔子受命。关于"西狩获麟",《公
羊传》"哀公十四年"曰:

　　　　春,西狩获麟。何以书? 记异也。何异尔? 非中国之
　　兽也。然则孰狩之? 薪采者也。薪采者则微者也,曷为以
　　狩言之? 大之也。曷为大之? 为获麟大之也。曷为为获麟
　　大之? 麟者,仁兽也。有王者则至,无王者则不至。有以告

---

① 余英时,《汉代循吏与文化传播》,见氏著,《士与中国文化》,上海:上海人民出版
　社,1996,页137。
② 参《春秋繁露·尧舜不擅移汤武不专杀第二十五》(以下所引《春秋繁露》文字仅
　注篇名)。
③ 《符瑞第十六》。

者曰:"有麕而角者。"孔子曰:"孰为来哉! 孰为来哉!"反袂
拭面涕沾袍。颜渊死,子曰:"噫! 天丧予。"子路死,子曰:
"噫! 天祝予。"西狩获麟,孔子曰:"吾道穷矣。"[1]

从《传》文来看,孔子以麟为王者之瑞,也认为麟是为自己而
至,但麟为采薪者获得时已经死掉,由孔子"反袂拭面涕沾袍"的
反应及其"吾道穷矣"之叹来看,孔子实以死麟为不祥之象征,而
决非董氏所说的"受命为王"之符。[2] 诚如徐复观所说,董氏所
言非《传》文所本有。[3] 王充《论衡·指瑞篇》云:"《春秋》曰:'西
狩获麟。'儒者说之,以为天以麟命孔子,孔子不王之圣也。"汉儒
据"西狩获麟"而以孔子为素王的说法实肇始于董仲舒。

"受命为王"是汉初大、小传统受命论所共有的逻辑,照此逻
辑,孔子因受命而当王。受《主术训》篇作者的启发与影响,董氏
以孔子为"素王",以使孔子同历史上及现实中那些有土之王区
别开来。所谓"素王","素,空也。言无位而空王之也",[4]作为
王者中的特殊类型,孔子这一"素王"有其特殊的受命与使命。

(三) 意义与影响

1. 意义

董仲舒的孔子素王论在当时及其身后之所以广泛流行并成

① 《春秋公羊传注疏》,[汉]公羊寿传,[汉]何休解诂,[唐]徐彦疏,浦卫忠整理,杨
  向奎审定,北京:北京大学出版社,1999,页 618—624。
② 据葛洪,晋人以为麟死"非善祥也"(《抱朴子》内篇《祛惑卷第二十》)。朱熹解经
  以严谨著称,他也以为麟死乃不祥之象征:"《春秋》获麟,某不敢指定是书成感
  麟,亦不敢指定是感麟作。大概出非其时,被人杀了,是不祥。"(《朱子语类》,黎
  靖德编,王星贤点校,北京:中华书局,1994,页 2172。)
③ 参徐复观,《先秦儒家思想的转折及天的哲学的完成——董仲舒〈春秋繁露〉的
  研究》,见氏著,《两汉思想史》(第二卷),前揭,页 214。
④ 《春秋左传正义》,前揭,页 25。

为通论,就在于它对西汉儒生及统治者所关注的迫切问题作了适时的回答,对儒家来说它具有如下意义。

首先,孔子素王论抬升了孔子的身位并转化了"有德无位"伤感。汉初布衣受命论本为解释刘邦君臣布衣得天下的事件而兴起,董氏将之转用于孔子身上,孔子由布衣而上升为王者,其身份与形象遂发生一巨大变化。通过赋予孔子以受命之王的身份,这就解决了《春秋》学中自孟子而始的一个老大难问题,即孔子贬天子、退诸侯、讨大夫之行为的正当性问题。董仲舒指出:

> 至意虽难喻,盖圣人者贵除天下之患。贵除天下之患,故《春秋》重,而书天下之患遍矣。以为本于见天下之所以致患,其意欲以除天下之患。①

据董氏所言,圣人的职责是"除患",有位之圣人处于特定时空之中,其除患规模与业绩自然会受到此特定时空的限制。孔子通过书写"天下之所以致患"的方式来"除患",倒是打破了时空制约,其除患功业反倒成了无限的。历史上,儒生多以孔子"无位"为缺憾,但在董氏的孔子素王论中,孔子"无位"因出于天意而具有神圣性;另一方面,素王孔子承天意代天立法,其王业因超越时空限制而在有位之王之上,过去常被视为孔子之欠缺的"无位",在董氏这里成了抬升孔子身位的契机;在董氏的孔子素王论解释中,"有德无位"伤感为神圣感与崇高感所取代,与之相伴随的是,孔子由学派圣人而上升为民族的圣人。

其次,孔子素王论对仁政的推尊及正当性作出了论证。把

----

① 《盟会要第十》。

仁政与秦政、尚德与尚刑加以对举,是西汉思想家之儒的共同言述模式。董氏之前,人们主要是通过诉诸历史经验的方式来论证仁政的正当性,历史经验具有相对性,因此,此种论证亦具有相对性。在孔子素王论中,孔子受命作《春秋》以为素王,其素王使命即传达天意,为人世立法。据董氏所言,孔子透过《春秋》所传达的最根本的天意是"仁",而"仁"在他那里乃是"天心"。①《论语》中的"仁"属于人世,董氏以"仁"为"天心",这就使"仁"突破了俗世的藩篱而成为具有绝对性的天意。通过将"仁"宣布为"天心"、"天意"的方式,董氏对仁政的正当性作出了神学式论证,将仁政推尊到了无以复加的地步。董氏指出,"天心"有其"欲"与"不欲",所谓"天心"之"欲",即"任德不任刑";其"不欲"则为"不任德而任力",②很明显,董氏在此不但为仁政的正当性而论证,同时也是为其改制主张的正当性而论证。

再次,孔子素王论对儒家理想及儒生的生存角色作了适时调整。董氏指出,"事天与父同礼",③天子对天应该像子对父一样尽孝道,由于孝道的基本精神是"无违",④因此,天子在治理天下时应"无违"天意。问题是,天子如何获知天意呢?据孔子素王论,天意经孔子书写业已藏身于《春秋》之中,但由于孔子书写《春秋》时使用了特殊的书法,其中的天意非一般人可轻易获得。据董氏暗示,只有那些经过了专门训练而掌握了特殊解码技能的人(也即儒生)才能从《春秋》中解读出天意。⑤ 这就意味着,天子从事符合天意的统治需要儒生的帮助,或者说,符合天

---

① 《俞序第十七》。
② 参《诸侯第三十七》、《竹林第三》及《汉书·董仲舒传》。
③ 《尧舜不擅移汤武不专杀第二十五》。
④ 如子曰:"父在观其志,父没观其行,三年无改于父之道,可谓孝也。"《论语·学而》
⑤ 关于《春秋》经与传之间的编码/解码关系,参许雪涛《公羊学的解经方法——从〈公羊传〉到董仲舒春秋学》(中山大学博士论文,2004)一文。

意的理想政治的实现有赖于天子与儒生的合作。

董氏在理想实现问题上之所以坚持"合作"思路,这在其"天不言,使人发其意;弗为,使人行其中"的言论中有其根基,[①]据这一说法,儒生与天子分担着天的不同职能,儒生担当的是代天立言(也即"发其意")的职能,天子担当的则是替天而行(也即"使人行其中")的职能。"行"离不开"言","言"也离不开"行",天意的真正实现需要代天立言者(儒生)与替天而行者(天子)的合作。董氏的"合作"思维,是对先秦儒家的理想实现之思想的一大突破。在此之前,不管是孔子、荀子的"圣王"思路,还是孟子的"王圣"思路,都将理想实现寄望于"德"、"位"在一人(即"圣王")之身上的"合一"上,它们都属于"一人政治"的政治思维。董氏强调以天子为代表的权力系统与以儒生为代表的道德价值系统之间的"合作",这就在无形中把儒生看成了一个在权力系统之外的相对独立且有其独特价值的政治存在。董氏提出"合作"思维的外缘背景是,在政治大一统的情况下,儒生如果继续鼓吹"大德者得位",这不但不合时宜,且有僭越之嫌,因为它对世袭权力构成了威胁与挑战。景帝阻止对汤武革命话题的讨论,眭孟、盖宽饶因言禅让而一伏诛一自杀,都表明了西汉世袭权力者对这一问题的敏感与忌讳。由此可见,董氏的"合作"思维乃是他"与时俱进"的结果。

2. 影响

董仲舒的"屈民伸君"论颇为今人诟病,人们往往因此而将他看作是君主专制主义的提倡者,[②]其实,他真正的意图是在

---

① 《深察名号第三十五》。

② 该诟病并非无据,先秦儒家的君臣观在董仲舒手上确实也经历了一番相当彻底的法家化(参余英时,《反智论与中国政治传统——论儒、道、法三家政治思想的分野与汇流》,见氏著,《中国思想传统的现代诠释》,前揭,页71—72), (转下页)

"屈民伸君"后面的那句话上——"屈君伸天"。儒生因具备通达
天意的能力而与天关系紧密,因此,在"屈君伸天"说中暗含有
"屈君伸儒"的意涵。如联系上文董氏关于儒生与天子之间关系
的理解,人们不难明白,董氏有"政教分离"且以"教"来限制"政"
的意图,为落实这一意图,董氏开辟了以阴阳灾异言政的议政传
统。① 与西方世界中的教士与知识分子相比,儒生在物质生活
与精神方面对王权或政治都有很大的依赖,缺乏独立性,②这使
得他们以阴阳灾异言政来限制王权的意图难以真正实现。在主
要由法家文化所塑造的"君尊臣卑"的传统政治格局中,儒生们
处于弱势地位。徐复观认为汉代是中国知识分子和政治关系最
为合理的时代,③但即便在这样一个最为合理的时代中,尚且
"仲舒下吏,夏侯囚执,眭孟诛戮,李寻流放",④其他时代也就更
不足观了。

(上接注②)董仲舒虽接受了法家的"君尊臣卑"论,但并未将其绝对化,不像韩
非等法家人物主张绝对君权,这从他具有明显限制君权意图的"屈君伸天"论中
即可看出。

① 该传统自董子开创之后,代不乏人,即便像朱熹这样富有经验精神的儒者亦承
此传统,《年谱》谓:"先生(朱熹)去国二十年,既得见上,极陈灾异之由与夫修德
任人之说。"(见〔清〕王懋竑,《朱熹年谱》,前揭,页122。)

② 徐复观指出:"在战国时代所出现的'游士''养士'两个名词,正说明了中国知
识分子的特性。'游'是证明它在社会上没有根;'养'是证明它只有当食客才
是生存之道。而游的圈子也只限于政治,养的圈子也只限于政治。于是中国
的知识分子,一开始便是政治的寄生虫,便是统治集团的乞丐。"(徐复观,《中
国知识分子的历史性格及其历史的命运》,见汤一介、杜维明主编,《百年中国
哲学经典:五十年代后卷(1949—1978)》,深圳:海天出版社,1998,页401—
402。)

③ 徐复观,《中国知识分子的历史性格及其历史的命运》,见汤一介、杜维明主编,
《百年中国哲学经典:五十年代后卷(1949—1978)》,前揭,页404。

④ 《汉书·眭两夏侯京翼李传·赞》。儒生本欲以灾异来控制权力者,但往往反被
控制,汉相翟方进自杀是该方面的典型事例,参张嘉凤、黄一农《中国古代天文
对政治的影响——以汉相翟方进自杀为例》一文(见王健文主编,《政治与权
力》,北京:中国大百科全书出版社,2005,页177—190)。

　　董仲舒距秦火未远,本人又亲历景武之世的政治迫害,[1]故对迫害问题非常敏感。在其孔子素王论中,孔子就是一个善于躲避政治迫害的榜样,据董氏所言,孔子以隐微写作的方式来躲避迫害。[2]《论语》中的孔子确实主张通过"隐"来躲避迫害,[3]此亦为战国儒生所继承。春秋战国时期的政权林立,为儒生之"隐"提供了客观环境与条件;[4]而在秦汉大一统的政治世界中,列国不复存在,儒生们已无"处"可"隐",他们无遮蔽地暴露在唯一的权力面前。以文字为业的儒生们在无"处"可"隐"的情况下,只能在文字领域中来"隐",即通过"微其文,隐其义"的隐微写作来明哲保身,在董氏看来,孔子不但是这方面的高手,而且也是此种迫害躲避方式的发明者。[5]

　　董氏孔子素王论以孔子受命为核心,西汉晚期,纬书作者们

---

[1]　景帝时董仲舒为博士,亲历彼时窦太后对赵绾、王臧、辕固等儒生的迫害,武帝时仲舒因言灾异而下狱,亲历文字之灾(见《史记·儒林列传》)。

[2]　参《楚庄王第一》。刘小枫指出,隐微写作的动机有两种,一是害怕招致迫害,一是出于顾及人民的宗教需要(刘小枫,《霍布斯的"申辩"》,前揭),依此区分来看,董仲舒所言孔子的隐微写作属于前一类型,其实,孔子本人也主张"顾及"动机下的隐微写作,此可参上博竹简《鲁邦大旱》篇。

[3]　《论语》中的孔子屡言"天下有道则见,无道则隐","隐"是儒者躲避迫害进行自我保存的重要方式,参拙作《哲人与政治——从孔子与〈论语〉中四类人的关系看儒家政治哲学》(见《现代哲学》,2006[6])一文中的相关分析。

[4]　郭店竹简《父无恶》篇在论及父子关系与君臣关系的区别时说:"君臣不相戴也,则可;不悦,可去也;不义而加诸己,弗受也。"(李零,《郭店楚简校读记》[增订本],前揭,页147。)该篇强调君臣关系的义务性与可选择性,事实上,臣之能去拒国君,乃以多元政权的存在为前提。

[5]　董仲舒在讨论《春秋》书法时曾说:"《春秋》分十二世以为三等:有见、有闻、有传闻。有见三世,有闻四世,有传闻五世。故哀、定、昭,君子之所见也,襄、成、文、宣,君子之所闻也,僖、闵、庄、桓、隐,君子之所传闻也。所见六十一年,所闻八十五年,所传闻九十六年。于所见,微其辞;于所闻,痛其祸;于传闻,杀其恩,与情俱也。是故逐季氏,而言又雩,微其辞也;子赤杀,弗忍书日,痛其祸也;子般杀,而书乙未,杀其恩也。……义不讪上,智不危身,故远者以义讳,近者以智畏,畏与义兼,则世逾近,而言逾谨矣,此定、哀之所以微其辞。以故用则天下平,不用则安其身,《春秋》之道也。"(《楚庄王第一》)

承此而对之加以各种神异论证，①孔子遂由素王跃而为神，形象
为之一变。孔子素王论同纬书的合流使得孔子素王论更加深入
人心，此种深入人心不只体现在孔子的素王形象方面，而且也体
现在改制要求方面，由之而形成的社会舆论对王莽上台有直接
之助。

三、行动解决：王莽得位改制

孔子素王论是汉儒对孔子"有德无位"问题的理论解决，王
莽得位改制则是对这一问题的行动解决，贯穿二者的共同主题
是改制。考察西汉孔子"有德无位"解释史，不能遗漏王莽改制
这一特殊解释样式。

（一）有德者得位：禅让

1. 王莽之德与西汉末年的政治文化

儒家追求"德位合一"式的德性政治，在王莽之前的儒家的
思考中，德性政治的实现有三途，即"有德者得位"、"使有位者有
德"及"有德者与有位者的合作"。第三种思路与第二种思路很
接近，②它们都诉诸劝告行动。武帝出于有为政治的目的而"罢

---

① 此种神异论证彼时甚多，如《春秋演孔图》曰："孔子母颜氏征在，游太冢之陂，睡
梦黑帝使请己，己往，梦口语曰：'汝乳必于空桑之中。'觉则若感，生丘于空桑之
中。"又曰："孔子曰：'丘作《春秋》，天授《演孔图》，中有大玉刻一版曰：璇玑一低
一昂，是七期验败，毁灭之征也。'"《春秋说题辞》："孔子谓子夏曰：'得麟之月，
天当有血，书鲁端门。'"（见［清］黄奭辑，《春秋纬 论语纬 孝经纬》，上海：上海
古籍出版社，1993，页23、页25、页188。）王充以"疾虚妄"的精神极力反对纬书
对孔子的神人打扮，而致力于恢复孔子的人间形象（见《论衡·实知篇》）。
② 孔子劝告有位者正身，孟子要唤起有位者对仁心的自觉，董仲舒要有位者通过
儒生把握天意，"正身"、"仁心"与"天意"是儒家之谓"德"的不同方面，因此，上
述三种行动都以"使有位者有德"为目的。

黜百家，独尊儒术"，他的改制举措仅停留在"改正朔、易服色"的形式层面。武帝仅以儒术为缘饰，实际奉行阳儒阴法的统治策略，①之后的昭、宣二帝对此心领神会、承继效仿，这在宣帝"汉家自有制度，本以霸王道杂之"的著名家言中有尤其清晰的表达，②儒生们对此心里也清楚明亮，且十分不满，如盖宽饶就对宣帝直陈："方今圣道浸废，儒术不行，以刑余为周、召，以法律为《诗》、《书》。"③天子们既然缺乏合作的诚意，"合作"式的理想实现之路自然也就行不通，这不能不逼迫董氏之后的儒生们重新捡起"有德者得位"的思路。在儒家的传统论说中，"有德者得位"的途径有二，即禅让与革命。由于革命具有"以暴易暴"的缺陷，因此，儒家最心仪的"有德者得位"的方式实即禅让，在他们看来，禅让是实现道德政治的最佳途径。④ 儒家自孔子以来即期待禅让，在过去，儒生们对它只是说说而已，至王莽该理论始被付诸实践。⑤

"王莽篡汉"在中国可谓是家喻户晓，⑥这一根深蒂固的成说遮蔽了王莽"有德者得位"的历史真相。持"篡汉"说者习惯以阴谋论的眼光来看待王莽代汉事件，他们在否认王莽的有德者形象与儒生身份的同时，把王莽看作是处心积虑谋取最高权力

---

① 如以"直"著称的汲黯就曾当面对武帝说："陛下内多欲而外施仁义，奈何欲效唐虞之治乎！"（《史记·汲郑列传》）

② 《汉书·元帝纪》。

③ 《汉书·盖宽饶传》。此外，傅斯年也说："汉初一意承秦之续，不见得有一点'调和二者'的痕迹。这层汉儒是很觉得的。"（见顾颉刚编著，《古史辨》[第二册]，前揭，页157。）

④ 关于顾颉刚对禅让说与道德政治之间之内在关联的洞察，参其《讨论古史答刘胡二先生》一文（见氏编著，《古史辨》[第一册]，上海：上海古籍出版社，1982，页130）。

⑤ 据《战国策·燕策》、《史记·燕世家》，最早实践禅让的是燕王哙与子之，但二人均非儒生。

⑥ 这既得力于大传统文化的正面宣传，也得力于小传统即即大众文化对它的传播与普及，中国许多地方戏曲（如豫剧）都有"王莽篡朝（或汉）"这一剧目。

的权奸。① 班固谈及王氏早年经历时说他"被服如儒生",②这一
模糊说法暗示王莽不是真正的儒生,开后世否认王莽儒生身份
及其同西汉儒家理想主义运动之关系的先河。③

　　王莽是不是一个"有德者"? 这需要考察其言行是否符合儒
家之谓"德"的标准。儒家所说的"德"有多重含义,基本含义有
三,一是指孝悌一类的修身意义上的德,一是指为政意义上的勤
政惠民之德,一是指把握天意或"古之制"意义上的德。班固对
王莽虽有成见,但也承认他"折节力行,……宗族称孝,师友归
仁。及其居位辅政,成、哀之际,勤劳国家,直道而行,动见称述"
的事实,④班氏所言涉及前两种意义上的德。王莽受《礼经》,通
《六艺》,长于《周官》,他对"古之制"不但倾心且有专门研究,因
此,王莽也具备第三种意义上的德。更为重要的是,在代汉之
前,王莽言行即已动天下视听,⑤已经是一个众望所归的人物,
可知,王莽作为有德者在时人那里是不成问题的。

　　王莽代汉既非一蹴而就,也非其事先设计好了的,这从另外一
个方面也证明了阴谋论之不能成立。在王莽从黄门郎(公元前 22
年)到成为天子(公元 9 年)的三十一年的政治生涯中,有两件非王
莽所能控制、但对他登基又十分重要的事件,此即王莽公元前 1 年
为大司马与公元 6 年摄政,与此二事件相对应,当时的政治世界中
也出现了的两个相应的政治文化符号,下文对此二政治文化符号的

---

① 如顾颉刚就讲:"……王莽从大司马做到皇帝是极有秩序的,他共升了六次级,
　费了八年工夫。在这八年中(西元一一——八),他费了许多心思定了许多制度,
　显现了许多符瑞,用了艺术的手腕把一个愁惨的旧国变成一个升平的新国。"
　(顾颉刚,《五德终始下的政治和历史》,见氏编著,《古史辨》[第五册],上海:
　上海古籍出版社,1982,页 523。)
② 《汉书·王莽传》。
③ 如晋人葛洪即谓:"昔王莽引典坟以饰其邪,不可谓儒者,皆为篡盗也。"(《抱朴
　子》内篇《论仙卷第二》)
④ 《汉书·王莽传》。
⑤ 由《王莽传》人们即可了解此点。

分析将表明,王莽是在当时政治文化演变的时势中代汉的。

王莽于成、哀之际曾担任过一次大司马,伴随哀帝即位及王家失势,他此次担任大司马前后仅八个月。七年后哀帝去世,王莽被太后(王莽之姑)拜为大司马,迎立平帝,莽自此大权在握,这是其政治生涯中的第一个关键点。此时,人们用以描述王莽的政治文化符号是"霍光"。群臣在元始元年(公元 1 年)的奏言中称:"故大司马霍光有安宗庙之功,益封三万户,畴其爵邑,比萧相国。莽宜如光故事。"①群臣将王莽与霍光加以比拟的初衷是为了封赏王莽,事实上,二人之间确实存在着许多相似的地方,如他们都以外戚身份而担任大司马,又同有安定汉室之功("立嗣")。在西汉政治史上,王室大权向外戚旁落即由霍光而始,作为政治文化符号,"霍光"具有指涉外戚辅政的功能,因此,"霍光"符号的使用具有使王莽外戚辅政之身位正当化的意义。与此同时,在该符号所标志的政治文化中,王莽也被期待成为霍光式的人物。

"霍光"符号在平帝朝早出,但不多见,随之出现且使用频率更高的是"周公"。在群臣以王莽比霍光之后不久,他们即以王莽比周公。元始三年,陈崇在称颂王莽功德的奏言中,历引古代圣君贤相,其中,"周公"出现的频率最高,前后达九次之多。陈崇认为王莽"有宰治之效",因此,以霍光比王莽并不合适,适合与王莽比拟的应是"伯禹"、"周公"。②在此,我们可观察"霍光"符号与"周公"符号之间的消长转换。元始四年(公元 4 年),在臣民要求下,太后加封王莽为"宰衡"。"宰"是周公的称号,"衡"是伊尹的称号,二者皆为家喻户晓的历史名相,且都曾摄过政,现将此二人称号一起用在王莽身上,其所隐含的"相"与"摄政"的含义呼之欲出。次年,宗室泉陵侯刘庆率先将此道破:"周成王幼少,称孺子,周公居摄。今帝富于春秋,宜令安汉公行天子

①② 《汉书·王莽传》。

事,如周公。"①作为政治文化符号,"伊尹"与"周公"都具有指涉"摄政"的功能,但二者具体情况有异。伊尹因太甲乱德而摄政,周公因成王年幼而摄政,后一情况同王莽与平帝之间的关系更为接近。或许正是由于这一原因,刘庆在奏言中只使用了"周公"这一符号,"伊尹"则没有出现。刘庆的奏言当时颇得群臣的认可,但未及深论和实行而平帝崩。孺子婴立后,太后在当时的舆论压力下同意王莽摄政,下诏书曰:"其令安汉公居摄践祚,如周公故事。"②从"如光故事"到"如周公故事",折射出了西汉末年政治文化氛围与风向的变动。"霍光"与"周公"不但在分量上有别,而且在时代上也有远近差异,人们不再以"霍光"而是以"周公"来比拟王莽,这显示出了当时复古主义的强劲与深入。

值得注意的是,虽自元始元年以来人们即以王莽比拟周公,但该符号的语义使用前后并不一致。刘庆奏言之前的"周公"符号标志的是"忠臣",彼时之谓"周、成"指示的是王莽同太后之间的关系。刘庆奏言之后的"周公"符号标志的是摄政,其所谓"周、成"指示的则是王莽同孺子婴之间的关系。

时人主要基于如下考量而以王莽比周公。第一,他们认为王莽同周公一样有德;王莽早年即以有德声闻,其建议诛讨表兄淳于长及将儿子王宇送进监狱的行为尤为人所称道,常被拿来同"周公诛管、蔡"相提并论;第二,王莽同周公一样制礼作乐,群臣们就在这一点上把他同周公并举,甚至认为王莽有胜周公处;第三,周、成关系同王莽、孺子婴之间的关系亦有相似性。在时人视王莽为周公的同时,王莽本人也以周公为楷模,时时处处刻意摹仿周公。在此,我们可观察到王莽与时风之间相互助长与推动的关系。无论如何,"周公"符号的出现与流行,使王莽得以

①②《汉书·王莽传》。

突破霍光式的身位限制,并为王莽达于摄政地位提供了助益。

　　摄政者介乎臣子与天子之间,有臣子之名,实则超过臣子;无天子之名,但有天子之实。因此,这是一个敏感而微妙的角色或位置,具有半僭越的性质。[①] 在文献记载的三种摄政情况中(即虞舜摄政、伊尹摄政与周公摄政),伊尹与周公最终都由摄政之位退而为臣,舜则由摄政之位进而为君。王莽在取得摄政地位之后,在客观上也面临着是"退"还是"进"的选择问题。据其在受禅仪式上的"复子明辟"的言论来看,王莽本意是要学周公学到底,打算像周公一样"退"而为臣的,但最终"迫于皇天威命"而不得已进而为天子。王莽的这番话并非完全是矫揉造作。

　　人们注意到,在王莽居摄之后的西汉末年政治世界中,"舜"这一政治文化符号开始流行,该符号所标志的"摄政者由禅让而登为天子"的含义开始覆盖"周公"所标志的"摄政"含义,王莽之所以改变初衷,或许正与此种时风转换有关。从"霍光"到"周公"再到"舜"的符号更替,反映了西汉末年政治文化的变迁,这是王莽代汉的时代背景。如果我们把王莽代汉置于西汉儒学史与政治史的互动关系中来看,人们将不难发现,王莽代汉不过是"完成了儒家的由圣人受天命登位的期望"而已。[②] 众所周知,王莽据以由摄政"进"而为天子的桥梁是禅让,持"篡汉"说者认为,王莽的禅让乃是假禅让,在王莽那里,禅让不过是他实现"篡汉"目的的一个工具而已,这一根深蒂固的意见涉及儒家政治哲学史上的一个大关节,对此不可不辨。

---

①　艾兰曰:"所有的摄政者都可以被看作是潜在的篡权者。"(《世袭与禅让——古代中国的王朝更替传说》,孙心菲、周言译,范毓周、刑文审订,北京:北京大学出版社,2003,页37。)孟子也说:"有伊尹之志,则可;无伊尹之志,则篡也。"(《孟子·尽心上》)

②　陈启云,《荀悦与后汉思潮》,高专诚译,见贺照田主编,《在历史的缠绕中解读知识与思想》(《学术思想评论》第十辑),长春:吉林人民出版社,2003,页14。

2. 王莽与禅让

禅让不见于信史,在传世文献中,关于禅让最早的记录是《尚书·尧典》。顾颉刚认为,禅让是战国时的人因不堪贵族虐政、为鼓吹"政治的道德化"而编造出来的,[①]而《尧典》中的尧舜禅让说系成于汉人之手。[②] 禅让在孔子之前的历史中是否实有其事,在此暂且不论,我们关注的是它在传说中的流变情况。据《尧典》"(尧)将逊于位,让于虞舜"的说法,尧是自愿将"位"让给舜的。该说在战国有两种转换或变形,一是《韩非子·说疑》与《古本竹书纪年》关于"舜逼尧退位"的记载,一是《孟子》中介入了第三个决定因素(天命或人民)的记载。[③] 汉与新之间的禅让,不是发生于孺子婴与王莽之间,而是发生于汉高祖之灵与王莽之间(或赤帝与黄帝之间),王莽的受禅实践中没有一个像尧那样的禅让行为的发出者。由此可知,王莽禅让与《尧典》说不符。王莽在代汉过程中没有使用武力逼迫,因此,其禅让实践与第一种变形也不符。下面让我们来看一下其与第二种变形,也即孟子禅让说的关系。

孟子曾指出,匹夫有天下需具备"德必若舜禹"与"天子荐之于天"二条件,前一条件是硬性的,后一条件就没有那么硬。

> 禹荐益于天,七年,禹崩。三年之丧毕,益避禹之子于箕山之阴。朝觐讼狱者不之益而之启,曰:"吾君之子也。"讴歌者不讴歌益而讴歌启,曰:"吾君之子也。"[④]

---

① 顾颉刚,《讨论古史答刘胡二先生》,见氏编著,《古史辨》(第一册),前揭,页129—130。
② 顾颉刚,《禅让传说起于墨家考》,见吕思勉、童书业主编,《古史辨》(第七册下编),前揭,页96—97。
③ 艾兰,《世袭与禅让——古代中国的王朝更替传说》,前揭,页21—22。
④ 《孟子·万章上》。

若按世袭原则,禹当传位于启,但这会影响禹大公无私的有德形象;若按禅让原则,禹当传位于益,但益没有得位,事实上得位的又是启;二者之间的矛盾非解决不可。在孟子的上述说法中,"禹是肯荐益的,益是肯避启的,启又是实在得民心的,没有一个人失德,没有一个人贪有天下",①如此一来,上述矛盾得以解决,大家皆大欢喜。与《尧典》相比,孟子的禅让说增加了"天"这一决定性因素,这样,《尧典》"A 让(位)于 B"的言说结构遂为"A 荐 B 于 C(天)"的结构所取代,由此所带来的变化是,禅让行为的发出者或决定者就由"A"("尧")变成了"C"("天")。② 王莽不具备"天子荐之于天"的条件,他自言迫于皇天威命而不得不受禅,可见,其禅让实践同孟子禅让说在结构上具有一致性。当然,其间关系仍然比较复杂。孟子曾说:

> 　　舜相尧,二十有八载,非人之所能为也,天也。尧崩,三年之丧毕,舜避尧之子于南河之南,天下诸侯朝觐者,不之尧之子而之舜;讼狱者,不之尧之子而之舜;讴歌者,不讴歌尧之子而讴歌舜,故曰:天也。夫然后之中国,践天子位焉。而居尧之宫,逼尧之子,是篡也,非天与也。③

① 顾颉刚,《讨论古史答刘胡二先生》,见氏编著,《古史辨》(第一册),前揭,页131—132。

② 顾颉刚也注意到了孟子禅让说同《尧典》的不符,并指出孟子的禅让说其实是针对燕王哙的让国说而提出来的(顾颉刚,《战国秦汉间人的造伪与辨伪》,见吕思勉、童书业主编,《古史辨》[第七册上编],前揭,页 14)。值得指出的是,在战国儒家文献中,同《尧典》禅让说的言说结构保持一致的是楚简《唐虞之道》篇。王博认为《唐》篇是对《尧典》的解释和发挥(王博,《关于〈唐虞之道〉的几个问题》,见《中国哲学史》,1999[2]);廖名春则进而指出,《唐》篇的出土证实了《尚书·尧典》、《论语·尧曰》及《孟子·万章》的可信,为坐实尧舜禅让提供了有力的证据(廖名春,《郭店楚简〈成之闻之〉、〈唐虞之道〉篇与〈尚书〉》,见《中国史研究》,1999[3])。

③ 《孟子·万章上》。

孟子对"天与"与"篡"的区分表明,他也意识到了真假禅让的分别问题,以此来看,王莽接受哀章铜匮后"御王冠"、"还坐未央宫前殿"①的动作就颇有"篡"的嫌疑。不过,在孟子那里,成为天子的关键是天命、民意,"天下诸侯朝觐者,不之尧之子而之舜;讼狱者,不之尧之子而之舜;讴歌者,不讴歌尧之子而讴歌舜",这是舜得天命与民意的表现。王莽在当时能动天下视听,这是他得民意的表现,而武功丹石之类的符瑞在汉人的信仰世界中乃是得天命的象征,由此而言,王莽也是得天命与民意的,其禅让实践符合孟子的禅让逻辑。此外,孟子"贵戚之卿可易君位"之说亦为王莽代汉提供了相当的正当性依据,②与孟子所言相比,王莽不过是取而自代而已。

刘邦以革命得天下,故汉初士人关注的主要是革命论而非禅让论。董仲舒对禅让论曾有所讨论,但依然是在孟子的思路与框架下展开的。③ 受"儒术不行"的刺激,汉儒对禅让的讨论主要流行于西汉晚期,昭帝天凤三年(公元前 78 年)正月,"泰山有大石自起立,上林有柳树枯僵自起生",董仲舒的再传弟子眭孟以《春秋》之意推论说:

> 先师董仲舒有言,虽有继体守文之君,不害圣人之受命。汉家尧后,有传国之运。汉帝宜谁差天下,求索贤人,

---

① 《汉书·王莽传》。
② 参《孟子·万章下》。孟子所言"贵戚之卿"与"异姓之卿"对举,并不包含外亲之族(即外戚);赵岐以"内外亲族"注"贵戚之卿",余英时认为这显然是以汉事解《孟子》(余英时,《"君尊臣卑"下的君权与相权》,见氏著,《中国思想传统的现代诠释》,前揭,页 92),赵岐如此注解,反映的或许正是汉人当时的流行见解。
③ 参《春秋繁露·尧舜不擅移汤武不专杀第二十五》。顾颉刚认为《尧典》成于汉武帝时期,其中的尧舜禅让说系承自墨子而非孟子(顾颉刚,《禅让传说起于墨家考》,见吕思勉、童书业主编,《古史辨》[第七册下编],前揭,页 96—98),《尧典》是否成于汉代可暂且不论,可以确定的是,董仲舒以下直至西汉末年的儒生所谈论的禅让说乃是孟子意义上的。

禅以帝位,而退自封百里,如殷、周二王后,以承顺天命。①

孟子曾说"继世以有天下,天之所废,必若桀纣者也",②这就意味着,世袭权力者只要还没有坏到或无德到桀纣的地步,就仍然有其正当性及存在的必要性。当眭孟讲"虽有继体守文之君,不害圣人之受命"时,儒家对世袭权力之正当性的认可就变得相当狭窄了,道德政治与世袭政治两种政治原则之间的矛盾,以及儒生同世袭权力者之间的矛盾在此尖锐化了。③眭孟开西汉末年言禅让之风,后来盖宽饶在奏封事中引《韩氏易传》亦言禅让。眭孟伏诛,盖宽饶被迫自杀,统治者们的强力镇压没有阻止禅让论的流行,后来哀帝曾对萧咸戏言:"吾欲法尧禅舜何如?"④于此可见其流布与影响之一斑。与孟子的禅让论相比,西汉末年的禅让论具有如下特征:(一)同五德终始说(具体说是"五德相生"说)、符瑞灾异说等时代信仰联系在一起;(二)要求汉室"下课",表达的是一种士人精英与普通民众所共有的厌汉情绪。顾颉刚指出:

> 自武帝好大喜功,弄得四海困穷之后,人民已不愿汉家再居天位。眭弘、盖宽饶提出禅位贤人的办法,汉帝大怒,他们都被杀了。灾异说者从历数上指出汉家的大厄运,又把一切稍变常态的物事都说成了汉运衰微的征象,甚而至于说汉已无望,想去吓倒汉帝;但要汉帝自承为极乱则可,要他退位则不可。民间虽有种种革命受命的流言,但也没

① 《汉书·眭弘传》。
② 《孟子·万章上》。
③ 参拙著,《"篡汉"与"禅让"之间的紧张——关于王莽代汉及其历史评价的研究》,见《广东教育学院学报》,2009(1)。
④ 《汉书·佞幸传》。

有一个勇夫挺身而起,自居为新受命的天子而把汉帝赶掉。甘忠可等虽想出调和的办法,请汉帝再受命,但结果只争得昙花的一现,白送掉几条性命。哀帝虽有禅位董贤的意思,但天年不永,又未得如愿。"汉室将亡,贱人将兴",在武帝后九十年中,自庶人以至于天子,已成了公同的信念了,但老不实现。进既不可,退又不能,大家悉在此僵局之下徘徊观望。①

顾氏所言不但交代了西汉晚期禅让论之所以流行的原因,也交代了王莽默移汉祚的背景,王莽正是时人所期待的那个打破上述僵局的人物。如果说王莽禅让同孟子的禅让说在结构上具有一致性的话,其同汉末禅让论则更为贴近。我们甚至可以说,王莽禅让实即孕育并脱胎于西汉末年的禅让论,后者以董仲舒师徒为中介,上承自孟子。与后者相比,王莽的发明创造在于"王氏舜后"说。"汉家尧后"说本是刘氏政权为论证自身执政的正当性而提出来的,②眭孟在表达其禅让意见时,即利用了这一成说,认为"汉家尧后,有传国之运"。据《汉书·元后传》,王莽曾作《自本》,认为王氏是黄帝之后,在这一谱系中,舜是王氏的另一重要远祖("黄帝姓姚氏,八世生虞舜")。③《元后传》没有交代《自本》的创作时间,据顾颉刚推断,当作于"太后临朝称制,委政于莽"(即公元前 1 年)之后。④"王氏舜后"说在《自本》中虽

---

① 顾颉刚,《五德终始说下的政治和历史》,见氏编著,《古史辨》(第五册),前揭,页481。
② 参童书业《"帝尧陶唐氏"名号溯源》(见吕思勉、童书业主编,《古史辨》[第七册下编],前揭,页 17)及杨权《"汉家尧后"说考论》(见《史学月刊》,2006[6])。
③ 王莽关于王氏谱系的这一说法,在东汉遭到了王符的质疑与批评(见《潜夫论·志氏姓第三十五》)。
④ 顾颉刚,《五德终始说下的政治和历史》,见氏编著,《古史辨》(第五册),前揭,页559。

有根苗,但它们尚不能等同。王莽即位时说:

> 予以不德,托于皇初祖考黄帝之后,皇始祖考虞帝之苗
> 裔,而太皇太后之末属。……赤帝汉氏高皇帝之灵,承天
> 命,传国金策之书,予甚祇畏,敢不钦受![1]

王莽在关键时刻用以证明其受禅正当性的是"天命",而非
"王氏舜后"说。事实上,"王氏舜后"说是王莽在其即位之后才
正式提出来的:"予之皇始祖考虞帝受嬗于唐,汉氏初祖唐帝,世
有传国之象,予复亲受金策于汉高皇帝之灵……"[2] 与《自本》对
黄帝的推重不同,该说着意突出的是舜。这一说法接通了自"汉
家尧后"说到眭孟以来的政治文化传统,在天命之外,又赋予其
受禅行为以历史方面的正当性依据。作为王莽禅让理论中最有
个性化特征的"王氏舜后"说,其实只是一种事后解释,而非王莽
为禅让行动所事先准备好了的。王莽在受禅仪式上称迫于皇天
威命而不得不受禅,他的这番话及其"流涕歔欷"是出于真诚还
是作秀,我们已难以确知,但如果我们不带着阴谋论的有色眼镜
去观看他的这一言行,且再考虑到王莽本人的天命信仰,我们很
难说那完全就是一场政治秀。对王莽这样一个修习《礼经》、熟
知礼制等级观念的儒生来说,他之所以能在心态上完成从臣到
君的角色转换,恐怕还得归因于他对皇天威命的信仰。

(二)"有德有位"者的行道:改制

在儒生们的描述中,"德位合一"政治完美无比,其真相实情
如何? 单凭儒家的一面之词,人们难以确知。王莽改制作为儒
家理想在制度层面全面落实的一件实践性事件,它向我们提供

---

①② 《汉书·王莽传》。

了一次难得的考察这一理想之真相的机会。①

从汉儒"有位方可行道"的观念来看，"得位"是"行道"的前提。事实上，王莽的"行道"（或制作）同他的"得位"路途也确实紧密相关。王莽于绥和元年（公元前8年）首次做大司马，次年即罢郑声乐府并议奴婢田宅限列，于此可见王莽复古及关注民生的政治志向。元始元年（公元1年）之后，王莽"权与人主侔矣"，仗此在握之大权，西汉儒生呼吁已久的复古改制主张次第进入实践层面：（一）元始三年，杂定婚礼、定车服制度，立官稷及学官；（二）元始四年，奏起明堂、辟雍、灵台，为学者筑舍四万区，作市、常满仓；立《乐经》，益博士员；征天下通一艺教授十一人以上者等；（三）元始五年，治明堂、辟雍。群臣在元始四年的奏言中即称：

> 昔周公奉继体之嗣，据上公之尊，然犹七年制度乃定。夫明堂、辟雍，堕废千载莫能兴，今安汉公起于第家，辅翼陛下，四年于兹，功德烂然。②

由上述群臣之言，可知王莽复古之劲锐；观其举措，可知其在平帝时期的制作多在形式方面，尚未进入经济等实质性领域。居摄（公元6年）之后，王莽无真皇帝之名，但已有其实，此时之制作愈加深入：（一）居摄二年，更造货，使错刀、契刀、大钱与五铢钱并行；（二）居摄三年，奏周爵五等、地四等制度。③王莽于居摄三年即真天子位，既为万乘之主，王氏的复古之愿遂得以肆意，其制作如下：（一）始建国元年（公元9年），改革官制、爵位；

---

① 历史上虽也有一些皇帝力图实行仁政或德治，但不管是在对儒家政治理念的忠实程度上，还是在对这些理念的贯彻程度上，这些皇帝的作为都无法同王莽改制相提并论。

②③《汉书·王莽传》。

更作小钱；更名天下田曰"王田"，禁止奴婢买卖；将属国名号由
"王"改为"侯"（观王氏在这一年中的举措，即可知其改制意志之
锐与规模之宏）；始建国二年，初设六管之令；四年，改十一公号；
（二）天凤元年（公元 14 年），改冠、昏礼；三年，下吏禄制度；（三）
地皇元年（公元 20 年），起九庙；三年，以天下谷贵为大仓。

　　王莽制作的理论准备工作主要是元始五年（公元 5 年）之后
进行的，在此之前，他主要是将儒生们在汉初即已呼吁的一些复
古主张付诸实践而已。居摄三年，刘歆与博士诸儒皆曰："摄皇
帝遂开秘府，会群儒，制礼作乐，卒定庶官，茂成天功。"[①]这点明
了王莽对改制理论工作的重视。九年后，该理论准备工作方告
完成，王莽授诸侯茅土时说：

　　　　予制作地理，建封五等，考之经艺，合之传记，通于义
　　理，论之思之，至于再三，自始建国之元以来九年于兹，乃今
　　定矣。[②]

　　其志得意满之情溢于言表。
　　王莽制作甚众，贯穿这些制作的是自董仲舒以来即有的要
求全面扭转汉制以复古的儒家精神，此诚如桓谭《新论》所云：
"王翁嘉慕前圣之治，而简薄汉家法令，故多所变更，欲事事效
古，美先圣制度。"王莽的制作措施大致有两类，一类是徒以稽古
为尚者，一类是关涉民生者。前者不但无关民生，且多有滋扰不
利；后者"远承贾晁董生，近师王贡。推本古昔，着意小民。其意
不可谓不美"，[③]这些出于"着意小民"的措施有两种后果，一是
没有得到真正贯彻，如井田制及禁止奴婢买卖的规定自始至终

————————

①②　《汉书·王莽传》。
③　钱穆，《秦汉史》，前揭，页 314。

就没有得到真正的执行；一是给民生带来了不便与破坏，此种情形甚多，如币制改革的本意是抑兼并、均贫富、厚民生，但实行结果却是农商失业，食货俱废，对经济生活造成了极大的破坏。①

王莽改制失败具有震撼性效应。杨雄之《剧秦美新》提醒人们，新政在时人眼中乃是以秦政对立面的面貌而出现的，问题是，这样一种号称正当且完美的政治何以会落得个如此不名誉的下场？班固《王莽传》也将新政与秦政加以对比，认为"昔秦燔《诗》、《书》以立私议，莽诵《六艺》以文奸言，同归殊涂，俱用灭亡"；秦政与新政，一个纯用霸道，一个纯用王道，结局居然都是"灭亡"，而且还都是"速亡"，这其中包含有什么样的重要信息？

（三）改制失败的意义

王莽改制作为"二千年中儒家理想最大规模之尝试，与最不光荣之失败"，②意义非同小可。东汉以降，在统治者与儒生的合谋下，王莽改制被定性为"篡汉"，此种基于政治正确的正统论评价阻止了对事件的进一步追问，事件意义处于封锁之中。作为一场思想见诸行动的运动，王莽改制是中国思想史与政治史上的一个交叉点，透过这一点，人们既可反省儒家政治思想与中国古代政治生活的本性，也可反省二者之间的关系。

1. 思想史意义

钱穆检讨王莽改制失败时曾说：

> 今莽徒以志在民生，事慕古昔，遂谓可以一意孤行，企

---

① 《汉书·王莽传》。
② 萧公权，《中国政治思想史》，前揭，页288。

足而待效,则宜乎其种天下之大乱也。①

　　"事慕古昔"表明,改制是一场力图使现实符合"古昔"的哲学政治化运动,"一意孤行"则道出了运动的癫狂性质。施特劳斯认为苏格拉底一生经历了一场从"癫狂的哲学"到"清明和温良的政治哲学"的重大转变,前者"鄙视政治和道德事务、鄙视人事和人",它一味标榜哲学而完全无视任何政治共同体以"意见"为基础;后者则"成熟地关心政治和道德事务、关心人事和人"。②　王莽改制颇为符合施氏对癫狂的刻画。历史上,人们虽也承认改制的癫狂性,但往往将其归因于王莽个人的食古不化或教条主义,③或退一步将其归因于西汉儒生集体,人们很少想到,其实它在儒家政治思想中有其因子。

　　西汉儒生鼓吹改制,其根据与蓝本为"天"与"古"。董仲舒讲"奉天法古",王莽讲"承天当古",莽之群臣讲"则天稽古",皆是此意。此种说法所包含的"天意—民心—德"相贯通的思想逻辑,与先秦儒家一脉相承。在儒家看来,三代("古")是天意在人世中的历史实现,由于经典记载了三代圣王事迹,因此,人们由解读经典可进而把握天意、民心,从而据有"德"。解读经典需要专门训练,所以,只有少数人——即那些以解经为业的儒生们,才有能力由"古"以通"天"。诚如韦伯所言,儒生作为中国古代世界中的魅力型人物,其"威望并非基于一种由神秘的魔力所构成的神性,而是基于此等书写与文献上的知识"。④　基于上述信

---

① 钱穆,《秦汉史》,前揭,页 325。

② 甘阳,《政治哲人施特劳斯:古典保守主义政治哲学的复兴》,见[美]施特劳斯,《自然权利与历史》,前揭,页 74—77。

③ 此种处理手法所要传达的信息是,不是"经"有问题,而是王莽不会念"经"或把"经"念歪了,其意图是要维护"经"的真理性。

④ [德]韦伯,《儒教与道教》,前揭,页 129。

念,儒生们相信他们可经由研习经典而把握"天心"、"民意",即可与天相通、与王道同体,他们由此而产生一种"德"通于"天"的受命感,以及自愿成为天命工具与民意代表的使命感。① 此种受命感与使命感基于那种儒家式的有德自信与责任意识。舍勒曾如此谈及德行与责任意识之间的联系:

> 德行的内在充实才促成广泛的责任,从而,对责任怀有神圣感,其责任心之强烈,以致对于世界上所发生的一切,隐约地感到自己也有责任。②

儒生自感同"天"与"古"具有特别紧密的联系,这使其产生了一种"拥有完善的'主权',从而俯视一切"的道德自傲。③ 在此自傲中,儒生对自身之德的确实性与真理性充满了自信甚至是自负,他们在意志与认知两方面均感到自足,④相信自己已经掌握了全面重建社会所需要的所有正当性与一切知识。哈耶克认为,这种建构论理性主义式的知识态度乃是一种通向革命极权主义的"致命的自负"。⑤ 儒家政治思想中的癫狂因子即生发于此种道德自傲或自负之中。

在理想秩序建立问题上,儒家自孔子以来即有"正身"与"正名"两种思路。"正身"也即"德治",它把建立理想秩序的希望寄

---

① 有此种使命感的人一旦得位,倾向于对社会政治进行全盘改造,把别人作为实现其使命感的工具。

② [德]舍勒,《德行的复苏》,见倪梁康主编,《面对实事本身——现象学经典文选》,北京:东方出版社,2000,页155。

③ 同上,页158。

④ 桓谭论及王莽失败时曾云:"王翁始秉国政,自以通明贤圣,而谓群下才智莫能出其上,是故举措兴事,辄欲自信任,不肯与诸明习者共。"(《新论》)刘小枫对此种儒家式的意志自足与认知自足的分析,参氏著,《拯救与逍遥》(修订本),前揭,页89—92。

⑤ [英]哈耶克,《致命的自负》,前揭,页71。

托在治理者的修身行为的示范作用与感化效应上。"正名"也即"礼治",在此种思路中,理想秩序的建立有赖于完美的礼制设计与强制权力之间的结合。以郝大维的秩序分类来看,"正身"指向"审美秩序","正名"则指向"理性秩序"。以哈耶克的秩序分类来看,上述两种秩序都是与"自发的秩序"(spontaneous order)相对的由外力所产生的"人造的秩序"(a made order),其间区别在于,"正名"的人造性更强一些。在先秦,孟子是"正身"派也即心性派的代表,荀子是"正名"派也即制度派的代表,王莽秉承的主要是荀子一系的思想。被荀子、王莽等制度派儒家视为楷模的周公,就主张以强制权力推行礼制。[①]此种秩序建立方式的正当性在制度派儒家那里从来就没有成为问题,在他们看来,礼制本于天意或经典,天意或经典的神圣性担保了礼制的完美性及其落实行为的正当性。

王莽之所以空依古代文字记载而"一意孤行",原因即在于他对所行之"意"的真理性与所行方式的正当性充满了自负,此种自负以及与之关联在一起的癫狂,为儒家性格所本有,王莽不过是以行动的方式将其释放、彰显了出来而已。癫狂本身不可怕,它甚至还是哲学的美好德性,可怕的是其与权力的"合一"。"合一"之前,癫狂对矫治现实政治具有积极意义;一旦"合一",该癫狂便借助强制权力释放出来,由此所产生的哲学对政治的迫害,可印证于古今各种革命极权主义事件中。儒家政治思想中的这种道德自负一直未得到认真对待,以至现代儒生尚在放言:"儒家可以承认'主权'属于全体人民,但坚持'治权'只能属于儒士共同体。这是因为,天道高于民意,而只有儒士共同体才能体认天道。"[②]

---

①　参《尚书·康诰》。

②　康晓光,《我为什么主张"儒化"》,http://kxg1963.nease.net,2004。

王莽改制是儒家(特别是西汉儒家)政治理想的一次大型实践,其失败暴露了儒家政治思考中一些不易为人察觉的缺陷(如上所述),这给儒学带来了伤害性效应。[①] 令人惋惜的是,西汉诸儒的高论连同其荒诞拘泥在后世一并遭到了封杀,"继此以往,帝王万世一家之思想,遂以复活,五德三统让贤禅国之高调,遂不复唱。而为政言利,亦若悬为厉禁。社会贫富之不均,豪家富民之侵夺兼并,乃至习若固然",[②]西汉诸儒之高论的缺位,极易使中国政治走向另外一种癫狂。

2. 政治史意义

对新政与秦政"同归殊涂,俱用灭亡"的解读,事关对中国古代政治生活之本性的认识,在此我们将借韦伯的目的合理性与价值合理性这对概念工具以为助用。在韦伯那里,目的合理性是指那种把所选择的行为当作达到目标之手段的行为,价值合理性则指那种受"绝对价值"信念支配的不计后果的行为,[③]它们是两种基本的社会行为类型。以上述"理想类型"来观察从战国到西汉末年的政治世界,人们可将其区分为两个时段,即战国至秦的时段与西汉时段。关于第一个时段,《史记·孟子荀卿列传》谓:

> 当是之时,秦用商君,富国强兵;楚魏用吴起,战胜弱敌;齐威王、宣王用孙子、田忌之徒,而诸侯东面朝齐。天下方务于合从连衡,以攻伐为贤,而孟轲乃述唐虞三代之德,是以所如者不合。

----

① 陈启云,《荀悦与后汉思潮》,高专诚译,见贺照田主编,《在历史的缠绕中解读知识与思想》(《学术思想评论》第十辑),前揭,页15。

② 钱穆,《秦汉史》,前揭,页328。

③ [英]莱斯诺夫,《二十世纪的政治哲学家》,冯克利译,北京:商务印书馆,2002,页13—14。

"以攻伐为贤"与孟子"所如者不合"表明，战国是一个崇尚目的合理性、贬低价值合理性的时代，《汉书·食货志》所云"凌夷至于战国，贵诈力而贱仁谊，先富有而后礼让"，也是对这一时代特征的刻画。我们可透过泓之战来了解此种时代风气的形成。僖公二十二年，宋与楚战于泓，宋襄公恪守"不鼓不成列"的古代贵族战争原则，耻以诈胜，不肯在楚师半渡未济时发动进攻，但到战国中晚期，"兵不厌诈"已成为被普遍接受的战争观念。[①] "兵不厌诈"是"以攻伐为贤"这一精神在战争技术层面上的具体要求，这是典型的强调效率优先的目的合理性观念。康有为注意到："宋襄之败，而《春秋》美之。左氏乃讥宋襄，何其好恶与圣人相反也！"[②]由此可见，《春秋》持守的仍然是春秋时期的价值合理性观念，左氏之讥则系出于战国的目的合理性观念。关于目的合理性在战国时期的生长，我们在秦孝公对王道与霸道的不同反应上，[③]即可了解其端倪；战国中期之后，其势已不可挡，这逼迫像儒家这种持守价值合理性的学派，也不得不在目的合理性的意义上对自身存在的价值作出说明与论证。[④] 秦一统天下是目的合理性取得全面胜利的标志。

在从战国到西汉末年的思想世界中，两种合理性之间的斗争通常是通过"古今"关系这一话题来展开的：在儒家看来，"古"代表着"三代"、仁政与理想，"今"则与秦政、法家相联系。儒家"是古非今"的政治姿态由孔子而始，至孟子而剧，秦始皇一统天下后，淳于越承此而进言封建。对这种"不师今而学古"的行为，

---

①　参李零，《简帛古书与学术源流》，前揭，页380—381。
②　康有为，《春秋左氏学》，见刘梦溪主编，《中国现代学术经典——康有为卷》，前揭，页258。
③　参《史记·商君列传》。
④　参《荀子·儒效篇》。

秦始皇采纳了李斯"以古非今者族"的建议,①由此而有"焚书坑儒"。"是今非古"(即目的合理性)借助政治强权成功地实现了对"是古非今"(即价值合理性)的驱逐。

在新的大一统的西汉政治生活中,两种"合理性"之间的斗争情势同上述刚好相反。秦的速亡促使刘邦君臣去总结其原因教训,这种总结因同认肯儒家价值互为表里而开启了西汉价值合理性的张扬,这既表现于儒生们对汉承秦制的不满中,也表现在他们不断升温的"是古非今"的议论中。元帝之前,统治者与文法吏所结成的政治联盟,对该种议论的危险性颇为清醒与警惕。如在昭帝时的盐铁会议上,大夫桑弘羊就批评儒生"信往而乖于今,道古而不合于世务",②宣帝教育太子(元帝)时也说:"俗儒不达时宜,好是古非今,使人眩于名实,不知所守,何足委任?"③他们谈起儒生时的口吻正与秦始皇、李斯相同。事情变化始于元帝。史称元帝不但少而好儒,登基后还委政于儒生,④这是西汉政治史乃至战国以来之政治史上的一个重大转折点,原先平抑"是古非今"的政治联盟,今因最高统治者的转向而趋于解体,阻止复古主义的河堤出现了缺口,复古主义从此成为决堤之水,一发而不可收拾,最后,在王莽新政中终于一一变为现实,达到了其发展的顶点。如同秦政,新政也借助政治强权实现了对"是今非古"(即目的合理性)的驱逐。

莱斯诺夫曾指出,纯粹的目的合理性与纯粹的价值合理性都是病态的合理性,前者不相信价值,表现为完全非道德的;后者完全无视行为的后果,着了魔似地专注于一种价值而排斥其他价值。⑤秦政接近纯粹的目的合理性,新政则接近纯粹的价值

---

① 《史记·秦始皇本纪》。
② 《盐铁论·刺复第十》。
③④ 《汉书·元帝纪》。
⑤ 〔英〕莱斯诺夫,《二十世纪的政治哲学家》,前揭,页14—15。

合理性,前者是"政治"的走火入魔,后者则是"哲学"的走火入魔;二者的癫狂性或病态性从反面昭示了健康政治生活所必需的一般特征:健康或常态的政治生活需要在政治与哲学之间、在目的合理性与价值合理性之间达成某种平衡与协调。

第四章　宋代道学的解释

一、心性关切

（一）"无位"淡漠与"有德"关注

在儒学史上，汉儒与宋儒是两种不同的儒生类型，他们尽管在问题意识、气质及为学精神等方面有着不小的差异，但在尊孔这一点上却是共同的，他们都通过对孔子"有德无位"事件的解释来树立孔子的伟岸形象。由于看待事件的眼光不同，他们塑造出来的孔子也就有"素王"与"圣人"之异。宋儒对孔子"有德无位"事件的理解与观感以道学为代表，如程颢在谈及这一话题时就曾说：

> 颜子短命之类，以一人言之，谓之不幸可也；以大目观之，天地之间无损益，无进退。譬如一家之事，有子五人焉，三人富贵而二人贫贱，以二人言之则不足，以父母一家言之则有余矣。若孔子之至德，又处盛位，则是化工之全尔。以孔、颜言之，于一人有所不足，以尧、舜、禹、汤、文、武、周公群圣人言之，则天地之间亦富有余也。①

---

① 《二程遗书》，前揭，页177。

在汉儒那里,孔子"无位"对孔子本人来说是不幸的,对"道之行"来说也是不幸的。程颢承认孔子"有德无位"是一不幸事件,但他所谓"不幸",只是就孔子本人一人而言。他强调,"以大目观之",对天地之间的群圣来说,孔子"有德无位"算不上什么。程颢认为孔子"无位"只是对孔子本人来说是不幸的或有所不足,此种观感同汉儒"伤"、"悲"、"哀"的观感相比,既没有强烈的情绪化色彩,也缺乏感同身受。程颐的看法则比乃兄更进了一步:

> 圣人无优劣。尧舜之让,禹之功,汤武之征伐,伯夷之清,柳下惠之和,伊尹之任,周公在上而道行,孔子在下而道不行,其道一也。[①]

在程颐看来,"孔子在下而道不行"对孔子本人来说也并非什么欠缺,"无位"及其后果("道不行")不会影响孔子的圣人身份。"颜子作得禹、稷、汤、武事功,若德则别论",[②]圣人之为圣人的本质规定在于"德",而与"位"、"事功"无涉。北宋道学的另一重要成员张载,与程氏兄弟过从甚密且深受其影响,他对孔子"有德无位"事件的观感同程氏兄弟很接近,他说:

> 故论死生则曰"有命"以言其气也;语富贵则曰"在天",以言其理也。此大德所以必受命,易简理得而成位乎天地之中也。所谓天理也者,能悦诸心,能通天下之志之理也。能使天下悦且通,则天下必归焉。不归焉者,所乘所遇之不同,如仲尼与继世之君也。

---

① 《二程遗书》,前揭,页381。
② 同上,页130。

王夫之于此注曰：

> 天之聪明，自民能通天下之志而悦之，人归即天与，此
> 天命之实，理固然也。仲尼不遇尧舜之荐，无可乘之权，故
> 德不加于天下，民不知归。①

可见，在张载对事件的看法中亦无汉儒式的伤感。

汉唐儒生往往借助《春秋》"获麟"说、《论语》"不复梦见周
公"、《周易·乾卦》"九五"爻辞来抒发他们对孔子"有德无位"的
伤感，但在北宋道学家们的眼中，这些地方殊无伤感意味。程颐
像汉儒一样认为孔子作《春秋》传百王不易之大法，但他并不认
同汉儒以"西狩获麟"为孔子受命之符的说法：

> "孔子感麟而作《春秋》，或谓不然，如何？"曰："《春秋》
> 不害感麟而作，然麟不出，《春秋》岂不作？孔子之意，盖亦
> 有素，因此一事乃作，故其书之成，复以此终。大抵须有发
> 端处，如画八卦，因见《河图》、《洛书》。果无《河图》、《洛
> 书》，八卦亦须作。"②

在程颐看来，"获麟"只是孔子作《春秋》的发端处，具有偶然
性，对孔子作《春秋》没有决定性影响。在小程的解读中，断无汉
儒"感麟而泣"式的伤感。关于"孔子不复梦见周公"，张载谓：

> 穷理尽性，然后至于命；尽人物之性，然后耳顺，与天地

---

① ［宋］张载，《张子正蒙》，［清］王夫之注，上海：上海古籍出版社，2000，页138—
139。

② 《二程遗书》，前揭，页206。

参；无意、必、固、我，然后范围天地之化，从心而不逾矩；老而安死，然后不梦周公。从心莫如梦。梦见周公，志也；不梦，欲不逾矩也，不愿乎外也，顺之至也，老而安死也，故曰"吾衰也久矣"。①

　　在《论语·述而》篇中，孔子"不复梦见周公"之叹，深沉复杂，不乏失落之意。在张载这里，"不梦周公"非但没有失落伤感意味，而且还成了孔子尽性知命、"与天同德"的标志。程颐也在这一意义上说："若谓梦见周公，大段害事，即不是圣人也。"②二程、张载对孔子"有德无位"事件的这种观感与看法很有代表性，而且也不限于北宋道学。③

　　张载解《易·乾卦》爻辞曰：

　　　　《乾》之九五曰"飞龙在天，利见大人"，乃大人造位天德，成性跻圣者尔。若夫受命所出，则所性不存焉。故不曰"位乎君位"而曰"位乎天德"，不曰"大人君矣"而曰"大人造也"。……大而得易简之理，当成位乎天地之中，时舍而不受命，《乾》九二有焉。及夫化而圣矣，造而位天德矣，则富贵不足以言之。④

　　《周易》中的"位"有二义，一是指"爻位"之"位"，此种"位"有阴阳性质之异（初、三、五为阳位，二、四、上为阴位），如阳爻居阳

————————

① 《张子正蒙》，前揭，页182。
② 《二程遗书》，前揭，页363。另，程颐对"孔子不复梦见周公"的另一理解，见《二程遗书》，前揭，页252。
③ 如陆九渊曰："寿夭贫富贵贱，皆不足多为学者道。古之圣贤，如关龙逄之诛，王子比干之剖心，颜闵之夭疾，孔孟之厄穷，至今煌煌在宇宙间，庸何伤哉？"（〔宋〕陆九渊，《陆九渊集》卷九《与林叔虎》，钟哲点校，北京：中华书局，1980，页126。）
④ 《张子正蒙》，前揭，页205—206。

位、阴爻居阴位为当位；反之，则为不当位。一是象征人在社会政治秩序中的地位。在传统注疏中，"五"为阳位，是王位或君位的象征。由于"九"为阳爻，因此，"《乾》之九五"就成了"至德而处盛位"（王弼语）的完美性当位，是儒家"德位合一"理想的重要标志。"《乾》之九五"的完美性映衬出了孔子"有德无位"的欠缺性，孔颖达正是因此而伤感"孔子虽有圣德，而无其位"的。张载对"《乾》之九五"的理解迥异于前人，与"位乎君位"的传统理解不同，他将"九五"理解为"位乎天德"，以"九五"为道德生活中的天德之位，而非政治生活中的"君位"；①如此一来，"大人"就不再指"至德而处盛位"者，而是指有至德者。在《周易·乾卦》"九五"爻辞解释史上，张载将传统的政治化解释取向扭转到内在心性化的取向去了，这提示出了宋初道学谈论孔子"有德无位"时的问题视域，道学家们乃是基于对心性问题的关切来谈论孔子"有德无位"事件的。张载以此种眼光来看夫子，看到的自然是夫子"位乎天德"的道德境界，而非其"有德无位"的身位欠缺。

道学家们尊崇孟子，他们像孟子一样对孔子"无位"不以为意，与之形成鲜明对照的是，他们对孔子"有德"的方面格外留意且推崇备至。

> 仲尼，元气也；颜子，春生也；孟子，并秋杀尽见。仲尼
> 无所不包；颜子示"不违如愚"之学于后世，有自然之和气，
> 不言而化者也；孟子则露其才，盖亦时然而已。仲尼，天地
> 也；颜子，和风庆云也；孟子，泰山岩岩之气象也。观其言，

---

① 以"《乾》之九五"为"君位"是传统主导性的看法："太祖令讲《易·乾卦》，召宰相薛居正等观之，至'飞龙在天'，上曰：'此书岂可令常人见？'"（《宋史·儒林一·王昭素》）"飞龙在天"即"九五"爻辞，正因"九五"是君位的象征，太祖才会有"此书岂可令常人见"之语。

皆可以见之矣。仲尼无迹,颜子微有迹,孟子其迹著。①

　　三十器于礼,非强立之谓也。四十精义致用,时措而不疑。五十穷理尽性,至天之命,然不可自谓之至,故曰知。六十尽人物之性,声入心通。七十与天同德,不思不勉,从容中道。②

　　据程颢与张载所言,孔子与天同德。在道学话语的修德序列中,"与天同德"是修德的最高境界,圣人之为圣人的根本标志即在于"与天地合其德"。③"学为圣人"是道学集体的共同追求,首倡者为周敦颐。周氏曰:"圣希天,贤希圣,士希贤。"④圣人由向天学习而为圣人,该观念经周氏倡导后而成为道学集体的共识性见解。⑤圣人向天学习什么?如何学习?这首先就涉及到了道学家们对天的理解问题,这是道学中的大关节。周敦颐以"二气交感"解释人物的产生,⑥实即以气释天,其后张载则径直以气指称天。⑦周、张从宇宙生成论的角度指出,天具有生物功能,生生即天德。由于天在生物过程中无私虑、无计度、廓然大公,因此,所谓天德实即指公正无私,向天学习就是要去体认天的这种无私无我的品德。小程以理训天,走的是本体论的路子,要之,他所理解的天亦以"无我"为特征。从宇宙生成论的

---

① 《二程遗书》,前揭,页127。据《近思录》,这段话系程颢所言([宋]朱熹、吕祖谦,《朱子近思录》,上海:上海古籍出版社,2000,页127)。

② 《张子正蒙》,前揭,页181。

③ "圣人与天地合其德"不是道学家们的发明,这是一种古老的观念(如《抱朴子》外篇《诘鲍卷第四十八》即云"圣人与天地合其德者也,其德与天地合"),不过,道学家们赋予了此古老观念以新的内涵。

④ 《朱子近思录》,前揭,页36。

⑤ 程颢曰"圣人之动以天";程颐谓"圣人本天"(《二程遗书》,前揭,页173、页329);张载曰"圣者,至诚得天之谓"(《张子正蒙》,前揭,页94)。

⑥ [宋]周敦颐,《太极图说》,上海:上海古籍出版社,1992,页9。

⑦ 张载曰:"由太虚,有天之名。"(《张子正蒙》,前揭,页94。)

角度看,向天学习即从事"无欲"(周)、"知礼成性,变化气质"(张)的修养工夫。从理本论的角度看,向天学习即"格物致知"与居敬涵养。在"天是什么"以及"如何向天学习"等问题上,道学内部尽管存有上述分歧,但他们在天的特点是公正无私、圣人的本质在于"与天地合德"与"无我"上具有高度一致的共识。①

圣人须向天学习、"与天同德",道学家们承认,即便是圣人也无法做到与天完全一致,圣人因其仁心而有忧,天道则无忧,此其根本分别处。② 但既然是学习,就有一个学得像不像以及相像的程度问题。程颢谓"仲尼无迹,颜子微有迹,孟子其迹著",就是对此种学天程度的区分,张载对"大"与"圣"的分别也是此种意义上的区分。③程颢讲"仲尼无迹",张载认为夫子"不思不勉,从容中道",这都是对最高修德境界的道学式刻画。

至此,我们可对道学家与汉儒看待孔子"有德无位"事件的不同眼光作一简单比较。李零曾说,汉儒与宋儒捧孔子的捧法不同,前者着眼于治统,后者着眼于道统。④ 上述不同反映在对孔子"有德无位"事件的看法上就是,汉儒关注孔子"无位"的方面(即治统方面),道学家则关注孔子"有德"的方面(即道统方面)。汉儒对孔子"无位"的关注是一种焦虑性的、伤感性的关注,在他们对孔子"无位"事件的创造性解释(即"孔子素王论")中,孔子受命作《春秋》而为素王,孔子的王者身份源自上天任命,非关人力,此种孔子形象神圣、权威,但不可学。为汉儒所关注的孔子"无位"的方面在道学家们的视域中处于边缘位置,为汉儒所不重视的孔子"有德"的方面则成为道学家们的关注中心。在道学家们的描

---

① 关于道学圣人"无我"的圣人观,参刘泽华、李冬君,《论理学的圣人无我及其向圣王专制的转化》,见《中国哲学史》,1990(7)。
② 参《二程遗书》(前揭,页72)、《张子正蒙》(前揭,页111)。
③ 参《张子正蒙》,前揭,页152—153。
④ 李零:《去圣乃得真孔子——〈论语〉纵横谈》,前揭,页12。

述中,孔子勤奋修德而至于"与天同德"的圣人境地,此种圣人形象非关天命、与"位"无涉,而仅与修为有关,该形象可亲可学,是道学家们的学习楷模,程颐就坦陈:"某学仲尼者。"①

(二) 得遇知幸与应对佛教

道学家们之所以对孔子"无位"的方面不以为意而关注其"有德"的方面,须从两方面来加以分说。宋以儒立国、奖励儒术,儒生在其中地位之高、所受礼遇与优待之厚,②不仅为之前汉唐所未有,亦为之后元明清所无。景德二年(1005)夏,真宗幸国子监阅库书时曾问邢昺经版几何:

> 昺曰:"国初不及四千,今十余万,经、传、正义皆具。臣少从师业儒时,经具有疏者百无一二,盖力不能传写。今板本大备,士庶家皆有之,斯乃儒者逢辰之幸也。"上喜曰:"国家虽尚儒术,非四方无事,何以及此!"③

由上述可见者有三:第一,宋初经版不及四千,至真宗时已达十余万,以至于"士庶家皆有之",由此可见宋初儒学发展之迅速;第二,"尚儒术"出于真宗之口,可知此诚为宋代祖宗家法,宋代的儒学发展实即得力于此;第三,邢昺"斯乃儒者逢辰之幸"一语道出了宋儒对宋室的知遇幸运感,此乃包括道学家们在内的宋儒的集体心声,如程颐就曾说:

> 尝观自三代而后,本朝有超越古今者五事:如百年无内

---

① 《二程遗书》,前揭,页321。
② 参钱穆,《国史大纲》(上册),北京:商务印书馆,1996,页540—545。
③ 《宋史·儒林一·邢昺》。

乱;四圣百年;受命之日,市不易肆;百年未尝诛杀大臣;至
诚以待夷狄。此皆大抵以忠厚廉耻为之纲纪,故能如此,盖
睿主开基,规模自别。①

小程撇开盛世汉唐而将本朝与三代相提并论,认为本朝"得
道"且超越古今,其对本朝的高度认同溢于言表。儒家之谓"得
位"有二义,一指个别有德者(儒生)的得位,按其所得之位的不
同,又可分为得天子之位与得臣子之位;一指儒家的思想学说进
入权力系统,为统治者所接纳并推行。上述两种情况通常交织
在一起,但各自侧重不同。太宗于太平兴国八年(983)置侍读
官,真宗咸平二年(999)初置讲读之职。而哲宗即位当年(1085)
就首开经筵,诏执政、侍臣讲读,此后,作为一种向皇帝进行儒学
教育的制度,经筵成为两宋定制,这是儒学进入权力系统的一个
重要标志。汉儒渴望"得位"并对本朝充满了不认同,与之不同
的是,道学家们已经"得位"且对本朝真心拥戴,他们没有汉儒式
的"得位"焦虑,这是他们对孔子"无位"之所以没有多少兴趣与
伤感共鸣的根本原因。宋以儒立国的"文治"取向确立于太祖,
本意是"用文吏而夺武臣之权",②以避免晚唐五代以来由军人
操政所招致的覆辙命运,动机虽然不那么"纯正",但毕竟为儒学
发展提供了自战国儒生即已开始期待的"时",道学家们敏感地
把握到了这一点,认为"德位合一"理想可当下实现,他们鄙薄汉
唐,雄心勃勃地提出了"回向三代"的奋斗目标,孔子"无位"伤感
与道学家们的昂扬进取精神不符。

道学家们之所以关注孔子"有德"的方面,系出于其对心性
问题的关切,而此种关切则又源于佛教的逼迫。佛教于东汉传

---

① 《二程遗书》,前揭,页205—206。
② 《宋史·文苑传·序》。

入中土，至唐而大盛，而儒学至唐时已与中国人的日常生活相脱节。在韩愈所处的时代，只有禅宗有"求心见性"的心性工夫，儒家在这一方面则是完全空白的，新禅宗对世俗士大夫的吸引力便在这里。[①] 儒生以谈禅为尚的风气至宋而愈烈，以至于"人人谈之，弥漫滔天"、"今人不学则已，如学焉，未有不归于禅也"。[②] 儒生为何终归于禅？程氏兄弟谈道：

> 　　学者用了许多工夫，下头须落道了，是入异教。只为自家这下元未曾得个安泊处，那下说得成熟？
>
> 　　儒者其卒必入异教，其志非愿也，其势自然如此。盖智穷力屈，欲休来，又知得未安稳，休不得，故见人有一道理，其势须从之。譬之行一大道，坦然无阻，则更不由径，只为前面逢著山，逢著水，行不得，有窒碍，则见一邪径，欣然从之。[③]

程氏兄弟讲"自家这下元未曾得个安泊处"、讲"智穷力屈"，道出了儒学在心性论方面的不足。"安泊处"涉及安身立命，为求此"安泊处"，道学家们大多经历了一个出入佛老、返诸《六经》然后体认"吾道自足"的精神经历，[④]该种精神经历亦从反面显示了儒家之道的不足。

在"释氏之说衍蔓迷溺至深"而"天下之士往往自从其学"的

---

① 余英时，《中国近世宗教伦理与商人精神》，见氏著，《士与中国文化》，前揭，页474、页482。
② 《二程遗书》，前揭，页54、页245。
③ 同上，页87、页202。
④ 张载："吾道自足，何事旁求？"（《宋史·道学一·张载》）朱熹："吾儒广大精微，本末备具，不必它求。"（《朱子语类》，前揭，页2678。）王守仁："圣人之道，吾性自足，不假外求。"（见［清］黄宗羲，《明儒学案》卷十《姚江学案》，沈芝盈点校，北京：中华书局，2008，页180。）

背景下,道学家们为应对佛教所采取的策略有二。一是"辟之",他们视佛教为"正路之蓁芜,圣门之蔽塞",认为"辟之而后可以入道";[①]一是"自明吾理"——"惟当自明吾理,吾理自立,则彼不必与争"。[②] 道学家们指出,佛教"可以'敬以直内'矣,然无'义以方外'","其徒亦有肯道佛卒不可以治天下国家者"。[③] 这表明,佛教对儒学的冲击主要在内圣方面,道学家们对佛教的"辟"也主要在此方面,此种"辟"立足于儒家立场而以佛教的方法为方法,具有本位性、实用性、隔膜性与否定性等特征。[④]"辟"是为卫道所采取的攻击性行为,"自明吾理"则是对儒学本身所作的建设性工作;该工作因激于佛教逼迫而集中于心性领域,而道学话语形成史实即心性话语形成史的事实也表明了这一点,[⑤]道学之所以给人以偏重内圣之学的印象实即以此。

为重建儒家心性之学以应对佛教在内圣领域对其所形成的冲击,道学家们重返传统(即返诸《六经》),发掘、梳理儒家在此方面的思想资源。与此同时,他们对孔子进行圣化,以便与佛家的佛陀相抗衡;在中国古代思想史上,这是一种古老的思想斗法的手法。道学家们以公、私为准而判别境界高下,在他们的描述中,孔子无私无我、廓然大公,佛陀则是一个"自私独善"的"黠胡"、一个"爱胁持人说利害,其实为利"的"西方贤者"。[⑥] 孔子与佛陀,一公一私,在道学标准下,其境界高下显然可见。圣化孔子的运动,先秦即已有之,与先秦儒家相比,道学家们所塑造

---

① 《宋史·道学一·程颢》。
② 《二程遗书》,前揭,页89。
③ 同上,页74、页75。
④ 参李承贵,《宋代新儒学中的佛、儒关系新论——以儒士佛教观之基本特殊为视角的考察》,见《中国哲学史》,2008(1)。
⑤ 参朱人求,《道学话语的形成、发展与转折——以宋代"定性说"的展开为中心》,见《哲学研究》,2008(1)。
⑥ 《二程遗书》,前揭,页74、页347。

的孔子形象乃一新圣人形象,它新就新在"无我无欲"的特点上,在该新形象身上我们依稀可看到佛的身影。①

二、朱熹的理学解释

(一)《中庸》研究与孔子"有德无位"问题

为建立与佛家相抗衡的心性理论,道学家们回归传统并重整思想资源,在传统《五经》的基础上,他们特意彰显《四书》并提升其地位,在《四书》之中他们又尤重《大学》、《中庸》。《中庸》第十七章讲"大德必得其位",第二十八章讲"虽有其德,苟无其位,亦不敢作礼乐焉",前者是引发孔子"有德无位"问题的信念根基,后者则涉及孔子"有德无位"的身份,可以说,《中庸》是孔子"有德无位"问题的生发园地。道学家们因心性关切而重视《中庸》,②伴随《中庸》研究的展开,孔子"有德无位"问题不能不在他们的视野中浮现出来,最早触及这一问题的是张载。

> 故论死生则曰"有命",以言其气也;语富贵则曰"在天",以言其理也。此大德所以必受命,易简理得而成位乎天地之中也。所谓天理也者,能悦诸心,能通天下之志之理也。能使天下悦且通,则天下必归焉;不归焉者,所乘所遇之不同,如仲尼与继世之君也。"舜禹有天下而不与焉"者,正谓天理驯致,非气禀当然,非志意所与也;必曰"舜禹"云

---

① 戴震指出,宋儒受释家影响而主无欲,认为此非先儒本旨([清]戴震,《孟子字义疏证》,何文光整理,北京:中华书局,1982,页13)。
② 参见肖永明、殷慧,《北宋心性之学的发展与宋代〈四书〉学的形成》,见《中国哲学史》,2008(1)。

者,非乘势则求焉者也。①

张载与《中庸》渊源颇深。他二十一岁谒见范仲淹时,范氏即劝他读《中庸》。张氏初读其书以为未足,在访诸释老累年而无所得的情况下,他又返诸儒家经典,最终"以《中庸》为体"。②在张载那里,孔子"与天同德",自然是"大德"者,按照《中庸》"大德必得其位"、"大德者必受命"的说法,孔子应当受命有位,但孔子事实上无位,如何看待这一矛盾现象呢? 张载以舜禹为例指出,舜禹之有天下是以德驯致,而非其气禀之命中所本有。"大德者必受命"是天理,孔子这一大德者之所以没有受命有位,乃由"乘"、"遇"所致,是一例外情况。王夫之对此解释说:"仲尼不遇尧舜之荐,无可乘之权,故德不加于天下,民不知归。"可知张载的解释与孟子非常接近,其新颖处在于以"天理"、"气禀"这些道学范畴来处理孔子"有德无位"问题,这是道学式孔子"有德无位"解释的标志。

程氏兄弟也非常重视《中庸》,③这种重视也是从心性视野上来着眼的。基于《中庸》乃"孔门传授心法"的认识,程氏的《中庸》学研究注重对心之"未发"与"已发"的讨论,将这一讨论加以深化的是程门高弟杨时。杨时为学注重对喜怒哀乐未发时的体验,强调静坐工夫;杨时的《中庸》学传罗从彦,罗从彦传李侗,李侗又传朱熹,其间授受脉络不绝。李侗向朱熹传授《中庸》时曾叮咛相告曰:

圣门之传是书,其所以开悟后学无遗策矣。然所谓"喜

---

① 《张子正蒙》,前揭,页 138—139。

② 《宋史·道学一·张载》。

③ 如程颐就以为:"《中庸》之书,其味无穷,极索玩味。"(《二程遗书》,前揭,页 272。)

怒哀乐未发谓之中"者,又一篇之指要也。若徒记诵而已,
则亦奚以为哉? 必也体之于身,实见是理,若颜子之叹,卓
然若有所见,而不违乎心目之间,然后扩充而往,无所不通,
则庶乎其可以言《中庸》矣。①

李侗的说法很有代表性,这表明程门于《中庸》,重视的是其
"喜怒哀乐未发谓之中"的心性原理,以及"体之于身,实见是理"
的修养亲证。在这种眼光底下,孔子"有德无位"问题在朱熹的
道学前辈们那里没有浮现出来。如从绍兴二十八年(1158)算
起,朱熹师事李侗共六年,在李侗去世之后很长的一段时间内,
朱熹对李侗所传授的《中庸》学都无法真正理解与接受,他曾就
此与张栻等人进行反复讨论,但一直"未之省也"。直到四十岁
那年(即乾道五年,1169 年),以对"中和说"的新解为契机,朱熹
方始摆脱长久以来的困惑,并由此而赢得其学术上的独立。②
在提出"中和新说"的第二年,朱熹便依据"敬知双修"这一主旨
开始全面修订其《中庸》集说旧稿,并于乾道八年(1172)着手撰
写《中庸章句》。

朱熹在乾道五年之后所开展的《中庸》学研究,是一种有别
于程门狭隘心性眼光的新的《中庸》学研究,将《中庸章句序》与
李侗的上述叮咛相告加以对照,人们便不难理解这一点。伴随
《中庸章句》及其《序》的撰写,特别是知漳(1191)之后师徒对《中
庸》文句的细致讲求,朱熹开始遭遇孔子"有德无位"问题。朱熹
一生在《中庸》文本的研究上用力甚勤,成果亦丰。在《朱子语
类》所记载的朱门师徒关于《中庸》的问答讨论中,朱熹对孔子

---

① 《宋史·道学二·李侗》。
② 束景南指出:"中和新说的确立,宣告了朱熹漫长曲折的主悟—主静—主敬的逃
　禅归儒思想演变历程的终结。"见氏著,《朱子大传》(上),北京:商务印书馆,
　2003,页 287。

"有德无位"这一问题性事件的性质与原因作了富有创造性的解释;在《中庸章句序》中,朱熹则从道学史观上对事件的历史意义进行了独到的阐发。朱熹对孔子"有德无位"问题的解释在两宋最为系统与完备,是继汉代孔子素王论之后的又一经典解释样式,兹对其分述如下。

(二) 孔子"有德无位"的性质与原因

1. 孔子"有德无位"的性质——"非常理"

朱熹为学重"道问学",有浓厚的知识兴趣,影响所及,门人亦好学敏求、勤思好问,下文即其一例。

> 元思问:"'致中和,天地位,万物育',此指在上者而言。孔子如何?"曰:"孔子已到此地位。"可学。

> 问:"'致中和,天地位,万物育',此以有位者言。如一介之士,如何得如此?"曰:"若致得一身中和,便充塞一身;致得一家中和,便充塞一家;若致得天下中和,便充塞天下。有此理便有此事,有此事便有此理。如'一日克己复礼,天下归仁'。如何一日克己于家,便得天下以仁归之? 为有此理故也。"赐。

> ……

> 又问:"'但能致中和于一身,则天下虽乱,而吾身之天地万物不害为安泰。'且以孔子之事言之,如何是天地万物安泰处?"曰:"在圣人之身,则天地万物自然安泰。"曰:"此莫是以理言之否?"曰:"然。一家一国,莫不如是。"广。[①]

元思即蔡念诚,从朱熹守南康于白鹿洞书院讲学时即从朱

---

① 《朱子语类》,前揭,页 1519—1520。

熹游,在门人中师事朱子最久。① 上述第一条问答为郑可学所录,郑氏在朱熹守漳时始为弟子,②可知上述问答系发生于光宗绍熙元年(1190)之后。蔡念诚以为"致中和,天地位,万物育"乃"有德有位"者之事,对朱熹以此来称述孔子这一"有德无位"者很是不解:孔子明明无位,怎么能说他"已到此地位"了呢? 在林赐所录的第二条问答中,蔡氏特别强调"致中和,天地位,万物育"乃就有位者而言,并强调了孔子的无位者身份("一介之士")。朱熹此次回答的关键是"有此理便有此事,有此事便有此理"一句,依此来看,事物皆有"理"、"事"不离的两个方面,"致中和,天地位,万物育"亦复如此,蔡氏所言者乃"致中和,天地位,万物育"之"事"的方面,朱熹则是从"理"的方面而立言。③ 蔡念诚对此想必没有一时明晓,所以后来又找机会问了一遍老问题。据辅广所录,这一次,他在朱熹的启发下终于觉悟到"致中和,天地位,万物育"乃是"以理言之",觉悟到"孔子已到此地位"中的"地位"不是就"事"(功业)言而是就"理"而言。

据《中庸》中孔子本人所讲的"虽有其德,苟无其位,亦不敢作礼乐焉"的话,"有德无位"者是不能制作礼乐的,既然不能制作礼乐,"天地位,万物育"这样的治理效果也就无从谈起,蔡氏所问本已触及孔子"有德无位"问题,但朱熹通过将"致中和,天地位,万物育"区分为"理"、"事"两个层面的方式,并以化"事"为"理"的手法将问题消解掉了。朱门之中有此类疑问者非仅蔡氏一人,有人就将问题提得比他更明确、更尖锐:

---

① 　参陈荣捷,《朱子门人》,上海:华东师范大学出版社,2007,页232。
② 　同上,页236。
③ 　朱熹的这一理解在其乾道五年的《答张敬夫书》中即已确立,他指出:"此心之所以周流贯彻而无一息之不仁也。然则君子之所以致中和,而天地位,万物育者,在此而已。"(见[清]王懋竑,《朱熹年谱》,前揭,页43。)

> 或问:"'大德必得其位,必得其禄,必得其寿。'尧舜不闻子孙之盛,孔子不享禄位之荣,何也?"曰:"此或非常理。今所说,乃常理也。"因言:"董仲舒云:'固当受禄于天。'虽上面叠说将来不好,只转此句,意思尽佳。"贺孙。①

提问者通过提出孔子"有德无位"这类反例,对《中庸》"大德必得其位,必得其禄,必得其寿"的观念提出了质疑,此种质疑方式相当于波普尔所说的"证伪"。朱熹对这一棘手问题的处理手法简单而巧妙,他在强调"大德必得其位,必得其禄,必得其寿"是"常理"的同时,将孔子"有德无位"归为"非常理"也即例外;在另外一处问答中,朱熹将"尧舜之子不肖"现象也称为"非常理"。② 朱熹所谓"常理"类似于拉卡托斯(Imre Lakatos)所说的"纲领硬核",在其周围有一"保护带",证伪性的例外(如孔子"有德无位"这一例外)在"保护带"即被抵制,不足以触及"硬核"的地位。③ 这种问题处理手法与荀子非常不同。④ 朱熹之所以要将孔子"有德无位"解释为例外,其目的是要维护儒家的"常理"或价值信念。

> 问:"以孔子不得位,为圣人所不能。窃谓禄位名寿,此在天者,圣人如何能必得?"曰:"《中庸》明说'大德必得其位'。孔子有大德而不得其位,如何不是不能?"又问:"'君子之道四,丘未能一。'此是大伦大法所在,何故亦作圣人不能?"先生曰:"道无所不在,无穷无尽,圣人亦做不尽,天地

---

① 《朱子语类》,前揭,页1584—1585。

② 同上,页1553。

③ 〔英〕拉卡托斯,《科学研究纲领方法论》,兰征译,上海:上海译文出版社,1986,页65—72。

④ 参本书第二章第三节。

亦做不尽。此是此章紧要意思。"铢。①

　　朱熹上述答问中的核心意思,仍是要维护"大德必得其位"的儒家常理。对孔子这一大德者何以会无位的问题,他用"圣人亦做不尽,天地亦做不尽"来解释,这在承认圣人与天地具有某种无能症的同时,把孔子"有德无位"当作例外来看待。朱熹在"理"的视角下对孔子"有德无位"事件所作的解释,旨在回应事件对"大德必得其位"这一"常理"的冲击。在上述解释中,对"常理"的维护是重心所在,对于那些想了解孔子"有德无位"的原因的人来说,其解释自然难以令人满意。

　　2. 孔子"有德无位"的原因——"禀气清明而低薄"、"气数使然"

　　朱熹把孔子"有德无位"归为例外或失常,但例外或失常也总有其原因,朱熹解释说,"失其常者"既有可能是"人事有以致之",也有可能是"偶然如此时"。②

　　　　数只是算气之节候。大率只是一个气。阴阳播而为五行,五行中各有阴阳。甲乙木,丙丁火;春属木,夏属火。年月日时无有非五行之气,甲乙丙丁又属阴属阳,只是二五之气。人之生适遇其气,有得清者,有得浊者,贵贱寿夭皆然,故有参错不齐如此。圣贤在上,则其气中和;不然,则其气偏行。故有得其气清,聪明而无福禄者;亦有得其气浊,有福禄而无知者,皆其气数使然。尧、舜、禹、皋、文、武、周、召得其正,孔、孟、夷、齐得其偏者也。③

---

① 《朱子语类》,前揭,页 1533—1534。
② 同上,页 2030。
③ 同上,页 8。

所谓"人事有以致之",是指"圣贤在上,则其气中和;不然,则其气偏行"之类,强调人事对气具有影响,而该气反过来又影响彼时出生之人。对孔子来说,他生于衰周,时无圣贤在上,所得乃偏行之气。所谓"偶然如此时",是指气禀的偶然性,当德辅问尧舜何以会生不肖子丹朱、商均时,朱熹便答以"气偶然如此"。① 朱熹在"气"的视角下对孔子"有德无位"之原因的解释集中见于下述文字。

> 因言:"上古天地之气,其极清者,生为圣人,君临天下,安享富贵,又皆享上寿。及至后世,多反其常。衰周生一孔子,终身不遇,寿止七十有余。"人杰。
>
> (履之)因问:"得清明之气为圣贤,昏浊之气为愚不肖;气之厚者为富贵,薄者为贫贱:此固然也。然圣人得天地清明中和之气,宜无所亏欠,而夫子反贫贱,何也? 岂时运使然邪? 抑其所禀亦有不足邪?"曰:"便是禀得来有不足。他那清明,也只管得做圣贤,却管不得那富贵。禀得那高底则贵,禀得厚底则富,禀得长底则寿,贫贱夭者反是。夫子虽得清明者以为圣人,然禀得那低底、薄底,所以贫贱。颜子又不如孔子,又禀得那短底,所以又夭。"……又问:"如此,则天地生圣贤,又只是偶然,不是有意矣。"曰:"天地那里说我特地要生个圣贤出来? 也只是气数到那里,恰相凑着,所以生出圣贤。及至生出,则若天之有意焉耳。"僩。
>
> ……
>
> 问:"富贵有命,如后世鄙夫小人,当尧舜三代之世,如何得富贵?"曰:"当尧舜三代之世不得富贵,在后世则得富贵,便是命。"曰:"如此,则气禀不一定。"曰:"以此气遇此

---

① 《朱子语类》,前揭,页 59—60。

时,是他命好;不遇此时,便是有所谓资适逢世是也。如长平死者四十万,但遇白起,便如此。只他相撞着,便是命。"可学。

问:"前日尝说鄙夫富贵事。今云富贵贫贱是前定,如何?"曰:"怎地时节,气亦有别。后世气运渐乖,……且如天子,必是天生圣哲为之。后世如秦始皇在上,乃大无道人,如汉高祖,乃崛起田野,此岂不是气运颠倒?"问:"此是天命否?"曰:"是。"可学。①

履之即刘砥,也是朱熹守漳后所收的晚年弟子。② 刘砥所言"圣人得天地清明中和之气,宜无所亏欠,而夫子反贫贱",是孔子"有德无位"问题在朱门气论话语中的特殊表达样式。朱熹对这一问题有"气禀"与"气数"两个相互补充的解释,前者从微观方面着眼,注重以人出生时所禀受的不同质地的气来解释人的命运;后者则从宏观方面立论,着眼于人出生时的气运流行的大势及其对个体命运的决定。

在"气禀"向度上,朱熹认为气有不同的质地类型且各有掌管,如气之清浊掌管人之圣愚(聪明或无知),气之高厚低薄掌管人之贵富贫贱,气之长短掌管人之寿夭等;朱熹据此而指出,孔子之为圣人("有德")是因为禀受了清明之气,其贫贱("无位")是因为禀受了低薄之气。用"气禀"解释人的命运始于东汉王充,他曾以此来解释圣人长寿现象,③但并未以此来解释孔子的圣人身份及其"有德无位"问题。④ 柳宗元在《天爵论》一文中以

---

① 《朱子语类》,前揭,页79—81。
② 参陈荣捷,《朱子门人》,前揭,页215—216。
③ 《论衡·气寿篇》云:"圣人禀和气,故年命得正数。"
④ 王充用以解释孔子"有德无位"现象的是"不遇"、"命"、"不幸偶"(参《论衡》之《逢遇篇》、《命禄篇》、《气寿篇》、《幸偶篇》等)。

"刚健之气"与"纯粹之气"的禀赋来解释孔子之所以为圣,但也未及孔子"有德无位"问题。可知,朱熹的上述解释在孔子"有德无位"解释史上乃一创新。

用"气禀"可以解释孔子何以会"有德无位",但彻底的原因解释还需要回答孔子为何会禀得清明低薄之气的问题,朱熹用以解决这一问题的是"气数"论。所谓"气数"是指气运流行的节数,有"时"、"势"二义。从个体方面来说,"气数"作为"时",是指个体与气运相遇、相撞或"恰相凑着"的那个特定时刻,个体命运即为此所决定,如长平死者之遇白起即为此类。"气数"作为"势",指气运流行的大势,天地生圣贤、孔子"终身不遇"之类即为此所决定。① 从"气数"论的角度看,孔子"有德无位"既是孔子个人的命运,也是"气数"使然。

朱熹上文所言"气禀"、"气数",都是圣人观上的先验决定论,他对孔子圣人资格的这一解释,同其道学前辈们的理解颇为相左,在北宋道学家们看来,孔子是因不懈修德而达致圣人之境的。朱熹所论对道学所重视的修养工夫也形成了一定的冲击,如果圣人是被先验决定的,那么,修养工夫还有什么必要性呢?朱熹在"气禀"、"气数"论下对孔子"有德无位"的原因所作的解释,重点在孔子何以"无位"的方面,但解释不能不牵涉到孔子"有德"的方面,上文所言问题实即由此而来。在朱熹的上述解释中,孔子"有德无位"的原因被归于"气禀"与"气数",这也就是说,孔子"有德无位"与人力或孔子本人无关,该解释也具有调解孔子"有德无位"事实与"大德必得其位"信念之矛盾的功能,具有消解孔子"有德无位"事件对孔子本人形象之冲击的功能,它秉承的是楚简《穷达以时》篇所开创的"天人有分"的解释传统。

---

① 如朱熹在论及舜以大德而得天子之位事件时就说:"如舜大德,而禄位名寿之必得,亦是天道流行,正得恰好处耳。"(《朱子语类》,前揭,页 1553。)

朱熹在"理"、"气"视角下对孔子"有德无位"的性质与原因
所作的解释,俱出于《朱子语类》,且俱出于其 1191 年守漳之后,
反映的是他晚年对这一事件的成熟看法。清人朱止泉尝谓:
"《语类》一书,晚年精要之语甚多,五十以前,门人未盛,录者仅
三四家。自南康、浙东归,来学者甚众,诲谕极详,凡文词不能畅
达者,讲说之间,滔滔滚滚,尽言尽意。"①如果说朱熹的上述解
释属于其"晚年精要"的话,令人有些不解的是,在上述解释中,
"理"、"气"之间少有交融、照顾,这同他晚年所讲的论人物须
"理"、"气"兼备(或"理"、"气"不离)的原则,②不甚相符。人们
注意到,朱熹的上述解释是在弟子的追问下所作出来的,具有被
动性,它受制于弟子所问问题的主题与背景。上述解释主要显
示了朱门弟子对孔子"有德无位"问题的关注,朱熹本人对这一
问题的主动解释则见于《中庸章句序》。

(三) 道统论上的解释

程朱一系在叙述道学源流时,皆将其系于宋初胡瑗、孙复、
石介三先生。单就历史认知而言,石介以"道"为标准评判历史
的眼光及其"王道驳于汉"的议论确为道学史观立基。石介讲
"王道驳于汉",毕竟还承认王道在汉之后的历史中有所存在。
程颐《明道先生墓表》云:"周公没,圣人之道不行;孟轲死,圣人
之学不传。"③经"驳杂"到"道不行"这一质变,道学家们将自身
与秦汉之后的历史对立起来。另一方面,道学家们将石介评判
历史的标准("道")予以了道学解释,程颢说:"三代之治,顺理者

---

① [清]朱泽沄,《朱止泉先生文集》卷四《与乔星渚》,载《四库全书存目丛书·集部
二二三》,济南:齐鲁书社,1997,页 738。
② [宋]朱熹,《朱熹集》卷五十八《答黄道夫》,郭齐、尹波点校,成都:四川教育出版
社,1996,页 2947。
③ [宋]程颢、程颐著,《二程集》,王孝鱼点校,北京:中华书局,1981,页 640。

也。两汉以下,皆把持天下者也。"①在道学话语中,"理"指公心,"把持"则指私欲,此种从人主心术处来把握、评价历史的方式乃是典型的道学方式。

> 或问:"汉高祖可比太祖否?"曰:"汉高祖安能比太祖?太祖仁爱,能保全诸节度使,极有术。"②
>
> 唐太宗,后人只知是英主,元不曾有人识其恶,至如杀兄取位。若以功业言,不过只做得个功臣,岂可夺元良之位?至如肃宗即位灵武,分明是篡也。③

汉高祖与唐太宗是历史上有名的英主,但在道学家这里却备受贬低。程颐在其《春秋》学研究中强调,《春秋》的褒贬大法在于"原情逆志",即从动机、用心而非实际效果上来判断善恶是非,他对汉高祖与唐太宗的臧否所恪守的就是这种动机论原则,④其目的是要确立道德原则在历史叙述与评价中的支配性地位,确立儒家价值在历史叙述与评价中的支配性地位。

程颐将历史区分为"道行"与"道不行"两个阶段,前一阶段天理流行,后一阶段则人欲流行。这种基于"理"、"欲"标准的历史阶段区分理论,为道学史观或道统论确立了基本框架。关于"道行"与"道不行"两个历史阶段的衔接问题,程颐及其他北宋道学家们未及深论,接过这一遗留问题并加以解决的是朱熹。朱熹通过对上述遗留问题的解决,使道学史观或道统论得以一贯,他的这一工作正以对孔子"有德无位"事件的新解为契机,其

---

① 《二程遗书》,前揭,页174。
② 同上,页356。
③ 同上,页227。
④ 苏辙从效果论的角度对此所作的批评,参江湄,《北宋诸家〈春秋〉学的"王道"论述及其论辩关系》,见《哲学研究》,2007(7)。

《中庸章句序》曰：

> 《中庸》何为而作也？子思于忧道学之失其传而作也。
> 盖自上古圣神继天立极，而道统之传有自来矣。其见于经，
> 则"允执厥中"者，尧之所以授舜也；"人心惟危，道心惟微，
> 惟精惟一，允执厥中"者，舜之所以授禹也。尧之一言，至
> 矣，尽矣！而舜复益之以三言者，则所以明夫尧之一言，必
> 如是而后可庶几也。
>
> ……
>
> 夫尧舜禹，天下之大圣也。以天下相传，天下之大事也。
> 以天下之大圣，行天下之大事，而其授受之际，丁宁告戒，不
> 过如此。则天下之理，岂有以加于此哉？自是以来，圣圣相
> 承：若成汤、文、武之为君，皋陶、伊、傅、周、召之为臣，既皆以
> 此而皆接夫道统之传；若吾夫子，则虽不得其位，而所以继往
> 圣、开来学，其功反有贤于尧舜者。然当是时，见而知之者，
> 惟颜氏、曾氏之传得其宗。及曾氏之再传，而复得夫子之孙
> 子思，……自是而又再传以得孟氏，为能推明是书，以承先圣
> 之统，及其没遂失其传焉。……然而尚幸此书之不泯，故程
> 夫子兄弟者出，得有所考，以续夫千载不传之绪。[1]

如前文所述，朱熹与《中庸》渊源甚深。朱熹在师事李侗时
就开始撰写一本"《中庸》集说"之书，在提出"中和新说"的第二
年（即乾道六年）春，他依敬知双修之旨开始全面修订《中庸》集
说旧稿，定名为《中庸集解》（又名《中庸详说》），但没有立即刻板
传世。乾道八年（1172），有一石姓学者也编成一本《中庸集解》，
第二年，朱熹为之作序，他在序文中虚构了一个"孔子——曾

---

① ［宋］朱熹撰，《四书章句集注》，北京：中华书局，1983，页 14—15。

子——子思——孟子——周敦颐——二程"的《中庸》传授系统，在《中庸》学上完成了道统的建立。为了同石氏区别开来，朱熹决意重建自己的《中庸》学体系，他于乾道八年开始着手撰写《中庸章句》，①并于淳熙元年(1174)九月写定。《中庸章句序》写于淳熙四年(1178)，上述文字系朱熹于淳熙十六年(1189)所作的修改本。②

在《中庸章句序》中，朱熹在追溯、还原《中庸》的创作意图时，系统地提出了他的道统论。在朱熹的描述中，历史在本质上就是道的历史。根据道的流行或存在情况，他将历史分为两截，一截是从"上古圣神"到周公的时代，一截是由孔子而始的时代。前者是一个道借在位的圣君贤相（即"有德有位"者）而得以实现的时代，以"德位合一"或"内圣外王合一"为特征；后者则是一个道从实际的历史时空抽离开来或者说道仅垂之空文的时代，以"德"、"位"分离或内圣与外王的分裂为特征。③ 人们不难看出，朱熹的"道统"、"道学"区分，同小程的"道行"、"道不行"区分关系密切，二者之间存在着对应关系。

朱熹之前，"道行"与"道不行"两个历史阶段的衔接问题一直没有得到很好的解决。伯温曾问程颐："尧舜，非孔子，其道能传后世否？"程颐曰："无孔子，有甚凭据处？"④小程强调孔子有传道之功，如再联系他在《明道先生墓表》中的文字，小程似乎暗示，处于周公与孟子之间的孔子乃是中国历史上的关键人物，而

---

① 参束景南，《朱子大传》(上)，前揭，页318—319。

② 同上，页399、页401。

③ 余英时正确地指出了这两个时代各自的特点，但他将此二时代称为"道统"与"道学"的说法（见氏著，《朱熹的历史世界——宋代士大夫政治文化的研究》，台北：允晨丛刊，2003，页63)，却遭到了李峻的反驳（氏著，《〈中庸章句序〉中的"道统"与"道学"——对〈朱熹的历史世界〉的一点质疑》，见 http://www.govyi.com/paper/n3/paper/200605），今从李氏之说。

④ 《二程遗书》，前揭，页334—335。

将这层意思说透说圆的是朱子。据《中庸章句序》，周公是"道行"时代的最后一个"有德有位"者，孔子则是"道不行"时代的第一个"有德无位"者。如此一来，"道行"与"道不行"两个历史阶段之间的衔接就得到了处理，而孔子"有德无位"的身份则是实现上述衔接的关键所在。

孔子"有德"，所以能在精神上接续"道统"精义；由于"无位"，孔子既不能将此"道统"精义实现出来，也不能像有位之先圣那样通过"丁宁告戒"来传授它，而只有通过"继往圣、开来学"也即开创"道学"的方式来保存传承它。朱熹所谓"道统"精义即"十六字心法"，值得注意的是，在历史上，韩愈虽讲道统，但不讲心传；二程重视道统建设，但也没有把《大禹谟》中的"人心惟危，道心惟微，惟精惟一，允执厥中"十六字说成是心传。朱熹之所以把上述十六字视为"圣圣相承"的心法，乃是受了其早年老师刘屏山的影响，后者效法禅宗"以心传心"的法统，虚构了一个靠圣心相契而相传的尧舜禹汤文王周公孔子颜子曾子子思孟子的道统。[1]

在董仲舒的孔子素王论中，孔子处于上天与人世之间，他受天命作《春秋》以达天意；作为先知，孔子所传达之天意，乃是人世生活的根本大法与绝对依据，意义非同寻常。在朱熹的上述解释中，孔子不是处于天、人之间的关键点上，而是处在历史的关键点上，在道统断绝的时刻，孔子以开创道学的方式保存、传承道统精神，挽道之不灭于一线，其功绩可谓伟大之至。朱熹在《孟子集注·公孙丑章句上》中曾引程子如下之语：

> 语圣则不异，事功则有异。夫子贤于尧舜，语事功也。
> 盖尧舜治天下，夫子又推其道以垂教万世。尧舜之道，非得

---

① 参束景南，《朱子大传》（上），前揭，页60。

孔子,则后世亦何所据哉?[1]

上文可为《中庸章句序》"其功反有贤于尧舜"作一注脚。在程朱那里,孔子是连接"道行"与"道不行"二时代的枢纽,如果没有孔子,道统将彻底断绝,人世从此将"万古如长夜"。孔子虽然因"有德无位"而不能将"道统"精义实现出来,但他毕竟把握并守住了"道统"的精神实质,薪尽火传,留光明于后世。元人谓"先孔子而圣者,非孔子无以明;后孔子而圣者,非孔子无以法",[2]承继的即《中庸章句序》中的观点。朱熹与董仲舒对孔子"有德无位"问题的观感与处理方式虽然不同,但他们在如下观点上却是高度的一致:在维系人世正义生活这一点上,孔子是关键。尧舜治天下仅泽及一世,夫子传道垂教则泽及万世,正是基于此种认识,朱熹得出了同孟子、董仲舒一样的结论:孔子尽管"无位",但其功绩却贤于尧舜。[3] 以此种眼光来看孔子"有德无位",何伤之有?

据《中庸章句序》,道在孔子之后的历史时空中虽未得以实现,但尚存在于孔子所开创的"道学"中,孔子以之传颜、曾,曾子以之传子思,子思以之传孟子,及孟子没遂失其传焉,读到此处人们不禁紧张起来,但朱子话锋一转,说有宋程氏兄弟又接续起了这一道学传统,不禁又让人长舒了一口气。朱子讲程氏兄弟"续千载不传之绪",既有鄙薄汉唐儒学、为宋代道学争正统的意思,也有道在道学、以道自任的意思,这两层意思在北宋道学家

---

① [宋]朱熹,《四书章句集注》,前揭,页234。

② 参[清]江藩,《国朝宋学渊源记》"序",见氏著,《国朝汉学师承记》"附录",钟哲整理,北京:中华书局,1983,页150。

③ 在儒学史上,最早提出"夫子贤于尧舜"说的是孟子(《孟子·公孙丑上》),王安石亦持此说(见氏著,《王文公文集》卷二十八《夫子贤于尧舜》篇,唐武标校,上海:上海人民出版社,1974,页322),程颐则认为"夫子贤于尧舜"乃是门人为推尊夫子而讲的过头话(《二程遗书》,前揭,页334),朱熹在此问题上接受的当是王安石而非小程的看法。

那里本即有之,朱熹将其明晰化了。经朱子《中庸章句序》中的解释,宋代道学成了发端于孔子的儒学正宗,它身系道之命运,承担着历史正义。这种将儒家(道学)与道的历史紧扣在一起的处理手法,正以对孔子"有德无位"的新解为契机。

朱熹在"理"、"气"视角下对孔子"有德无位"事件所作的解释,注重的是事件的性质与原因;他在道统论或道学史观上所作的解释,注重的则是事件在历史上的意义。原因解释与意义解释是孔子"有德无位"解释史上两种基本解释类型,由此可知朱熹解释之全面与完备。

三、治道与角色

(一) 治道理解与王圣路线

宋代道学家因注重于"心、性、命、理"的讨论而往往给人以重内圣、轻外王的印象,其实,他们不是不重外王,而是由于认定外王须奠基于正确的内圣之学之上,故对内圣格外讲求。道学家以"一体之仁"为圣人之境,又训"仁"为"成己成物",可知"外王"(即"成物")在道学家们的追求中乃必不可少的方面。正是基于此种外王追求,他们认为佛追求自适独善乃是自私的行为。[①] 道学家们之格外讲求内圣之学,既与应对佛教有关,也与熙宁变法失败有关。在他们看来,熙宁变法之所以失败,就是因为王安石的"外王"是建立在错误的内圣之学之上的,连对王安石颇为崇敬的陆九渊都说:

> 荆公英才盖世,平日所学,未尝不以尧舜为标的。及遭逢神庙,君臣议论,未尝不以尧舜相期。独其学不造本原,

---

① 《二程遗书》,前揭,页74。

而悉精毕力于其末,故至于败。①

在道学家们看来,真正实现"外王"需要阐明正确的内圣之学。

道学家们的外王追求主要体现在其"回向三代"的呼声中,他们所理解的"外王"事业即"复三代"。道学兴于神宗朝,在此之前,"回向三代"已是宋初君臣们的共同心声。朱熹曰:

> 国初人便已崇礼义,尊经术,欲复二帝三代,已自胜如唐人,但说未透在。直至二程出,此理始说得透。②

事实上,程氏兄弟自己对已把握"外王"根基一事也确实甚为自信,他们认为时人中"治经论道则有之,少有及治体者",③唯一为他们所认可的是张载。④ 熙宁初,神宗召见张载问治道,张载对曰:"为政不法三代者,终苟道也。"⑤道学家以三代为治道之实质性内容的见解于此可见。

道学家们要求"复三代",三代的理想性何在? 如何"复"法? 程颢所言"三代之治,顺理者也。两汉以下,皆把持天下者也",是道学家们的共同见解;所谓"顺理"、"把持"皆系就人主心术处立言。由此来看,三代的理想性首先体现在三代圣王"公天下"

---

① 《陆九渊集》卷九《与钱伯同》,前揭,页121。关于道学对内圣的重视同王安石变法之间的关系,亦可参余英时,《朱熹的历史世界——宋代士大夫政治文化的研究》,前揭,页23。
② 《朱子语类》,前揭,页3085。
③ 《二程遗书》,前揭,页70。
④ 小程说:"某接人,治经论道者亦甚多,肯言及治体者,诚未有如子厚。"(《二程遗书》,前揭,页157。)
⑤ 《宋史·道学一·张载》。

的心术上,小程论五帝禅让时也称禅让是"至公之法",①《中庸章句序》云"尧舜禹,天下之大圣也。以天下相传,天下之大事也",赞许的也是这种"公天下"的心术。从"公天下"来看,政治生活中的"位"是公共的,以德择位则是这一精神的具体要求,因此,与此种心术相符的政治秩序乃是那种"德位相称"或"德位合一"的政治秩序。程颐释《履卦》之"象辞"曰:

> 古之时,公卿大夫而下,位各称其德,终身居之,得其分也。位未称德,则君举而进之。士修其学,学至而君求之,皆非有预于己也。农工商贾勤其事,而所享有限,故皆有定志而天下之心可一。②

以"德位相称"或"德位合一"为理想的政治状态,是儒家一脉相承的政治见解,也是其血脉所在。道学家们一致认为,三代是"德位合一"的时代,秦汉之后则是"德"、"位"分离的时代,用陆九渊的话来说就是"古者势与道合,后世势与道离"。③ 基于此种历史认知与判断,道学家们以"德"、"位"重新"合一"为己任,此即"复三代"的实质性内容。"德"、"位"如何"合一"或三代如何"复"? 这涉及到了道学家们对理想实现途径的理解问题。

---

① 《二程遗书》,前揭,页 279。

② 《周易程氏传》卷一,见[宋]程颢、程颐,《二程集》,前揭,页 750。

③ [宋]陆九渊,《象山语录》,上海:上海古籍出版社,2000,页 37。道学在南宋的发展中分化出了朱子理学与陆子心学两个系统,《宋史》作者列陆子入"儒林",不承认其道学家身份,反映了作者以程朱为道学正宗的褊狭立场。陆子曰:"某平日未尝为流俗所攻,攻者却是读语录精义者。程士南最攻道学,人或语之以某,程云:'道学如陆某,无可攻者。'"(《象山语录》,前揭,页 68。)可见,在陆子时代,人们对"道学"的理解不限于程朱一系。此外,陆子曾说:"秦汉以来,学绝道丧,世不复有师道。……惟本朝理学,远过汉唐,始复有师道。"(《陆九渊集》卷一《与李省干》,前揭,页 14。)陆子将宋代儒学也称为"理学",可知"理学"在彼时亦本非程朱一派的专名。

在"德位合一"理想实现这一问题上,儒家自孔子以来即有"圣王"与"王圣"两种思路。道学家(特别是程朱一系)特别推重《大学》"四纲领八条目"的"内圣外王"之道,给人的印象是,在理想实现问题上,道学家们似乎主张"圣王"路线。需要注意的是,当道学家们讲论"内圣外王"时,其心目中的受众主要是人主。

> 问:"'君子之道本诸身',《章句》中云'其道即议礼、制度、考文之事',如何?"曰:"君子指在上之人。上章言'虽有德,苟无其位,不敢作礼乐',就那身上说,只做得那般事者。"①
> 问:"'致中和,天地位焉,万物育焉。'只'君君、臣臣、父父、子子'之分定,便是天地位否?"曰:"有地不得其平,天不得其成时。"问:"如此,则须专就人主身上说,方有此功用?"曰:"规模自是如此。然人各随一个地位去做,不道人主致中和,士大夫便不致中和!"德明。②

朱熹虽也强调士大夫需要从事"致中和"的修身工夫,但要达到"天地位焉,万物育焉"的功用,非得人主从事此修身工夫不可,可见,"修身为本,天下国家为末"这类的话乃主要是针对"君子"(即"在上之人")或"人主"来讲的,其意图是劝说人主去从事内圣的修身工夫。由此可知,道学家们在"道理"上讲"内圣外王",在"行动"上选择的却是"王圣"路线,这在其"德"、"位"关系理解中有其根基。

首先,从"位"也即政治生活本身而言,道学家们从重内在心性的眼光出发,认为人主心术就是政治生活的根本。程颐认为

---

① 《朱子语类》,前揭,页1593。
② 同上,页1518—1519。

"治道亦有从本而言，亦有从事而言"，其所谓"治道之本"实即指人主心术。① 朱熹曰："天下事有大根本，有小根本。正君心是大本。"②他在《戊申封事》中对孝宗也直言"盖天下之大本者，陛下之心也……天下之事，千变万化，其端无穷，而无一不本于人主之心者，此自然之理也"。③ 把人主心术看作是政治生活的根本，这是道学家们选择"王圣"路线的认识论基础。所谓"王圣"，实即是要在人主心术处用工夫而使其成为圣人。其次，与孔子不同，道学家们认为有德者并不必然得位；④"圣王"路线以"大德必得其位"为信念前提，既然有德者不能必定有位，那么，"圣王"路线之靠不住也就明矣。况且，"圣王"路线也暗含一个并非没有政治危险的推导，即有德儒者应取代人君为王。⑤ 与西汉晚期儒生不同，道学家们对本朝没有不认同与强烈不满，更没有"取而代之"的想法与念头，以此之故，他们不会考虑那种寄望于"有德者得位"的"圣王"路线。再次，道学家们以道自任，视己为"德"或"道"的化身与代表，由于君是"位"方面的代表，因此，在他们看来，"德位合一"理想的实现有赖于上述两种政治角色之间的合作，由儒生负责帮助人主养成圣德。⑥

---

① 《二程遗书》，前揭，页 211—212。

② 《朱子语类》，前揭，页 2678。

③ ［清］王懋竑，《朱熹年谱》，前揭，页 171。

④ 程氏兄弟讲"圣人固有在上者，在下者"（《二程遗书》，前揭，页 128），实即是承认有德者不必定有位。张载与朱熹在他们的孔子"有德无位"解释中，也承认有德者并不必然得位。

⑤ 当时持"圣王"路线者似乎只有陆九韶一人，有人曾问他道："孟子说诸侯以王道，是行王道以尊周室？行王道以得天位？"陆氏明确答复说："得天位。"（见《象山语录》，前揭，页 50。）

⑥ 道学家之谓"合作"符合孔孟"使有位者有德"的思路，与董仲舒的"合作"思路颇为不同。在董氏那里，儒者与人主的"合作"方式是向人主传达天意，指导人主进行政治治理；在道学家这里，儒者与人主的"合作"方式是指导、帮助人主成圣。二者的"合作"领域不同，前者的"合作"在"外王"领域，后者的"合作"则主要在"内圣"领域。

(二) 道学家的角色

1. "格君心之非"

在道学家们看来,人主心术是政治生活的根本,"德位合一"理想的实现有赖于人主同道学家之间的合作。基于上述认识,道学家们将自身在政治世界中的首要职责确定为"格君心之非"。孔子讲"以道事君,不可则止",又讲"勿欺也,而犯之",①强调事君的原则性与灵活性。孔子之后,孟子在"圣王"路线下提出了"惟大人为能格君心之非"的主张,②此乃道学家"格君心之非"思想的源头。从发生学的角度看,道学家"格君心之非"的角色定位其实是因受王安石"去人主心术处加功"之行动的启发而确立的,他们虽不满王氏,批评他学不见道,但王氏"一正君而国定"的行动取向实为他们所袭取。③

人主处万乘之尊,有无上之威,格其"内心之非"势必很难,程氏兄弟因此而强调"格君心之非"要讲究技巧与艺术,"事君须体纳约自牖之意。人君有过,以理开喻之,既不肯听,虽当救止,于此终不能回,却须求人君开纳处进说"。④程颐指出,儒者张良就是该方面值得学习的榜样。⑤道学家们不只讲论"格君心之非",而且身体力行,他们重视、珍惜每一次同人主打交道的机会,或陛对,或上封事,无不向人主进言"正心诚意"。道学家们要"格君心之非",他们怎么个"格"法呢?程颐教诲哲宗的事迹为我们了解此方面的情况提供了生动事例。

程颐于仁、英、神三朝为处士,哲宗以幼年承继大统之后,经

---

① 《论语·先进》、《宪问》。

② 《孟子·离娄上》。

③ 参《二程遗书》,前揭,页101。

④ 《二程遗书》,前揭,页64。

⑤ 同上,页317。

司马光等人推荐而被授予国子监教授、崇政殿说书等职,他因此而得以亲近人主,这为他实践"**格君心之非**"提供了机会。《伊川先生年谱》谓:"先生在经筵,每当进讲,必宿斋豫戒,潜思存诚,冀以感动上意。"①其对经筵之郑重其事及其"感动上意"的意图于此清晰可见。小程之重视经筵,是因为在他看来,经筵在君德成就中具有特别重要的意义,所谓"**君德成就责经筵**"是也。下面让我们来看一下小程是如何具体利用经筵来"**格君心之非**"的。

> 先生旧在讲筵,说《论语》"南容三复白圭"处,内臣贴却容字,因问之。内臣云:"是上旧名。"先生讲罢,因说:"适来臣讲书,见内臣贴却容字。夫人主处天下之尊,居亿兆之上,只嫌怕人尊奉过当,便生骄心,皆是左右近习之人养成之也。……请自后,只讳正名,不讳嫌名及旧名。"……每讲一处,有以开导人主之心处便说。②

由上述可知,小程就身边贴近事例对哲宗进行儒家政治哲学启蒙,其对"**格君心之非**"的操作,有点像佛家的方便说法。下面的两则事例尤为生动:

> 尝闻上在宫中起行漱水,必避蝼蚁。因请之曰:"有是乎?"上曰:"然,诚恐伤之尔。"先生曰:"愿陛下推此心以及四海,则天下幸甚。"……一日,讲罢未退,上忽起凭槛,戏折柳枝。先生进曰:"方春发生,不可无故摧折。"上不悦。③

---

① 《伊川先生年谱》,见《二程遗书》"附录",前揭,页 400。
② 《二程遗书》,前揭,页 318—319。
③ 《伊川先生年谱》,见《二程遗书》"附录",前揭,页 400。

严格讲起来,道学家之谓"格君心之非"有两个方面,一是褒扬君心中的"是",一是批评君心中的"非"。上述二事例刚好代表了这两个方面。小程以哲宗"避蝼蚁"一事而语以"推此心以及四海",这同孟子见齐宣王不忍牛死而语以仁政的手法如出一辙,其"王圣"用心于此亦可见。① 程颐主持经筵时已年过五十,哲宗则仅十一二岁;程颐为人方正严肃,不苟言笑,学究气甚重,可以想见,他的课必定有些沉闷乏味。哲宗在听取了长篇大论之后,"忽起凭槛,戏折柳枝",当有庆祝下课之意,即便不是如此,顽皮好动也是这个年龄阶段的少年的特点,"戏折柳枝"在彼不过是寻常行为。程颐出于对"格君心之非"之政治职责的敏感,自然不会放弃就此教育哲宗的机会,他从"上天有好生之德"的高度来警戒哲宗,以常情看则不免有些小题大做。假设哲宗是平常百姓家的孩子,其"戏折柳枝"的行为或不至遭到小程的警戒,哲宗之招致警戒,其人主身份是关键,因为这一身份,道学家们对他有比对他的同龄人有更高的期待与要求,他们期待并要求他成为圣人。朱熹一生历仕四朝,而以孝宗朝为主,《行状》谓:

> 先生当孝宗朝陛对者三,上封事者三。其初固以讲学穷理为出治之大原,其后则直指天理人欲之分,精一克复之义;其初固以当世急务一二为言,其后封事之上,则心术、宫禁、时政、风俗,披肝沥胆,极其忠鲠。盖所望于君父者愈深,而其言愈切,故于封事之末,有曰:"日月逾迈,如川之流,一往而不复反,不独臣之苍颜白发,已迫迟暮,而窃仰天

---

① 朱熹教育宁宗时,亦鼓励他"充吾未尝求位之心"于政事之上(见〔清〕王懋竑,《朱熹年谱》,前揭,页234),其策略与孟子、程颐一致。

颜,亦觉非昔时矣。"忠诚恳恻,至今读者犹为之泣下。①

　　据上文,朱熹在同孝宗的交往中,经历了一个从"以讲学穷理为出治之大原"、"以当世急务一二为言"到"直指天理人欲之分"(实即"孝宗之心术")的变化,通过这一变化,朱熹接续上了小程"格君心之非"的传统。所谓"望于君父者之深",实即是指朱熹望孝宗成圣,并以此来实现三代之治。孝宗比朱熹大一岁,于隆兴元年(1163)登基(时三十四岁),当年两人相识,此后交往将近三十年,在这段时间里,朱熹对孝宗从未放弃过希望。朱熹之望于孝宗者也深,故责之也切,上封事中亦常有大胆冒犯之言。据《年谱》,孝宗去世时,朱熹哀恸不能自胜;②朱熹之所以哀恸不能自胜,这是因为,孝宗的死意味着朱熹寄托在孝宗身上的那份希望破灭了。

　　陆九渊是朱熹在学术上的冤家对头,他们在为学取径上甚为不同且辩难不已,但其政治理解与行动实并无二致。在政治生活中,他们同声相求、相互支援。淳熙十一年(1184),陆九渊在敕局,朱熹在写给他的信中提到:"不知轮对班在何时? 果得一见明主,就紧要处下得数句为佳,其余屑屑不足言也。"③所谓"紧要处"实即孝宗的心术处,朱熹在此实以"格君心之非"望九渊。陆氏在轮对札子中劝孝宗"定趋向,立规模",复又以柳浑对唐德宗所言"陛下当择臣辈以辅圣德"为喻;④可见,陆氏从事的也是"格君心之非"的工作。朱熹读过陆氏的轮对札子后,说它"规模宏大,源流深远",对陆氏所言所为颇为赞许。⑤陆氏期待

---

① ［清］王懋竑,《朱熹年谱》,前揭,页 195。
② 同上,页 228。
③ 《陆九渊集》卷三十六《年谱》,前揭,页 495。
④ 《陆九渊集》卷十八《删定官轮对札子》,前揭,页 223、页 224。
⑤ 《陆九渊集》卷三十六《年谱》,前揭,页 496。

第二次轮对,"亲朋谓先生久次,宜求去。先生曰:'往时面对,粗陈大义,明主不以为非。然条贯靡竟,统纪未终,思欲再望清光,少自竭尽,以致臣子之义'"。[①] 于此亦可见陆氏以辅圣德为臣子之义的政治角色担当,可知,这实在是道学家们的共识,而不以心学、理学为限。

道学家们希望通过"格君心之非"来辅助人主成为圣人以实现理想,徐复观指出:"硬要把人君绑架上圣人的神龛上去,作一个无欲无为的圣人,这对人君而言,也的确是一种虐待。"[②] 当然,道学家们不会像徐先生这样来看问题,在他们看来,通过"格君心之非"来成就君德乃是神圣庄严的事业。从历史经验来看,"格君心之非"是一项危险的活动,俗谚云"伴君如伴虎",更何况是去主动冒犯龙颜了。在此我们可看到这样一幅关于中国古代政治生活的图画:儒生以要人君做圣人的方式来虐待人君,人君则以手中的权力来迫害儒生,此种相互虐待与迫害的戏剧在中国古代政治生活的舞台上不断上演着。

道学家们之所以以"格君心之非"为职,源于他们把人主心术看作是政治生活之根本的政治认识。把人主心术看成是政治生活的根本,这实际上是承认人主乃是政治生活中的主体,这就涉及到了儒家政治思想中的一个基本矛盾。徐复观曾指出:

> 在中国过去,政治中存有一个基本的矛盾问题。政治的理念,民才是主体;而政治的现实,则君又是主体。这种二重的主体性,便是无可调和的对立。对立程度表现的大小,即形成历史上的治乱兴衰。于是中国的政治思想,总是

---

① 《陆九渊集》卷三十三《象山先生行状》,前揭,页 390。
② 徐复观,《中国的治道——读陆宣公传集书后》,见氏著,《中国思想史论集续篇》,前揭,页 323—324。

想解消人君在政治中的主体性,以凸显出天下的主体性,因而解消上述的对立。①

道学家们留意于"君心之非",所谓"君心之非"实即指人君的私欲,因此,所谓人君修德,实即是要人君摒除个人私欲而与天下大同。道学家们如此主张的目的,正是要"解消人君在政治中的主体性,以凸显出天下的主体性",它以传统儒家的民本论为背景。② 从历史经验来看,这一不触及极权权力结构而仅仅从权力者之"德"方面来着眼的政治解决方案,虽也在一定程度上对限制君权起到了一定作用,但在整体上并不成功,这从一个侧面显示出了道学(乃至儒学)在限制君权方面之政治想象力的贫乏。

2. 循吏

道学家进入权力系统之后,或立于朝,或仕于外,通过陛对或上封事来"格君心之非"。对那些仕于外者来说,除了"格君心之非"外,他们尚有一重地方治理的政治职责;道学家们所从事的地方治理不同于一般官吏,他们不满足于薄书财计狱讼这些通常的治理工作,而是有超越于此的追求。程颢做晋城令时,就以兴学校、励风俗为务,③此种为政趋向为后来的道学家所承继。朱熹于光宗绍熙元年(1190)知漳州,时六十一岁,《年谱》谓:

> 临漳素号道院,比年风俗浸薄,先生以民未知礼,至有

---

① 徐复观,《中国的治道——读陆宣公传集书后》,见氏著,《中国思想史论集续篇》,前揭,页308。

② 参李存山,《程朱的"格君心之非"思想》,见《中国社会科学院研究生院学报》,2006(1)。

③ 《二程遗书》附录《门人朋友叙述并序》,前揭,页385—386。

居父母丧而不服衰绖者。首下教述古今礼律以开喻之，又
采古丧葬、嫁娶之仪，揭以示之，命父老解说，以训子弟。其
俗尤崇尚释氏之教，男女聚僧庐为传经会，女不嫁者私为庵
舍以居，悉禁之。俗为大变。时诣学校训诱诸生，如南
康时。①

朱熹禁止民众信奉佛教之举措的是非在此不论，要之，像程
颢一样，其为政措施亦以兴学校、励风俗为首务。朱熹对自己作
为地方长官的职守十分自觉，他认为"郡守以承流宣化为职守，
不以薄书财计狱讼为事"，②所谓"以承流宣化为职守"，此非以
古之循吏自期而何？与他同时的陆九渊也说："监司、守令，便是
风俗之宗主。"③光宗绍熙二年（1191）九月，陆氏知荆门军，初领
郡事，《行状》云：

先生教民如子弟，虽贱隶走卒，亦谕以理义。……往时
郡有追逮，皆特遣人。先生唯令诉者自执状以追，以地近远
立限，皆如期，即日处决。轻罪多酌人情，晓令解释。至人
伦之讼既明，多使领元词自毁之，以厚其俗。唯恐终不可诲
化，乃始断治。④

陆氏为政以厚民俗为依归，其处理狱讼的原则与手法，与
《尚书·康诰》中记载的周公对康叔所教导的并无二致，此实是
循吏所为。时人周益在给陆氏弟子傅子渊的信中也说："荆门之
政，如古循吏，躬行之效至矣。"⑤由朱、陆的事迹可知，道学家在

---

① ② ［清］王懋竑，《朱熹年谱》，前揭，页 203。
③ 《象山语录》，前揭，页 39。
④ 《陆九渊集》卷三十三《象山先生行状》，前揭，页 390。
⑤ 《陆九渊集》卷三十六《年谱》，前揭，页 512。

担任地方官之后,通常会以古之循吏自期,不仅如此,他们还极力奖掖提拔同为循吏的下属。绍熙二年,朱熹奏荐同为循吏的龙溪知县翁德广,他在《奏状》中称:"德广天资刚直,才气老成,不为赫赫可喜之名,而有恳恳爱民之实。察其施为,庶几乎古之循吏者。欲望圣慈,特与升擢差遣,以为官吏勤事爱民之劝。"①在朱熹那里,"格君心之非"的角色担当着眼于政治理想的当下实现,以期政治生活在整体上得以根本改变;其对"循吏"的角色担当及其对其他"循吏"的奖掖,则着眼于政治生活的局部改良以及官场生态的改善。这两种政治角色在朱熹等儒者心目中的分量颇为不同,康有为对此曾论述道:

> 盖古者专制,君有全权,以能发明君心,引之志仁当道,则余事皆破竹而解,若不能从君心直截下手,而弹劾一二小人以鸣风节,谏除一二弊政,兴举一二善举,以为兴利除害,皆枝枝节节之为,于治国全体无当也。陆敬舆之多陈封事,不若朱子之告君以诚意正心矣。②

3. 传道

"格君心之非"与"循吏"是道学家们在政治世界中为自身所确立的角色,由于自身的缘故或外在的原因,道学家们并不总是处于权力系统之中,此时的道学家为自身所确立的角色是"传道",这是他们在现实政治之外的精神世界(即道学世界)中为自身所作的角色定位。

道学家们以"复三代"或实现"德位合一"为外王追求,在他们看来,此种外王事业的成功以"君臣相遇"为条件,但"君臣相

---

① [清]王懋竑,《朱熹年谱》,前揭,页215。
② [清]康有为,《孟子微 礼运注 中庸注》,前揭,页133。

遇"乃"可遇而不可求"者,取决于"时",①以此之故,道学家们特别强调要"识时",程颐曰:

> 学者全要识时。若不识时,不足以言学。颜子陋巷自乐,以有孔子在焉。若孟子之时,世既无人,安可不以道自任?②

如再联系程颐在《明道先生墓表》中所说的"孟轲死,圣人之学不传"的话,小程实际上把他生活于其中的时代看成了"世既无人"的时代,他用以描述孟子的"安可不以道自任",其实正是他自己的自我期许与角色定位。程颐五十岁之前,曾有多次从政的机会,但他"自以为学不足,不愿仕也",一再推辞,③从他不苟言笑的方正性格来看,"不愿仕"当不是矫情、沽名钓誉,而是真心话,其《春秋传序》云:

> 夫子……于是作《春秋》,为百王不易之大法。……自秦而下,其学不传,予悼夫圣人之志不明于后世也,故作《传》以明之,俾后之人通其文而求其义,得其意而法其用,则三代可复也。④

"予悼夫圣人之志不明于后世也"一句表明,程颐在其所处的时势中,他是首先把自己定位成一个传道者的,传道在其心目中乃是头等重要的大事。道学家们既生活在现实世界中,也生

---

① 如朱熹就说:"圣人固视天下无不可为之时,然势不到他做,亦做不得。"(《朱子语类》,前揭,页 2684。)
② 《二程遗书》,前揭,页 65。
③ 《伊川先生年谱》,见《二程遗书》"附录",前揭,页 396—397。
④ 《宋史·道学一·程颐》。

活在求道的精神世界中,当"传道"与"从政"这两种角色要求发生冲突时,他们通常会选择前者,这一情况也体现在朱熹的身上。

朱熹在四十四岁那年(1173)所作的《感怀》诗中曾自抒胸怀曰:"经济夙所尚,隐沦非素期。"但就是这样一个具有经世抱负与热情的人,一生却以辞官次数之多而知名。淳熙三年(1176),朱熹在为拒绝韩尚书的推荐而作的《答韩尚书书》中曾说:

> 熹狷介之性,矫揉万方而终不能回;迂疏之学,用力既深而自信愈笃。以此自知决不能与时俯仰以就功名。以故二十年来,自甘退藏以求己志。所愿欲者,不过修身守道以终余年,因其暇日,讽诵遗经,参考旧闻,以求圣贤立言本意之所在。既以自乐,间亦笔之于书,以与学者共之,且以待后世之君子而已,此外实无毫发余念也。[1]

据上文所言,朱熹"自甘退藏以求己志"的心志在二十年前即已确立,其所谓"己志"实即"守道"、"传道"。"自甘退藏以求己志"表明,朱熹是出于"守道"、"传道"的考量而拒绝出仕的,在其诸多辞官理由中,这是最重要的一条。在《答韩尚书书》中,朱熹将"自甘退藏"以传道的角色定位归于自身的"狷介"性格,这从其好友张敬夫的评价中也可得到印证,[2]但下述事件的发生无疑使朱熹进一步坚定了这一角色定位。在淳熙六年到八年(1179—1181)这三年之间,朱熹先后失去陆子寿、张敬夫与吕伯恭三位道学好友,在为他们所写的祭文中,他屡言"吾道不

---

① [清]王懋竑,《朱熹年谱》,前揭,页74—75。

② 朱熹《祭张敬夫殿撰文》云:"兄高明而宏博,我狷狭而迂滞。故我尝谓兄宜以是而行之当时,兄亦谓我盍以是而传之来裔。"(见王懋竑,《朱熹年谱》,前揭,页100。)

振"、"吾道不幸"、"吾道之衰",哀叹"吾道之孤且穷",像孟子、程氏兄弟一样,朱熹将当时也看成了"世既无人"的时世,此种"世既无人"的感受无疑进一步强化了朱熹对"传道"角色的担当,在这样的时世中,他"安可不以道自任"?淳熙九年(1182),朱熹在给孝宗的奏言中称:"臣自早岁即自甘退藏,妄意讨论遗经,以待后之学者。"①语义与《答韩尚书书》一致,且更为明确与坚决。

朱熹在经历政途受挫、"知道难行"之后尤重传道,他不仅"以道自任"、视传道为首务,而且还注意培养传道的接班人,如在他去世前写给黄干的书信中,他就将传道之重责寄望于黄干。"格君心之非"与"循吏"着眼于"道"在当下的实现,"传道"则着眼于未来。道学家们往往自感身系"道"之命运,在不能将"道"当下实现的情势中,"守道"、"传道"就具有了特别紧要的意义。在他们那里,"传道"与"从政"之间具有一定程度的紧张,当二者发生冲突时,他们对"传道"的优先考虑与选择表明,"传道"在他们那里具有更高的价值。《中庸章句序》写定于朱熹六十岁时,其中的孔子乃一伟大的传道者,此种形象的孔子无疑是朱熹心目中的楷模,而在后学看来,朱熹也是一副这样的形象,"(朱熹)历事四朝,仕于外者仅九考,立于朝者四十日,道之难行也如此。然绍道统,立人极,为万世宗师,则不以用舍为加损也"。②

---

① ［清］王懋竑,《朱熹年谱》,前揭,页137。
② 同上,页270。

第五章　清儒不同学术视野下的解释

　　汉学、宋学与清代儒学是先秦之后儒学发展的三个阶段,它们对孔子"有德无位"事件的关注程度及其感受程度颇为不同,大致说来,就是等而下之,愈往后对事件的关注程度愈低,其伤感感受也愈弱。① 相对于汉学与宋学,清代儒学对孔子"有德无位"事件的关注程度最低,但在其内部情形却有些复杂。具体来说,考证学对事件最不关注,史学与今文经学则比较关注,给人的印象是,清代儒学对事件的关注程度经历了一个从低到高的变化。此种演变轨迹不但有趣,而且也有其重要的思想史意义。戴震是清代乾嘉时期考证学的领军人物,对考证学风的塑造甚有力焉;章学诚是清代史学的开创者;康有为则是晚清最后一个对社会政治现实产生了重大影响的今文学大师;今按考证学、史学与今文经学在清代学术史上先后出现的顺序,来分别考察上

---

① 汉学(主要是西汉儒学)对孔子"有德无位"最为关注,其伤感感受也最强烈。宋学(主要是两宋道学)对事件的关注程度次于汉学,北宋道学家们没有汉儒式的对伤感的感同身受,但仍然承认事件有其伤感或不幸的一面。从整体上看,清代经学对事件的关注程度又次于宋学。在观感上,清代儒学与汉学、宋学十分不同,它对历史上孔子"有德无位"这一话题中的伤感的一面只字不提,对事件表现出相当的隔膜与冷漠。

述三人是如何看待并解释孔子"有德无位"事件的。

一、戴震考证学视野下的解释

(一) 考证学的精神及其对孔子"有德无位"事件的看法

考证学又名汉学,[①]在清代学术史上的势力、影响极大。梁启超曾说:"此派远发源于顺、康之交,直至光、宣,而流风余韵,虽替未沫,直可谓与前清朝运相终始。而中间乾、嘉、道百余年间,其气象更掩袭一世,实更无他派足与抗颜行。"[②]我们由此可以说,清代学术的基本精神就是由考证学塑造并体现出来的。清初学术与考证学虽然有着紧密关联,但二者毕竟精神气质不同,如江藩就干脆把黄宗羲、顾炎武划到宋学阵营,从而将之排除在了汉学这一清代儒学正宗之外。[③] 江藩的汉学立场有些狭隘,但也并非无据;今人徐复观也认为,以黄宗羲、顾炎武等为代表的清初学术在精神上是不属于清代的。[④]

关于清代考证学的兴起,学界有外在解释与内在解释两种解释路径。前者以章太炎、梁启超等为代表,后者以余英时为代表。余英时认为清代考证学可以远溯至明代晚期的程朱和陆王两派的义理之争,由义理之争折入文献考证,就逐渐引导出了清代全面整理儒家经典的运动。[⑤] 在本书作者看来,清代考证学

① 梁启超认为,纯粹的汉学只有惠栋一派足以担当,该名称不足以概括当时学术的实际情况。参氏著,《清代学术概论》,上海:上海古籍出版社,1998,页33。
② 梁启超,《清代学术概论》,前揭,页67。
③ [清]江藩,《国朝汉学师承记》,前揭,页133。
④ 徐复观,《"清代汉学"衡论》,见氏著,《中国思想史论集续篇》,前揭,页337－338。
⑤ 参余英时《清代思想史的一个新解释》、《从宋明儒学的发展论清代思想史——宋明儒学中智识主义的传统》二文(见氏著,《论戴震与章学诚——清代中期学术思想史研究》,前揭,页346－350、页310－321)。

固然在晚明程朱、陆王两派的义理之争中有其端绪,但使这一端绪放大并成为一场运动的决定性力量则是清代的政治迫害。满清以异族入主中原,对汉人特别是儒生十分猜忌防范。

> 顺治九年,立卧碑于各直省儒学之明伦堂。凡军民一切利病,不许生员上书陈言,如有一言建白,以违制论,黜革治罪。又生员不许纠党多人,立监结社,把持官府,武断乡曲。所作文字,不许妄行刊刻,违者听提调官治罪。①

明代卧碑虽也有禁生员建白军民利病一条,②但实际上并未真正实行,而且它也没有禁立监结社与刊刻文字两项。至满清入主中原,始对士人言论、结社与出版三大自由严厉禁止。就此而言,清代儒生的政治生存环境不如明代,更不如宋代。在儒家传统中,儒生们习惯把自己看成是民意代表,且以为民请命为职,有很强的政治参与感。清廷严禁生员陈言军民利病,这就使得儒家关怀民生与社会政治的精神传统遭到了强制性的打压。儒生本以文字议论为业,此时禁令重重,儒生难免不会触及。清代在中国历史上以文字狱多而著名,自顺治十七年首开文字狱以来,直至乾隆朝,无朝无文字狱者。③ 在这样迫害流行的政治环境中,儒生们自是噤若寒蝉,章太炎曰:"家有智慧,大凑于说经,亦以纾死。"④梁启超亦谓:"凡当权者喜欢干涉人民思想的时代,学者的聪明才力,只有全部用去注释古典。"⑤在权力的威

---

① 转引自钱穆,《国史大纲》(下册),前揭,841。
② 参《明史·选举志》。
③ 关于清代文字狱的发生及其影响,可参周宗奇《血光之灾:清代文字狱纪实》(北京:中国青年出版社,1998)、喻大华《清代文字狱新论》(见《辽宁师范大学学报》,1996[1])等。
④ 章太炎,《检论·清儒》,转引自钱穆,《国学概论》,前揭,页271。
⑤ 梁启超,《中国近三百年学术史》,北京:东方出版社,2003,页22。

逼利诱之下,清儒遂折入考证一途。清廷以强力对传统儒学的重塑,使得考证学这一传统儒学的变态形态在精神面貌上具有两个特征:一是社会政治冷淡症,一是为知识而知识的知识兴趣。

朱筠是乾嘉时期考证学界中有很大影响力的重要人物,此人"性爱山水,又喜饮",曾谓江藩曰:"吾侪当以乐死,功名利钝何足介意哉!"①朱筠所言虽不能代表所有考证学家的看法,但无疑很有典型性。当人们读到"吾侪当以乐死"一句时,禁不住要问,在这种把追求感官陶醉当作是豁达的人生哲学中,哪里还有一点"士以弘道为己任"或"以天下为己任"的影子?我们在他身上看到的是对社会政治责任的漠视,对传统儒家之民生关怀与社会政治关怀的放弃。钱穆在论述考证学时也曾指出:

> 江、浙学风这一种的转变,虽于古经典之训释考订上,不无多少发明;但自宋以来那种以天下为己任的"秀才教"精神,却渐渐消沉了。至少他们只能消极的不昧良心,不能积极的出头担当,自任以天下之重。②

考证学家们(或汉学家们)是如此,被他们所抨击的宋学家们也好不到哪里去,他们虽强调儒生当"读圣人书,期于明道",但他们所说的"明道"只在于"修身",③"道"的外王方面不再在他们的关怀之列。对清代乾嘉时期儒生们的"不能积极的出头担当,自任以天下之重",我们不应给予苛责,这是因为,在他们生活的时代,他们"出头"的权利与机会被剥夺了;他们之所以缺

① 〔清〕江藩,《国朝汉学师承记》,前揭,页68。
② 钱穆,《国史大纲》(下册),前揭,页860。
③ 〔清〕江藩,《国朝宋学渊源记》,见氏著,《国朝汉学师承记》"附录",前揭,页153。

乏宋以来那种"以天下为己任"的担当精神,是因为这一精神传统遭到了统治者们严厉的驳斥与坚决的抵制。①

考证在晚明仅是为义理之争服务的一个工具,处于义理之奴的地位,它本身没有独立性,也不具有自足的意义。事实上,这也是知识或求知在宋学中的一般状况,如陆九渊就曾激烈批评那种"耻一物之不知"的为学是"耻非其耻"。② 到了清代,考证反奴为主,它不再需要德或义理的限定来获得意义,它本身即具备了独立自足的意义,与陆九渊所说相反,它恰以"一物之不知"为耻,如被江藩视为汉学第一人的阎若璩,题所居之柱云:"一物不知,以为深耻;遭人而问,少有暇日。"③

在清代高压文化政策的逼迫下,考证学家们专注于训诂、声韵、天象、地理等专门之学。在他们的精神世界中,儒学史上的孔子"有德无位"事件被边缘化、去政治化或知识化了。这一状况同下述政治事件关系十分密切。雍正六年的吕留良案是清代历史上有名的文字狱之一,事情起因于湖南郴州生员曾静。曾静本一屡试不第、对现状不满的秀才,为应科举而读过吕留良的《时文评选》,受书中"夷夏之防大于君臣之义"等观念的影响,试图策反当时川陕总督岳钟琪,事发被捕。④ 事后在曾静家中搜到他写的日记,里面有儒生当做皇帝这样的言论,雍正看到后大为光火,不惜放下皇帝身段,屈尊与曾静辩论:

---

① 如乾隆在《御制书程颐论经筵札子后》中说:"夫用宰相者,非人君其谁? 使为人君者,以天下治乱,付之宰相,己不过问,所用若韩、范,犹不免有上殿之相争,所用若王、吕,天下岂有不乱? 且使为宰相者,居然以天下之治乱为己任,而目无其君,此尤大不可也。"(转引自钱穆,《国史大纲》[下册],前揭,页860—861。)可见,乾隆之所以批评"以天下为己任"的观念,乃是出于权力垄断的考量。

② 《陆九渊集》卷一《与邵叔谊》,前揭,页2。

③ 《清史稿·儒林二·阎若璩》。

④ 关于曾静案的始末及其在清代学术思想史上的影响,可参王俊义《曾、吕文案与吕留良研究》一文(见氏著,《清代学术探研录》,北京:中国社会科学出版社,2002,页136—159)。

你所著逆书《知新录》内云"皇帝合该是吾学中儒者做，不该把世路上英雄做。周末局变，在位多不知学，尽是世路中英雄，甚者老奸巨猾，即谚所谓光棍也。若论正位，春秋时皇帝该孔子做；战国时该孟子做；秦以后皇帝该程朱做；明末皇帝该吕子做。今都被豪强占据去了。君儒最会做皇帝，世路上英雄他那晓得做甚皇帝"等语。孔孟之所以为大圣大贤者，以其明伦立教，正万世之人心，明千古之大义，岂有孔子、孟子要做皇帝之理乎？……使孔孟当日得位行道，惟自尽其臣子之常经，岂有以**韦布儒生**要自做皇帝之理？若依曾静所说，将乱臣贼子篡夺无君之事，强派在孔孟身上，污蔑圣贤，是何肺肠？①

曾静本是一名不见经传的小人物，但观其议论主张，实是对儒学史上"有德者得位"这一革命性思想所作的一次大胆发挥。王莽新政失败之后，"有德者得位"的传统论说一直不彰，曾静不但接续上了这一思想传统，而且还将隐含于其中的"儒者当做皇帝"这一微言挑明了并说了出来。儒家的"有德者得位"思想以及曾静"儒者当做皇帝"的言论之所以具有革命性，原因就在于它们或暗或明地否认了世袭权力的正当性，这也就难怪雍正为什么会光火了。

雍正批驳曾静的成果《大义觉迷录》，后被刊刻颁发各省府州县学宫，令教官督促士子认真观览学习，在此之后出生成长的考证学家们对此自是耳熟能详。《大义觉迷录》在乾隆朝被收回毁板，且被列于禁书之目，但从达三在道光朝为江藩《国朝宋学

---

① ［清］世宗胤禛，《大义觉迷录》卷二，清雍正内府刻本，中国社会科学院文学研究所图书馆藏，收于《四库禁毁书丛刊》史部第二十二册，北京：北京出版社，2000年，页300。

渊源记》所写的序来看,①《大义觉迷录》对经学研究所产生的影响直达道光朝,乾隆毁板等举措并没有削弱其影响力。

　　具体到孔子"有德无位"这一话题,雍正"使孔孟当日得位行道,惟自尽其臣子之常经,岂有以韦布儒生要自做皇帝之理"一句,影响尤其大。一方面,既然没有儒生要自做皇帝之理,传统的"有德得位"理论或"大德必得其位"观念遂被划入禁区;在有清一代对孔子"有德无位"话题的讨论中,之所以不复有此方面的议论,正以雍正的禁止为背景。另一方面,雍正讲"使孔孟当日得位行道,惟自尽其臣子之常经",这就暗示了:孔孟当日即便得位,所得也不过是臣子之位,而绝不可能是君位或天子之位,这就为孔子"有德无位"话题中的孔子之"位"作了明确限定;与之相联系的是,孔孟据此臣子之位的行道也只是"尽其臣子之常经"而已,这对孔子"有德无位"话题中的孔子的作为及其方式作了严格限定。既然孔子不想望也不可能得君位或天子之位,那么,孔子也就无心也无法从事只有"有德有位"者才能从事的"作"。在历史上,人们对孔子是作《六经》还是述《六经》的问题颇有不同看法,雍正的上述言论对"孔子作《六经》"说无形中予以了否定。儒学史上的孔子"有德无位"问题,是指由孔子"有德无位"事实同"大德必得其位"信念相矛盾所产生的问题。由于雍正将"大德必得其位"观念划入了禁区,因此,在考证学乃至整个清代儒学那里,传统的孔子"有德无位"问题并没有发生。在他们那里,孔子"有德无位"是作为事件而不是作为问题而现身的。我们可以不夸张地说,雍正的上述言论为清代的孔子"有德无位"话题讨论确立了基调与范围。

---

①　《国朝宋学渊源记》"序"云:"孔子……使当日得位行道,亦不过致君为尧舜之君,使民为尧舜之民,原不能于全天性之外别有神奇也。"(〔清〕江藩,《国朝汉学师承记》"附录",前揭,页150。)所言与《大义觉迷录》了无差异,甚至连个别语句及语气都非常相似。

（二）戴震考证学视野中的孔子"有德无位"事件

1. 戴震对孔子"有德无位"事件的意义解释

戴震（1724—1777）是考证学兴盛时期的领军人物，对考证学风的形成影响甚巨。戴氏以考证名世，并为当时的考证学家们所推重，但与一般考证学家不同的是，戴氏因其义理追求而不以考证自足自限。王鸣盛在论及戴震与考证学的另一重要人物惠栋的区别时曾说："惠君之治经求其古，戴君求其是。"①王氏所言不足以说明戴震与当时其他考证学家的根本区别之所在。今人余英时借助柏林"狐狸"、"刺猬"的比喻，对此曾有一形象而传神的刻画，据他所言，戴震乃是生活在"狐狸"鼎盛之世的孤独的"刺猬"，"狐狸"重博雅考证，"刺猬"则重思想的一贯与系统。②戴震与当时一般考证学家在为学旨趣上的这种不同，反映到孔子"有德无位"事件上就是，一般的考证学家对这一事件通常都不以为意，他们仅仅将与该事件有关的"孔子述《六经》"这一成说，当作他们考证研究的一个信念前提，事件在他们那里几乎是一个盲点。与他们不同的是，戴氏因其义理兴趣与追求而比较关注孔子"有德无位"事件。在戴氏的义理成果中，他最为看重《孟子字义疏证》，在去世前不久，他还强调《疏证》是他生平论述中之"最大者"。③就在为这部戴氏期许最高的义理之书所写的序中，他指出：

余少读《论语》端木氏之言曰："夫子之文章可得而闻

---

① 见［清］洪榜，《戴先生行状》，《戴震文集》，赵玉新点校，北京：中华书局，1980，页255。

② 余英时，《章实斋的"六经皆史"说与"朱、陆异同"论》，见氏著，《论戴震与章学诚——清代中期学术思想史研究》，前揭，页83、页85。

③ ［清］戴震，《与段若膺书》，见氏著，《孟子字义疏证》，前揭，页186。

也,夫子之言性与天道不可得而闻也。"读《易》,乃知言性与天道在是。周道衰,尧、舜、禹、汤、文、武、周公致治之法,焕乎有文章者,弃为陈迹。孔子既不得位,不能垂诸制度礼乐,是以为之正本溯源,使人于千百世治乱之故,制度礼乐因革之宜,如持权衡以御轻重,如规矩准绳之于方圆平直,言似高远而不得不言。自孔子言之,实言前圣所未言;微孔子,孰从而闻之![1]

据上文所言,戴震眼中的孔子乃一传道者。在他看来,孔子所传的不仅是"性与天道",而且还有古代圣君贤相的"致治之法"。传"性与天道"与传道者是否"有位"没什么关系,但传"致治之法"则不同。戴氏指出,孔子既不得位,所以不能垂训(即制作)制度礼乐,而只能从事对历史上的制度礼乐进行"正本溯源"的工作。很明显,如同孔子、荀子以及汉儒等儒者,戴震在此也持有"有德有位方可制作或行道"的观念。戴氏强调,孔子在其"正本溯源"的工作中"言前圣所未言",可见,孔子的"正本溯源"乃一创造性工作。从"正本溯源"的创造性这一点来说,孔子不仅是"道"的传承者,而且还是"道"的整理者与确立者,这是孔子在"道"的流传史上的特殊地位与作用。综上所述,在孔子与制度礼乐的关系上,戴氏一方面强调孔子因"有德无位"而不能制作制度礼乐,一方面又强调孔子对历史上的制度礼乐也不是简单的"述",而是"述"中有"作",这同一般考证学家的孔子"述而不作"的见解有所不同。

由以上可知,戴震对孔子"有德无位"事件的阐述乃是一种意义解释,该解释不注意孔子何以会"有德无位"的问题,而是关注"有德无位"事件对孔子本人的影响,以及该事件在历史上的意

---

[1]　[清]戴震,《孟子字义疏证》"序",前揭,页1。

义。戴氏的这一解释手法,不禁会让人想起朱熹在《中庸章句序》中对孔子"有德无位"事件所作的解释,而戴氏"微孔子,孰从而闻之"之语,同程颐"无孔子,有甚凭据处"以及朱熹"尧舜之道,非得孔子则后世亦何据哉"的话,看上去也非常接近。在戴震与朱熹的解释中,他们都强调孔子处于历史的紧要时刻,这一时刻用戴震的话来说就是,"尧、舜、禹、汤、文、武、周公致治之法,焕乎有文章者,弃为陈迹"之时;用朱熹的话来说就是,道统断绝、治道心法行将湮灭之时。在这样的时刻,他们都强调孔子因"有德无位"而无力再"垂训制度礼乐"(戴震)或"接夫道统之传"(朱熹),但孔子挺身而出,通过"正本溯源"(戴震)或"开创道学"(朱熹)而承续、保存了上古之道;以此之故,戴、朱二氏都强调孔子在"道"的流传史上所起的关键作用及其重要地位,并因此而推重夫子。

据上文分析,戴震的孔子"有德无位"解释同朱熹《中庸章句序》中的解释在形式结构上具有一致性,其间区别在于,他们对孔子所传之"道"的理解大相径庭。在朱熹看来,孔子所传的是"人心惟危,道心惟微,惟精惟一,允执厥中"的心法,也即"虞廷心传";在戴震看来,孔子所传的则是"性与天道",以及由制度礼乐所体现出来的上古圣君贤相们的"致治之法"。"虞廷心传"属于心性方面的东西,"性与天道"与"致治之法"则是知识性方面的东西,其中,"致治之法"乃是关乎政治治理方面的知识。可见,朱熹讲的孔子所传之"道"是心性化的,戴震之谓孔子所传之"道"则是知识性与政治性的。[1] 戴震与道学家们在孔子"有德无位"事件上的不同看法是多方面的,上述戴、朱二氏对孔子所

---

[1] 在对孔子所传之"道"的理解上,戴氏之所以不取朱熹式的心性化向度,可能是由于下述原因。自阎若璩揭发"十六字心法"为伪以来,"虞廷心传"自是名声扫地,朱熹《中庸章句序》中的孔子传道说自然会受到极大冲击。此外,"虞廷心传"即便没有被揭发,由于它注意于人主的心术之处,在清代强调君权专制的背景下,对它的讲论自然属于被禁之列。

传之"道"的不同理解（该理解主要同孔子无位有关）只是其中的一方面而已。

在道学家们的孔子"有德无位"解释中，孔子因修德而至"无私无我"、"与天同德"的圣人境界，其圣人资格来自修德。戴震曰：

> 孟子称"孔子之谓集大成"曰："始条理者，智之事也；终条理者，圣之事也。"圣智至孔子而极其盛，不过举条理以言之而已矣。①
>
> 知之失为蔽，……不蔽，则其知乃所谓聪明圣智也。②

可见，戴氏之谓"圣"乃是对上述"条理化"活动所达到的"不蔽"境界的一种描述，前文所言孔子对历史上之制度礼乐的"正本溯源"就属于这种"条理化"的活动，它同道学家们所说的去除私欲的修德活动有本质上的不同。戴震从"知"而不是从"德"的角度对孔子之圣的这种理解，同考证学重知识的眼光是相一致的。

2. 闻道之志与明道之责

在儒学史上，儒生们往往通过对孔子"有德无位"事件的解释来进行生存角色定位，戴震在这一点上也不例外。在戴氏看来，孔子这一"有德无位"者通过对历史上的制度礼乐进行"正本溯源"而确立并传承了"道"，他据此而将"闻道"视为自己的使命，并屡屡劝勉当时学子。③戴氏在去世前数月给段玉裁的信中曾说：

---

① [清]戴震，《孟子字义疏证》，前揭，页1。
② 同上，页41。
③ 戴震《沈学子文集序》云："是以凡学始乎离词，中乎辨言，终乎闻道。"（《戴震文集》，前揭，165。）其《古经解钩沉序》亦云："今仲林得稽古之学于其乡惠君定宇。惠君与余相善，盖尝深嫉乎凿空以为经也。二三好古之儒，知此学之不仅在故训，则以志乎闻道也，或庶几焉。"（《戴震文集》，前揭，页146。）

　　仆自十七岁时,有志闻道,谓非求之《六经》、孔孟不得,
非从事于字义、制度、名物,无由以通其语言。宋儒讥训诂
之学,轻语言文字,是犹渡江河而弃舟楫,欲登高而无阶梯
也。为之三十余年,灼然知古今治乱之源在是。①

　　据戴氏所言,他在十七岁时就确立了"闻道"的志向,这当与
其学术渊源有关。② 戴氏确立"闻道"志向后坚持"为之三十余
年",这在当时十分罕见;考其心迹,戴氏视"闻道"为自己使命的
原因主要有二。首先,在戴震看来,宋儒在为学上因"讥训诂之
学,轻语言文字"而没有"闻道";不但如此,宋儒还因借阶老、庄、
释氏而变乱了《六经》、孔孟之道;③如此看来,在宋儒之后,如何
跳过宋儒而直承孔孟之道就成了十分重要的事情,"闻道"由此
而具有特别紧要的意义。戴氏在《孟子字义疏证》的自序中以孟
子辩杨墨自况,宋儒在他的眼中实即等同于杨墨。戴氏在为学
上主张:

　　以《六经》、孔孟之旨,还之《六经》、孔孟,以程朱之旨,
还之程朱,以陆王佛氏之旨,还之陆王佛氏,俾陆王不得冒
程朱,释氏不得冒孔孟。④

---

① 见[清]段玉裁编,《戴东原先生年谱》,《戴震文集》,前揭,页217。
② 钱穆曾指出,惠栋之学与戴震之学的学术渊源不同,戴学(或徽学)从尊朱述宋
　起脚,惠学(或吴学)则自反宋复古而来。戴学之所以不如惠学急进,戴学所处
　的地理环境是一大原因,钱氏指出:"徽学以地僻风淳,大体仍袭东林遗绪,初志
　尚在述朱,并不如吴学高瞻远瞩,划分汉宋若冀越之不同道也。"(见氏著,《中国
　近三百年学术史》,北京:中华书局,1987,页320—321。)
③ 戴震在《疏证》中对此反复申言,见《孟子字义疏证》,前揭,页13—15、页19—
　20、页36。
④ 见[清]段玉裁编,《戴东原先生年谱》,《戴震文集》,前揭,页240。

此种学术上的还原努力,从事的乃是一种学术"打假"的工作,在他那里,"闻道"(或"反正")须以"打假"(或"拨乱")为前提,该思路同颜李学派是相通的。①

其次,戴氏之所以坚持"闻道"的学术追求尚有其时代境缘方面的原因。戴氏所生活于其中的学术界竟以考证为尚,而遗忘了对"道"的担当,他曾对此批评道:

> 今之博雅能文章、善考核者,皆未志乎闻道。徒株守先儒而信之笃,如南、北朝人所讥:"宁信周孔误,莫道郑服非。"亦未志乎闻道者也。②

在戴氏看来,在一个"未志乎闻道"的时代里,其"闻道"追求具有挽"道"于不坠的意义,他劝勉学子"闻道"的努力也具有纠当时学风之偏的意义。

戴震强调"闻道"是学者的分内事,他进一步指出,学者在"闻道"之后尚需"明道",他说:

> 孟子辩杨墨;后人习闻杨、墨、老、庄、佛之言,且以其言汩乱孟子之言,是又后乎孟子者之不可已也。苟吾不能知之亦已矣,吾知之而不言,是不忠也,是对古圣人贤人而

---

① 颜习斋曰:"予未南游时,尚有将就程朱,附之圣门之意。自一南游,见人人禅子,家家虚文,直与孔门敌对。必破一分程朱,始入一分孔孟,乃定以为孔孟与程朱,判然两途,不愿作道统中乡愿矣。"(《颜习斋先生年谱》卷下。见[清]颜元著,《颜元集》,王星贤、张芥尘、郭征点校,北京:中华书局,1987,页774。)其弟子李恕谷曰:"宋后,二氏学兴,儒者浸淫其说,静坐内视,论性谈天,与孔子之言,一一乖反,至于扶危定倾大经大法,则拱手张目,授其柄于武人俗士。"(《恕谷集·与方灵皋书》,转引自梁启超,《中国近三百年学术史》,前揭,页5。)人们通常认为,戴震是通过乡人程廷祚等学者而接受颜李学派的影响的,可参姜广辉,《颜李学派》,北京:中国社会科学出版社,1987,页201。
② 《戴震文集》卷第九《答郑丈用牧书》,前揭,页143。

自负其学，对天下后世之仁人而自远于仁也。吾用是惧，述《孟子字义疏证》三卷。①

戴氏指出，学者在"闻道"之后而不"明道"（也即"知之而不言"），对前人来说是"不忠"，是"自负其学"，对后人来说则是"自远于仁"，一句话，即对前人与后人的不负责任。对戴震来说，《孟子字义疏证》就是他这一"有德无位"者的"明道"之作，他在论及该书的写作动机时曾说：

> 仆生平论述之最大者，为《孟子字义疏证》一书，此正人心之要。今人无论正邪，尽以意见误名之曰理，而祸斯民，故《疏证》不得不作。②

在戴震看来，开启"以意见误名之曰理，而祸斯民"的是程朱理学，③认为"天下受其害者众也"，④他作《疏证》正是要通过对程朱理学的批判而解除其对民生的祸害。在社会政治冷淡症蔓延流行的时风中，戴氏的民生关怀显得尤为难能可贵。"有德有位"者在"闻道"之后，可利用手中的权力而将"道"直接实现于社会政治现实，这是"有德有位"者的"明道"；而像戴震这样的"有德无位"者只能通过著述的方式来"明道"，此种"明道"通过"正人心"的途径而曲折地达于社会政治现实。荀子曾说："天下乱，奸言起，君子无执以临之，无刑以禁之，故辨说也。"⑤戴震的"明道"思路与实践正与荀子相同。戴震将自身角色设定为"闻道"、

---

① ［清］戴震，《孟子字义疏证》"序"，前揭，页1—2。
② ［清］戴震，《与段若膺书》，见氏著，《孟子字义疏证》，前揭，页186。
③ ［清］戴震，《答彭进士允初书》，见氏著，《孟子字义疏证》，前揭，页169。
④ ［清］戴震，《与某书》，见氏著，《孟子字义疏证》，前揭，页174。
⑤ 《荀子·正名》。

"明道"(实即"传道"),固然有其时代境缘等方面的原因,其对孔子"有德无位"事件的解读也是一个重要依据,因"有德无位"而"传道"的孔子也是戴震的榜样。再者,如果没有孔子对"道"的确立与传达,他戴震还有什么可"闻"可"明"的呢?

二、章学诚史学视野下的解释

考证学在其最兴盛之时出现了它的反动者,较著者有庄存与(1719—1788)、章学诚(1738—1801)与方东树(1772—1851)。庄存与早年习考证,传山右阎氏之学,有见于考证学只论真伪不论是非的知识追求对传统价值世界的威胁,他由考证学折入公羊学,试图通过公羊学来纠考证学之偏,并维护传统价值信仰体系的完整性。① 方东树对考证学的反动系基于其宋学立场,涉及汉宋门户之争。可见,庄、方二氏都是基于学术之外的理由而反对考证学的,而且他们对孔子"有德无位"事件也不关注。与庄、方二氏不同的是,章学诚对考证学的反对则系出于学术方面的考量,而且在批评考证学、建立史学的过程中,他还自觉地利用了孔子"有德无位"事件,他对这一事件的讨论是清代孔子"有德无位"解释史上重要的一环。

(一) 章氏对孔子"有德无位"的解释:"《六经》皆史"说建构中的一个环节

章学诚(字实斋)的史学是在对抗戴震考证学的过程中建立起来的。常言说"不破不立",章氏的史学建立工作也有"破"与"立"两个方面。章氏对戴震"由考证而闻道"之考证学理论的批

① 参徐立望,《清中期公羊学复兴与经世之检讨》,见《浙江学刊》,2005(6)。

评,属于"破"的一面;他通过梳理历史上的史学资源从正面建设史学的工作,则属于"立"的一面。让我们首先来看一下章氏是如何从事其"破"这一方面的工作的。

戴震以闻道为目的的考证学理论与实践,奠基于其"《六经》载道"或"道尽在《六经》"的理论假设之上。为了打破戴震的这一垄断性说法,章氏攻击说考证隐晦经旨意、考证不足言道,①并以"《六经》皆史"说对之进行系统批判。实斋于乾隆五十三年(1788)在《与孙渊如书》中第一次表述其"《六经》皆史"的新见解,此时距他与戴震第一次相见(1766)已二十二年,而戴震作古(1777)也已经十一年了。章氏成熟的"《六经》皆史"说出现于此后八年(1796)他所作的《易教上》中,②实斋时五十九岁,与戴震第一次见面已相隔整三十年,距戴震去世也已十九年;这从一个侧面说明了戴震给予章氏的影响,对章氏来说乃是终生的,或者说,章氏自与戴震见面之后,他就终生在思想上与之战斗。

"《六经》皆史"说是实斋攻击戴震考证学理论的最重要的武器,把握其所谓"经"的含义是理解这一学说的关键。实斋在《经解上》中指出,《六经》本不言经,因"传"而始有"经"之名;又说:"古之所谓经,乃三代盛时,典章法度,见于政教行事之实,而非圣人有意作为文字以传后世也。"③在这里,实斋首先打破了人们以"经"为文字的习见,强调它是"三代盛时"、"见于政教行事之实"的"典章法度",从而从性质("典章法度")及时间("三代")上对"经"作了限定。在《易教上》中,实斋对"经"的性质作了进

---

① [清]章学诚,《文史通义校注》(上),前揭,页51、页138。
② 蒋保国指出,章氏成熟的"《六经》皆史"说出现在他于嘉庆元年(1796)所作的《易教上》中。关于章氏"《六经》皆史"说的提出过程,参蒋保国,《章学诚"六经皆史"说新论》,见《华东师范大学学报》(哲社版),2007(6)。
③ 《文史通义校注》(上),前揭,页93、页94。

一步的限定:"《六经》皆先王之政典也。"①关于"政典",章氏指出:"大抵为典为经,皆是有德有位,纲纪人伦之所制作,今之六艺是也。夫子有德无位,则述而不作。"②至此,孔子"有德无位"事件在章氏的视野中开始浮现出来。

据章实斋所言,《六经》是"有德有位"的先王为纲纪人伦所制作的政典,它们在时间上先于孔子而存在,而孔子由于其"有德无位"的身份限制,也不可能制作政典,因此,在孔子与《六经》的关系上,孔子只能是"述而不作"。孔子为何要"述"《六经》?又是如何"述"的? 章氏指出:

> 三代之衰,治教既分,夫子生于东周,有德无位,惧先圣王法积道备,至于成周,无以续且继者而至于沦失也,于是取周公之典章,所以体天人之撰而存治化之迹者,独与其徒,相与申而明之。此六艺之所以虽失官守,而犹赖有师教也。③

如同朱熹与戴震,章学诚也强调孔子在特殊的历史时刻("三代之衰,治教既分"之际)因其特殊的身份("有德无位")而以特殊的方式("述而不作")来承续上古之道,而孔子这一作为的历史意义同朱、戴所言也极为相似(六艺经由孔子的师教而得以保存与流传)。很明显,章氏的上述言辞也是对孔子"有德无位"事件的一种意义解释,而且与朱熹、戴震的意义解释看上去大同小异,其间差异主要体现在如下方面:第一,孟子曾言孔子因"惧"而作《春秋》,④但仅限于《春秋》一经而已;章氏在上文中

---

① 《文史通义校注》(上),前揭,页1。
② 同上,页248。
③ 同上,页93。
④ 参《孟子·滕文公下》。

强调了孔子因"惧"而"述"《六经》,这层意思在朱、戴那里虽不能说全然没有,但至少不明显;第二,章氏在论及孔子承续上古之道时,特别突出了他与周公的关系,这种情况在朱、戴二氏那里也没有;第三,章氏强调孔子在"述"周公之典章时"体天人之撰而存治化之迹",[①]承认孔子"述"中有"作",但他对"独与其徒,相与申而明之"的强调,无疑又淡化了"作"的意味。

　　与一般的考证学家不关心孔子"有德无位"事件不同,章学诚在《文史通义》诸篇中屡屡提起这一事件,反复申言孔子因"有德无位"而无制作之权、不能创制立法,强调孔子的"有德无位"身份同"述而不作"之间的联系。[②] 要了解章氏关于孔子"有德无位"事件之解释的全貌,以及深入理解其上述解释的意义,尚需考察他在《原道上》中论述"周、孔关系"的文字。

　　　周公以天纵生知之圣,而适当积古流传,道法大备之时,是以经纶制作,集千古之大成,则亦时会使然,非周公之圣智能使之然也。……集大成者,周公所独也。

　　　孟子曰:"孔子之谓集大成。"今言集大成者为周公,毋乃悖于孟子之指欤? 曰:集之为言,萃众之所有而一之也。自有天地,而至唐、虞、夏、商,皆圣人而得天子之位,经纶治化,一出于道体之适然。周公成文、武之德,适当帝全王备,殷因夏监,至于无可复加之际,故得籍为制作典章,而以周道集古圣之成,斯乃所谓集大成也。孔子有德无位,即无从得制作之权,不得列于一成,安有大成可集乎? 非孔子之圣,逊于周公也,时会使然也。孟子所谓集大成者,乃对伯

---

① 章学诚的"体天人之撰而存治化之迹"说同戴震的"正本溯源"说也很接近,它们都强调孔子从事的是一种知性活动。

② 参《文史通义校注》(上),前揭,页2、页102、页131、页170、页248、页310。

夷、伊尹、柳下惠而言之也。

　　……故自古圣人,其圣虽同,而其所以为圣,不必尽同,时会使然也。惟孔子与周公,俱生法积道备无可复加之后,周公集其成以行其道,孔子尽其道以明其教,符节吻合,如出于一人,不复更有毫末异同之致也。

　　或曰:孔子既与周公同道矣,周公集大成,而孔子独非大成欤? 曰:孔子之大成,亦非孟子所谓也。盖与周公同其集羲、农、轩、顼、唐、虞、三代之成,而非集夷、尹、柳下之成也。盖君师分而治教不能合于一,气数之出于天者也。周公集治统之成,而孔子明立教之极,皆事理之不得不然,而非圣人异于前人,此道法之出于天者也。①

　　"周、孔关系"是章学诚学术思想中的一个大题目,也是其中的一个大关节。在《原道上》篇的结尾处,实斋指出:"故欲知道者,必先知周、孔之所以为周、孔。"其《与陈鉴亭论学书》亦云:"故知道器合一,方可言学。道器合一之故,必求端于周、孔之分,此实古今学术之要旨。"在章氏那里,周、孔及其关系牵涉"知道"及"古今学术之要旨"。在章实斋的历史哲学中,历史也被划分为两截,一截是周公之前的"道器合一"、"君师治教合一"的历史阶段,一截是自孔子而始的"道器分离"、"君师分而治教不能合于一"的历史阶段。在前一阶段,学在官府,由于无私人著述,所以也就没有后世之谓"经",而只有职掌于史官的"史"。在后一阶段,在君师治教分离的背景下,原先之谓"史"遂演为后世之谓"经"。②据章氏的这一历史阶段区分理论,周公是"君师治教

---

①　《文史通义校注》(上),前揭,页 120—122。

②　参王中江,《历史与社会实践意识:章学诚的经学思想》,见《经学今诠续编》(《中国哲学》第二十三辑),沈阳:辽宁教育出版社,2001,页 623—624。

合一"时代的最后一个"有德有位"者,孔子则是"君师分而治教
不能合于一"时代的第一个"有德无位"者。在历史由"史"向
"经"过渡的关键点上,孔子因"有德无位"的身份限制而无力再
延续"君师治教合一"的上古传统,而只能通过"述《六经》"、"立
教"的方式来延续上古传统的精神,上述两个历史阶段也因孔子
的这一行动而得以衔接。人们不难看出,章实斋对周、孔在历史
上的地位及其关系的这种处理手法,同朱熹《中庸章句序》中的
处理手法极为相似。

在上文中,章学诚在解释周公何以"集大成"时,使用了"时会
使然"这一说法,并以此来解释孔子何以会"有德无位",这是他对
孔子"有德无位"事件所作的原因解释。该原因解释尽管很简单,
而且是附带性的,但这在清代孔子"有德无位"解释史上已经是罕
有的事了。章氏之谓"时会"系从"气数"上立言,而"气数"则指一
阴一阳往复循环中的节数,他以此来解释历史从"君师治教合一"
向"君师分而治教不能合于一"的过渡或演变。

前文对章实斋的孔子"有德无位"解释进行了梳理与呈现,
现对这些解释在章氏"《六经》皆史"说中的作用与地位试加分
析。据章氏所言,孔子因"有德无位"而"述《六经》",《六经》作为
先王之政典,记录的乃是三代之时先王们"得位行道,经纬世宙
之迹"。①"迹"属于"器"的层面,章氏因此而言"《六经》皆器",而
且还只是先王之"器"中之可见者。②根据章氏"道器不离"、"即
器明道"的原则,人们由《六经》所得到的也只是三代之时的道,
三代之后的道即不在《六经》之中。③ 由此来看,则道不尽在《六

---

① 《文史通义校注》(上),前揭,页3。
② 同上,页132。
③ 《原道下》云:"夫道备于《六经》,义蕴之匿于前者,章句训诂足以发明之。事变
之出于后者,《六经》不能言,固贵约《六经》之旨,而随时撰述以究大道也。"(《文
史通义校注》,前揭,页139。)

经》也,或如内藤湖南所言:"经书并非超越时代,传达永恒真
理。"①如此一来,章氏就颠覆了戴震的《六经》载道"说。值得
指出的是,章氏对道的理解与前人颇为不同。朱熹、戴震等儒者
对道的内涵的理解或有不同,但在他们那里,道都是确定不移或
固定不变的,它就在那里而等着人们来发现它。戴密微(P. De-
mieville)指出,章氏的道存乎具体的历史实际之中;倪文孙(Da-
vid S. Nivison)认为,章氏之谓道是人性中企求文明生活的一种
基本潜能,而在历史中不断展现者;②上述二说颇有启发意义。
大致而言,章氏之谓道具有开放性与生成性,它不是既成的固定
之物,而是在实际的历史进程中不断生成并展现的;用余英时的
话来说就是,它是一种"活的现在"(living present),而不仅仅是
"古典的过去"(classical past)。③

　　综上所述,章氏的孔子"有德无位"解释乃是他建构"《六经》
皆史"说时的一个环节,这些解释在其"《六经》皆史"说中扮演的
只是小角色。在清代学术思想史上,章学诚算是对孔子"有德无
位"事件关注较多的学者,但从整体上来看,该事件在其学术视
域中仍然处于相当边缘的位置。章氏出于攻击戴震考证学理论
的需要而关注并讨论这一事件,他对这一事件既没有汉儒式的
感同身受的伤感,也不像宋儒那样重视它,他只是为了达成自己
的学术目的而以工具主义的态度对它加以利用罢了,这种工具

---

① ［日］山口久和,《章学诚的知识论——以考证学批判为中心》,王标译,上海:上
　　海古籍出版社,2006,页5。

② P. Demieville, *"Chang Hsuen-ch'eng and His historiography"*, W. G. Beasley
　　and E. G. Pulleybland. Eds, *Historians of China and Japan*, Oxford University
　　Press, 1961, p. 180; David S. Nivison, *The Life and Thought of Chang Hsuch-
　　ch'eng*(1738~1801）, Stanford University Press, 1966, p. 141. 转引自余英时,
　　《章实斋的"六经皆史"说与"朱、陆异同"论》,见氏著,《论戴震与章学诚——清
　　代中期学术思想史研究》,前揭,页55。

③ 余英时,《章实斋的"六经皆史"说与"朱、陆异同"论》,见氏著,《论戴震与章学
　　诚——清代中期学术思想史研究》,前揭,页56。

主义的态度在后来的康有为那里我们还会看到。

（二）儒者的角色与"以史明道"

1. 史学的开创者与"以史明道"的典范：孔子

章学诚之反对戴震，本意是要打破考证学对道的垄断，在"由考证而闻道"之外另辟"以史闻道"、"以史明道"的学术路途，通俗一点说，就是为史学争地盘。章氏尽管说过"考证不足言道"这类的话，但他事实上并没有完全否定由考证而闻道、明道的学术道路，如在《朱陆》篇中他就承认戴震由考证而明道。①章氏要在考证学"掩袭一世"的情况下建立史学，除了从事上述工作之外，他亦积极从正面进行建设，在其众多的建设性工作之中，有一项基本工作是无可回避的，此即确立史学开创者的工作。

《六经》中的《尚书》与《春秋》都是史学著作，它们哪个是史学之源呢？章氏在《书教上》(1796)中明确批评了世儒以《尚书》为史家之初祖的看法；②他在《书教下》中又指出："《尚书》、《春秋》，皆圣人之典也。《尚书》无定法，而《春秋》有成例。……有成例者易循，而无定法者难继。"③若将上面两点合起来看，章氏似乎主张《春秋》即史家之初祖。章氏在去世之前（距《书教》问世已有八年）所写的《浙东学术》这篇晚年定论中，始将上述意思明白地表达出来："知史学之本于《春秋》……"④如果再联系到章氏在《经解下》、《言公上》、《史注》、《答客问上》等篇中反复提起的"孔子作《春秋》"说，⑤人们将不难明白，章氏心目中的史学

---

① 《文史通义校注》(上)，前揭，页275。
② 同上，页30。
③ 同上，页49。
④ 同上，页524。
⑤ 同上，页111、页170、页237、页471—472。

开创者实即是孔子。① 章氏在《答客问上》中曾指出：

> 嗟乎！道之不明久矣。《六经》皆史也，形而上者谓之
> 道，形而下者谓之器。孔子之作《春秋》也，盖曰："我欲托之
> 空言，不如见诸行事之深切著明。"然则典章事实，作者之所
> 不敢忽，盖将即器而明道耳。其书足以明道矣，笾豆之事，
> 则有司存，君子不以是为琐琐也。②

在章氏看来，孔子作《春秋》"即器明道"。由于《春秋》是孔
子之史学，因此，这里的"即器明道"实际上也就是"以史明道"。
在章氏的史学视野中，孔子既是史学的开创者，也是"以史明道"
的典范；前一方面解决了章氏史学的源头或开端问题，后一方面
则为他的史学实践提供了可资效仿的模范。

2. 儒者的角色与章氏的扮演

章学诚在史学视角下看到的孔子，乃一具有经世关怀与行
动性格的孔子，③他据此批评当时的儒者们虽然尊孔，但实不知
孔。其《原道中》曰：

> 儒家者流，尊奉孔子，若将私为儒者之宗师，则亦不知
> 孔子矣。孔子立人道之极，岂有意于立儒道之极耶？儒也
> 者，贤士不遇明良之盛，不得位而大行，于是守先王之道，以

---

① 章氏之所以没有明言孔子是史学的开创者，大概是由于遇到了"孔子述《六经》"
说与"孔子作《春秋》"说的矛盾，以及孔子"有德无位"说同"孔子作《春秋》"说的
矛盾。钱穆曾指出，《文史通义》之所以缺少《春秋教》一篇，就是因为上述矛盾
而无从下笔（钱穆，《孔子与〈春秋〉》，见氏著，《两汉经学今古文平议》，前揭，页
302）。
② 《文史通义校注》（上），前揭，页471—472。
③ 章学诚曰："史学所以经世，固非空言著述也。且如《六经》，同出于孔子，先儒以
为其功莫大于《春秋》，正以切合当时人事耳。"（《文史通义校注》，前揭，页524。）

待后之学者,出于势之无可如何尔。人道所当为者,广矣,大矣。岂当身皆无所遇,而必出于守先待后,不复涉于人世哉?学《易》原于羲画,不必同其卉服野处也。观《书》始于《虞典》,不必同其呼天号泣也。以为所处之境,各有不同也。然则学夫子者,岂曰屏弃事功,预期道不行而垂其教邪?①

　　章学诚对"人道"与"儒道"的区分及其"孔子立人道之极而非立儒道之极"的说法很有意思,其意盖在批评考证学之谓儒道的狭隘性,以及考证学家们自限眼光与胸怀的实况。更为有意思且有意义的,是他对儒者"守先待后"之心态或角色定位的揭发与批评。不可否认,"守先待后"委实是儒家传统中一种根深蒂固的习惯性心态;此种心态之形成,既与儒者对孔子"有德无位"事件的解读直接相关,也与他们对"道"的理解有莫大关系。道或天意在三代的历史中曾经真实地实现过,这是传统儒家的一般观念;在儒家的精神世界中,该观念带来了如下结论性看法:第一,既然道或天意在三代的历史中曾经真实地实现过,那么,儒者经由研读记录了三代事迹的典籍,即可把握此"放之四海而皆准"的道或天意;第二,既然道或天意在三代的历史中曾经真实地实现过,那么,三代(或"古")就是完美的,现实(或"今")则相应地就是不完美的;基于此种"今不如古"的判断,儒者们在议论上往往"贵古贱今"甚至"是古非今",在学术研究上则"舍今而求古";②第三,那些通过研读典籍而把握了道或天意的儒者,因"有德无位"的身份限制而不能将道或天意在现实中实现出来(此即章氏所言"贤士不遇明良之盛,不得位而大行"),

---

① 《文史通义校注》(上),前揭,页131。
② 同上,页524。

只能采取"守先王之道,以待后之学者"的策略,学习孔子通过
"垂教"来传道。在章氏这里,"有德无位"、"守先待后"与"垂教
传道"是传统儒者心态中三个彼此关联的方面,他在《原道下》中
对儒者"以垂教万世为心"的批评,①实际上也是对儒者"守先待
后"之心态的批评。

实斋对"守先待后"的批评系立足于其对"道"的特殊理解之
上。实斋之谓"道"系指"人道",②如前文所述,它具有历史开放
性与生成性的特点。既然"道"是在历史中不断生成的,而非定
于一时,那么,"守先王之道"说也就被釜底抽了薪。章氏在《史
释》中曾说:

> 《传》曰:"礼,时为大。"又曰:"书同文。"盖言贵时王之
> 制度也。③

余英时解释说:

> 把"六经皆史"说的涵义推拓至极,实斋便无可避免地
> 会得到"贵时王之制度"的结论,因为时代愈近便愈可以见
> "道"的最新面貌,而时王之"政典"也必然将成为后世的"六
> 经"也。④

在此我们可观察到章氏"古不如今"的思想倾向,该倾向颠

---

① 《文史通义校注》(上),前揭,页141。
② 章氏在《原道上》中指出:"道之大原出于天,……天地生人,斯有道矣。"(《文史
通义校注》[上],前揭,页119。)
③ 《文史通义校注》(上),前揭,页231。
④ 余英时,《章实斋的"六经皆史"说与"朱、陆异同"论》,见氏著,《论戴震与章学
诚——清代中期学术思想史研究》,前揭,页60。

覆了传统儒家"今不如古"的常规判断。既然"古不如今",那么,"古"(即"先王之道")也就没有多少必要去"守"了,章氏由此而言:

> 君子苟有志于学,则必求当代典章,以切于人伦日用;必求官司掌故,而通于经术精微;则学为实事,而文非空言,所谓有体必有用也。①

章氏在为学上主张注重当下、注重经世致用,这在钻故纸堆成为时风的时代中,确实甚有警醒意义。章氏批评"守先待后"的另一理据是"人道所当为者,广矣,大矣"。在章氏看来,"垂教"固然也属于"人道所当为者",但"人道所当为者"不限于"垂教",儒者不应因"不得位"而"不复涉于人世",而是应该根据"所处之境"而努力于"人道所当为者",从而涉于人世并积极经世。章氏对"守先待后"的批评,显示了他与传统儒家之间的紧张关系。

实斋据其"所处之境"为自己所确立的经世方式是"学业"("学业将以经世"),学业如何能经世?章氏云:"所谓风气未开,学业有以开之。"②可见,学业之经世乃以"开辟风气"为中介。由此来看,章氏之开辟史学,乃是其经世关怀的具体落实。除开辟风气之外,章氏亦从事修史实践,直接"以史明道"。

> 章氏将孔子之道推本于周公,实寓其盛世"明道"及"行道"经世之志,假途于"书吏"与"府史之史"是找到了切合自己身份的道路。……章氏曾自抒怀抱:"丈夫生不为史臣,

---

① 《文史通义校注》(上),前揭,页231。
② 同上,页310。

亦当从名公巨卿,执笔充书记。"其一生际遇不是任书院之讲席,就是替基层官员遍纂书志,也正约在"史臣"与"书记"之间,而实近于"书吏"。①

"书吏"就是章氏这一"不得位"者为经世所作的自我角色定位。

三、康有为公羊学视野下的解释

(一) 康有为与《春秋》公羊学

在清代学术思想史上,康有为(1858—1927)是为数不多的关注孔子"有德无位"事件的思想家之一。他利用西汉《春秋》公羊学对这一事件的素王论解释,而在政治—社会学上对事件作了独到的发挥。

《春秋》公羊学是清代今文学的重镇,启蒙者为庄存与。庄氏虽然开创了清代《春秋》公羊学的研究风气,但他的研究具有"以《六经》为宗,不守门户"与"专明大义,不重微言,以求致用"的特点,②将公羊家法加以完善并扩大了其影响的是他的两个外甥刘逢禄与宋翔凤。刘、宋之后,《春秋》公羊学分两途发展:一是凌曙、陈立等人注重收集、订补、整理公羊学资料,对公羊学进行考证学式的研究;一是龚自珍、魏源等人将公羊学研究同经世致用结合起来,把公羊学变成了"讥切时政"的思想武器。在晚清,后者的社会政治影响甚巨,康有为接续的就是这一传统。

在康氏与《春秋》公羊学的关系上,人们通常会关注廖平给

---

① 刘巍,《章学诚"六经皆史"说的本源与意蕴》,见《历史研究》,2007(4)。

② 参黄开国《庄存与的经学思想》一文,见《四川大学学报》(哲学社会科学版),2005(3)。

予康氏的影响。事实上,在 1890 年与廖平会晤之前,康氏就对今文经学特别是其中的《春秋》学表现出了很大的兴趣,如在 1885 年的《教学通义·春秋第十一》中,康氏就认为《六经》中只有《春秋》是孔子所作,并把《春秋》看作是孔子的改制之书。当然,廖平给予康氏的影响也不可忽视,在同廖平会晤之后,康氏即尽弃以往经说,转用公羊学非常异义可怪之论。次年,康氏在写给广雅书院山长朱蓉生的信中曾说:

> 故今最要是敷教之义。仆窃不自逊让,于孔子之道,似有一日之明,二千年来无人见及此者,其它略有成说。先辟伪经,以著孔子之真面目;次明孔子之改制,以见生民未有;仆言改制自是一端,于今日之宜改法亦无预,足下亦误会。以礼学、字学附之,以成一统;以七十子后学记续之,以见大宗;辑西汉以前之说为《五经》之注,以存旧说,而为之经;然后发孔子微言大义,以为之纬。体裁洪博,义例渊微,虽汗青无日,而□□穷年,意实在此,若成不成则天也。若有所藉,则以此数书者,宣孔子之教于域外,吾知其必行也。仆生平志愿举动,似出于常纬,故人皆谤笑。天下滔滔,谁可语此?①

上文所言是康氏为"敷教之义"(也即重塑儒学)所制定的一个规划。康氏之所以把"敷教"看作是最紧要的事,乃是因为受了基督教的刺激,他担心基督教的传播会给儒学带来威胁。②在此规划制定之后,康氏即以《春秋》公羊学为中心次第实现这

---

① [清]康有为,《康有为全集》(第一集),姜义华、张荣华编校,北京:中国人民大学出版社,2007,页 325—326。

② 马永康对此有详尽分析,参氏著,《康有为"四书"注解研究——以孔教教义的敷展为线索》(中山大学博士论文,2008)。

一规划,其中,最紧要的两项工作即"辟伪经"与"明孔子之改制"。前一项工作落实为《新学伪经考》,于当年刊行(事实上,康氏即以此而以今文经学家现身);在康氏重塑儒学的追求中,它属于"破"的一面。后一项工作落实为《孔子改制考》,在规划制定的六年后(1897)刊行,它属于"立"的一面。

康有为的思想来源与成分颇为复杂,中学、西学、佛学三者皆有,而且还经常混杂在一起。① 事实上,上述三种思想成分在康氏思想体系中的地位并非平行并列,而是有其主次之别,如萧公权就指出:

> 在他心目中,儒学仍是根本,西方思想只作为扩充、修正,或取代传统观点之用。他的制度观常常违背了西方的影响,他的道德价值基本上是儒家的。②

儒学在康氏思想中处于根本的地位,在康氏看来,儒学之根本则是《春秋》公羊学。康氏以公羊学起家,但他讲论公羊学系出于现实致用,常常不顾家法,如章太炎就揭发康氏的公羊学并非是学问研究。③

(二) 康氏的孔子素王论

孔子素王论是西汉《春秋》公羊学的核心要义,它本是为达于改制目的而对孔子"有德无位"事件作出解释的一种理论。清代乾隆中叶之后,孔子素王论伴随公羊学的复兴而得以复活。与西汉公羊家相比,清代公羊家们扩大了孔子素王论的适用范

---

① 据梁启超所言,康氏"欲构成一种'不中不西即中即西'之新学派"(氏著,《清代学术概论》,前揭,页97),可见,他是有意混杂这三种思想成分的。
② 萧公权,《康有为思想研究》,汪荣祖译,北京:新星出版社,2005,页64。
③ 马勇编,《章太炎讲演集》,石家庄:河北人民出版社,2004年,页104。

围,如刘逢禄与宋翔凤即以孔子素王论注解《论语》,①将孔子素王论从《春秋》学扩大到了《论语》学的领域。刘、宋俱以孔子素王论注解《论语》,但后者比前者更为重视这一西汉理论,宋氏的《论语》学即以孔子素王论中的微言说为宗,②其所谓孔子素王论的要点有二:一是孔子受命为素王说,一是素王制作见于《春秋》说,③所论仍不出西汉公羊学之范围。

孔子素王论以"孔子作《春秋》"为信念前提。康氏在 1885 年的《教学通义·春秋第十一》中就已认为《六经》中只有《春秋》是孔子所作,但此时的"孔子作《春秋》"说尚未与孔子素王论发生联系。1891 年同廖平会晤之后,康氏进一步坚定了对"孔子作《春秋》"说的信念,如他在同年所作的《长兴学记》中就说:

> 盖《六经》皆孔子作也,《诗》、《书》、《礼》、《乐》,孔子籍先王之书而删定之,至《易》、《春秋》,则全出孔子之笔。④

如果说此时的康氏对"孔子作《六经》"说还不是很彻底坚定的话,对"孔子作《春秋》"说则已毫无疑虑。

康氏的孔子素王论首见于 1897 年的《春秋董氏学》与《孔子改制考》,二书虽都是出于鼓吹改制目的而以孔子素王论来解释

---

① 刘逢禄在解释《论语·八佾》"仪封人请见"章时说:"'二三子何患于丧乎? 天下之无道也,久矣。天将以夫子为木铎。'何谓也? 曰:封人以夫子不有天下,知将受命制作,素王万世也。"(〔清〕刘逢禄,《刘礼部集》,见《续修四库全书》,上海:上海古籍出版社,1995,页 43。)宋翔凤在《论语说义序》中也说:"《论语说》曰:'子夏六十四人共撰仲尼微言,以当素王。微言者,性与天道之言也。此二十篇,寻其条理,求其恉趣,而太平之治、素王之业备焉。'自汉以来,诸家之说,时合时离,不能画一。尝综核古今,有纂言之作。其文繁多,因别录私说,题为说义。"(《清史稿·儒林三·宋翔凤》)
② 黄开国,《宋翔凤〈论语〉学的特点》,见《哲学研究》,2007(1)。
③ 参黄开国《清代今文经学的兴起》(成都:巴蜀书社,2008)一书的第三章第四节。
④ 〔清〕康有为,《长兴学记 桂学答问 万木草堂口说》,前揭,页 18。

孔子"有德无位"事件的,但它们处理这一事件的方式及侧重点
却有所不同。《春秋董氏学》除了强调"孔子受命为素王、作《春
秋》以明改制"的主题之外,尚有立足于公羊学重建儒家道统的
用心;①另一方面,《春秋董氏学》仅把孔子素王论当作改制的理
论依据来使用,对理论本身则没有进行系统的说明与论证,康氏
是在后来的《孔子改制考》中完成了这一工作的。《孔子改制考》
不但讲孔子为素王,而且还大讲孔子为教主,这是它与《春秋董
氏学》的另一重要区别处。孔子教主论在此我们暂且不论,让我
们先对上述二书中的孔子素王论试加分析呈现。

　　孔子受命为素王、作《春秋》而为后世制法,康氏对传统公羊
学的这些基本观念悉皆接受。传统孔子素王论虽也含有对孔子
"有德无位"事件之原因的解释(将孔子"有德无位"归因于天
命),但意不在此,其关注重心在孔子在"有德无位"之后的制作
("作《春秋》")及其意义上。由此而言,传统孔子素王论对孔子
"有德无位"事件所作的解释主要是一种意义解释,康氏也秉承
了这一解释传统。康氏在承袭传统孔子素王论的基础上,还为
之添加了如下新元素:

　　第一,"孔子托古"说。孔子为改制之素王是传统公羊学的
成说,康氏在此基础上增添了"托古"一项,认为孔子乃一托古改
制之素王。康氏为何要增添"托古"一项呢? 他解释说:"布衣改
制,事大骇人,故不如与之先王,既不惊人,自可避祸。"②照此说
法,孔子"托古"是为躲避政治迫害而采取的"隐微写作",人们不

---

①　康氏在《春秋董氏学》的"自序"中曾说:"道教何从? 从圣人。圣人何从? 从孔
　　子。孔子之道何在? 在《六经》。《六经》粲然深美,浩然繁博,将何统乎? 统一
　　于《春秋》。……《春秋》三传何从乎? 从公羊氏。……朱子通论三代下人物,独
　　推董生为醇儒。其传师说最详,其去秦不远。然则欲学《公羊》者,舍董生安
　　归?"(见刘梦溪主编,《中国现代学术经典——康有为卷》,前揭,页 108。)
②　[清]康有为,《孔子改制考》,见刘梦溪主编,《中国现代学术经典——康有为
　　卷》,前揭,页 592－593。

能不怀疑,康氏这一布衣借"孔子托古改制"而言改制,亦是一"托古"耳。为了降低孔子托古改制的突兀性,康氏在《孔子改制考》中编造了一个当时诸子皆托古改制的时代氛围。为了独尊孔子,使孔子的托古改制同诸子的托古改制区别开来,康氏又不惜引用纬书来神化孔子,通过把孔子打扮成神人来强调其受命身份的神圣性与特殊性。

第二,"孔子为文王"说。康氏不满足于传统孔子素王论以孔子为素王的说法,他指出:"人只知孔子为素王,不知孔子为文王也,或文或质,孔子兼之。"[①]后来康氏在《孔子改制考》中又重申了这一说法。[②] "质统"、"文统"说本是董仲舒用来解释历史循环的一种历史理论,[③]康氏借助这一说法而强调孔子在此二统中俱为"王"(即素王与文王),强调孔子兼此二统,这是康氏推尊孔子的另一手法。康氏以孔子为文王,不能不遇到如下问题,即如何处理孔子这一文王同历史上之周文王这两个文王的关系问题,他的解决策略是:"周文王为周制,孔子之文王为汉制。"[④]康氏随意曲解历史的为学特点由此可见一斑。

第三,"孔子有王之实"说。在传统孔子素王论中,"素王"指"无位而空王之",[⑤]强调孔子仅有王之名而无王之实。康氏对此传统解释也不满足,他从"王者,往也"、"天下归往谓之王"的儒家传统理解出发,[⑥]由人们归往曲阜孔子殿堂的事实而得出

---

① [清]康有为,《春秋董氏学》,见刘梦溪主编,《中国现代学术经典——康有为卷》,前揭,页210。
② [清]康有为,《孔子改制考》,见刘梦溪主编,《中国现代学术经典——康有为卷》,前揭,页526。
③ 参《春秋繁露·三代改制质文第二十三》。
④ [清]康有为,《孔子改制考》,见刘梦溪主编,《中国现代学术经典——康有为卷》,前揭,页615。
⑤ 《春秋左氏传序》,前揭,页25。
⑥ [清]康有为,《春秋董氏学》,见刘梦溪主编,《中国现代学术经典——康有为卷》,前揭,页278、页274。

了孔子有"王之实"的结论。

> 既天下义理制度皆从孔子,天下执经、释菜、俎豆、莘莘
> 皆不归往嬴政、杨广,而归往大成之殿、阙里之堂,共尊孔
> 子。孔子有归往之实,即有王之实,有王之实而有王之名,
> 乃固其然。①

康氏在上文中的"偷换概念"与"强词夺理",我们可不必深论,其目的亦不过是推尊孔子,为了达到这一目的,康氏进而武断认为,凡是古籍中所出现的"新王"、"素王"、"文王"、"圣王"、"先王"、"后王"、"王者"这些字眼指的都是孔子。

像董仲舒一样,康氏基于为改制张目之目的而产生了推尊孔子的需要,为此他为传统孔子素王论添加了上述新元素。从表面上看,康氏推进了传统孔子素王论,但他的这一推进使得其孔子素王论以及孔子的身位开始溢出了传统的边界,几不能为传统所牢笼。事实上,康氏本人亦不以此为满足,为推尊孔子,他还提出了孔子教主论。

(三) 康氏的孔子教主论

康有为的孔子教主论首见于《孔子改制考》。在《孔子改制考》中,康氏既以孔子为素王,又以孔子为教主,孔子同时拥有此二名号,人们禁不住要问,"素王"与"教主"在他那里到底是什么关系? 康氏指出,"素王"与"教主"俱为孔子之尊称,②但二者偏

---

① ［清］康有为,《春秋董氏学》,见刘梦溪主编,《中国现代学术经典——康有为卷》,前揭,页519。
② 康氏曰:"孔子为素王,乃出于子夏等尊师之名。素王,空王也,佛亦号空王,又号法王。凡教主尊称,皆取譬于人主,何异焉?"(［清］康有为,《孔子改制考》,见刘梦溪主编,《中国现代学术经典——康有为卷》,前揭,页524。)

重不同。康氏在《孔子改制考》中既讲"孔子托古改制",又讲"孔子托古创教"。大致而言,康氏之谓"素王"相应于改制主题,"教主"则相应于创教主题。在康氏的实际论述中,"教主"可以涵盖改制主题,但"素王"却不能涵盖创教主题,如他有"孔子为改制教主"之说,[①]但却没有"孔子为创教素王"的说法,这一现象表明,在康氏的心目中,他更钟情于"教主"这一尊称。康氏之所以在"素王"之外,又强调孔子是"托古创教"的"教主",用他后来的话来说,就是担心基督教在中土的"横行",会使得我"国土"、"国民"与"国教"(实即儒学)难以保全。[②] 可见,康氏在《孔子改制考》中所赋予孔子的两个名号("素王"、"教主"),正体现了他重塑儒学的两个向度:"素王"体现的是政治性向度,它与康氏的改制要求相联系;"教主"体现的则是"宗教性"向度,它与康氏欲抵抗基督教文化入侵的要求相联系。

康氏力图将儒学改造为儒教的努力前后历有三期:(一)戊戌前,康氏基于"淳化风俗"、"维系人心"以及"对抗基督教文化入侵"的考量而提倡"保教";(二)戊戌后至民国前,康氏主要在劝善的意义上来提倡孔教;(三)民国后,康氏从"国魂"的角度以及救治"人心风俗"的角度提倡孔教。[③] 相应于上述三个阶段,康氏之谓孔子教主的宗教意味也颇为不同,大致说来,就是愈往后宗教意味愈浓,汪荣祖指出,民国之前,康氏主要以孔子为改

---

① [清]康有为,《孔子改制考》,见刘梦溪主编,《中国现代学术经典——康有为卷》,前揭,页522。

② 康氏曰:"臣实见数十年来,天主、耶苏各教横行中土,士民为其所诱者日多一日,寻至挟教力以割吾地、弱吾国。其患不可胜言,皆由吾士民不知自尊其教,徒借孔子为干禄之具,故圣教微而外教得而乘之。木腐生蠹,滋为可惧。"又曰:"窃泰西以兵力通商,即以兵力传教。其尊教甚至,其传教甚勇。其始以教易人之民,其后以争教取人之国。"(《康有为全集》[第四集],前揭,页386、页92。)

③ 参马永康在《康有为"四书"注解研究——以孔教教义的敷展为线索》(中山大学博士论文,2008)一文中的相关论述。

制之教主；民国之后，康氏则倡导真正宗教意义上的孔教，此时的孔子明确为耶稣基督意义上的教主。①

康氏之所以要把孔子打扮成"教主"这一全新的形象，除了应对基督教的文化入侵这一考量之外，尚有一层重要的原因——在康氏看来，耶稣、释迦牟尼这些教主同孔子一样都是"有德无位"者，且都以德服人。他指出：

> 盖天下归往谓之王，今天下所归往者莫如孔子。佛称法王，耶称天主，盖教主皆为人王也，天下同之。天下不往墨子，故不得为王。既天下归往孔子，安得不为王乎？此道德之王，王有万世。若当世人主，以力服人，只可称为霸，如秦始皇、汉高祖、明太祖、亚力山大、成吉斯、拿破仑皆然，不得称为王也。后世人不知道，误以人主为王，则不知力服德服之分，王霸之别，反疑教主之称王，此则大惑者。②

> 盖德与力，自古分疆，而有力者终不如有德。嬴政、亚力山大、成吉斯、拿破仑之声灵，必不如孔子及佛与耶苏也，此为万古德力之判案也。③

在孟子那里，"德服"与"力服"本来是被用来区分"王"、"霸"两种政治形态的一对概念，康氏将之转用于对宗教教主与俗世人王的区分上，可谓别出心裁。在康氏看来，孔子与佛、耶稣这些教主尽管"无位"，但他们作为"道德之王"，都以德服人，并为人所归往；康氏由此强调上述教主才是真正

①　汪荣祖，《康有为论》，北京：中华书局，2006，页112—113。
②　[清]康有为，《孟子微 礼运注 中庸注》，前揭，页9—10。
③　[清]康有为，《论语注》，楼宇烈整理，北京：中华书局，1984，页208。

的人王,同他们相比,俗世人王"不过一虱耳"。① 康氏对教
主的推尊及其对俗世人王的贬抑,遵循的仍是传统儒家"德"
高于"位"的政治哲学观念。下面让我们再来具体看一下康
氏是如何把孔子打扮成教主的。康氏在《孔子改制考》的
"叙"中曾说:

> 天既哀大地生人之多艰,黑帝乃降精而救民惠,为神
> 明,为圣王,为万世作师,为万民作保,为大地教主。……合
> 鬼神山川、公侯庶人、昆虫草木,一统于其教,……其道本神
> 明,配天地,育万物,泽万世,明本数,系末度,大小精粗,六
> 通四辟,无乎不在。②

"黑帝降精"是纬书的说法,"为万民作保"则来自基督教。③
可见,孔子的教主形象乃是康氏依据纬书及基督教的手法塑造
出来的。康氏弟子梁启超曾说:

> 有为谓孔子之改制,上掩百世,下掩百世,故尊之为教
> 主;误认欧洲之尊景教为治强之本,故恒欲侪孔子于基督,
> 乃杂引谶纬之言以实之;于是有为心目中之孔子,又带有神
> 秘性矣。④

---

① [清]康有为,《孟子微 礼运注 中庸注》,前揭,页 53。
② [清]康有为,《孔子改制考》,见刘梦溪主编,《中国现代学术经典——康有为卷》,前揭,页 341。
③ 中国文化中没有"作保"的说法与观念,"保"的概念来自于契约,基督教因上帝与人的约定而使耶稣基督有"作保"的说法,关于此点,可参马永康在《康有为"四书"注解研究——以孔教教义的敷展为线索》(中山大学博士论文,2008)一文中的相关论述。
④ 梁启超,《清代学术概论》,前揭,页 77。

又据梁氏所言,康氏在写作《新学伪经考》时期即已开始"以神秘性说孔子"了。①

康氏之所以要把孔子打扮成教主,除了上述原因之外,还有一重他个人方面的原因。康氏是一个有着浓郁的宗教情怀与教主意识的人,②他本人就非常想做教主。③由此来看,按照康氏本人的逻辑,他把孔子称为"托古创教"的教主,也只是一"托古"耳。

孔子在历史上曾获得过很多称号,在所有这些称号中,"教主"无疑是最有现代感与西洋味的一个。在这一新称号上,我们开始嗅到欧风西雨的味道,开始感受到中西开始交会时那份特有的心态。"教主"与"圣人"、"素王"都不同,后者从属于一个学派或一个民族,前者则超越学派、时空以及民族、种族的界限,具有普世性与宗教性。在孔子"有德无位"解释史上,康氏的孔子教主论解释使孔子的身位开始溢出了传统与民族的双重边界。康氏将孔子塑造成教主的本意是推尊孔子与儒学,但他的工具主义的态度与手法,却反过来损害了孔子的形象,并促进了传统儒学的瓦解。康氏将孔子装扮成教主的努力,在现代人看来有些荒唐可笑,但他在这一努力中所触及并试图加以解决的委实是一严肃的问题,此即中国传统文化如何应对西方基督教文化的问题,不夸张地说,我们今天依然生活在这一问题之中。

---

① 梁启超,《清代学术概论》,前揭,页84。

② 如梁启超就说康氏"幼受孔学,及屏居西樵,潜心佛藏,大澈大悟,出游后,又读耶氏之书,故宗教思想特盛"(梁启超,《康有为传》,见《康南海自编年谱(外二种)》,楼宇烈整理,北京:中华书局,1992,页247)。

③ 如章太炎就半带讥讽地揭发说:"只闻康欲作教主,未闻欲作皇帝。实则人有帝王思想,本不足异;欲作教主,则未免爱人非非。"(见汤志钧编,《章太炎年谱长编》,北京:中华书局,1979,页65。)此外,康有为为自己取号为长素,据说是长于素王的意思(参吴雪玲,《康有为多重文化个性探析》,见《东方论坛》,2004[2])。

余论：话语结构及儒家政治哲学

一、话语结构

不同历史时期的儒者讨论孔子"有德无位"事件的因由虽各自不同，但关于这一事件的讨论毕竟延续了二千余年，从而在儒学史上形成了一个绵延不绝的话语系列。一些人与物在这个话语系列中不断重复出现，同话语中的主角（孔子）构成了一种稳定的结构性关系；此种结构性关系实即上述话语系列的话语结构，而该话语结构则是儒家深层思想结构在孔子"有德无位"这一话题上的反映。

（一）孔子与天

在孔子"有德无位"话语讨论中现身的事物里，天是唯一一个每场必到的事物，这显示出了它同孔子"有德无位"事件之间非同寻常的关系。作为儒家思想体系中的中心范畴，天具有多种含义与思维意向，①就孔子"有德无位"话语系列来说，其中出现的天主要有三种，即意志主宰之天、命运之天与道德之天。

---

① 参向世陵、冯禹，《儒家的天论》，前揭，页5、页7—8。

意志主宰之天从属于传统天命信仰，它主要出现于孟子、董仲舒及康有为等儒者的话题讨论中。董、康是《春秋》公羊学大师，孟子在儒学史上首言"孔子作《春秋》"，对公羊学甚有启发之功。可见，在孔子"有德无位"话题讨论中，意志主宰之天主要现身于《春秋》学特别是《春秋》公羊学的场域。董氏的《春秋》公羊学有一定的宗教性，康有为在这一点上则有过之而无不及，孟子曾将理想实现与否归于天之"欲"或"不欲"①——可见，上述儒者所说的天除具有主宰权能之外，尚有不同程度的宗教意味。在董、康二氏那里，天与孔子之间是一种"命"与"被命"的关系。在西汉之前的典籍记载中，为天所"命"的都是一些有德贵族，他们为天所"命"的结果是成为拥有土地与民众的王或天子，现在讲布衣孔子也享有天命，这是对传统政治哲学论说的一大突破。另一方面，为照顾孔子"有德无位"的事实，并使孔子的受命同历史上那些有德圣王的受命区别开来，他们又强调孔子所受的乃是一种特殊的天命——为素王的天命。在这个素王论的受命论解释框架中，孔子"有德无位"事件的原因被归因于意志主宰之天，或者说，意志主宰之天乃是这一事件的制造者或决定者。公羊学中的意志主宰之天本是应推尊孔子以及由孔子所标志的儒学而现身的，它的现身，既使孔子"有德无位"事件的原因有了着落，同时也使事件具有了神圣性。凭借孔子与意志主宰之天之间的这层神圣关联，公羊家们得以突破"有德有位方可制作"这一传统观念的约束，从而赋予孔子以制作的权能；这就在无形之中对"大德必得其位"信念与孔子"有德无位"事实之间的冲突进行了调节，并化解了人们在这一事件上的缺憾感与伤感。

---

① 参《孟子·公孙丑下》。

命运之天主要出现于楚简《穷》篇、荀子、朱熹及章学诚等儒者的话题讨论中。与意志主宰之天一样,命运之天也具有决定个体命运的能力,所谓"死生有命,富贵在天"是也,[①]与前者不同的是,命运之天没有人格意志,它是一种自然而盲目的决定性力量。具体到孔子"有德无位"事件来说,命运之天对这一事件的决定是通过"时"或"世"这些因素来实现的;如同意志主宰之天,命运之天也具有解释孔子"有德无位"之原因的功能,而且是它最主要的功能。

道德之天(或作为道德根源的天)主要出现于宋代道学家们的话题讨论中,它是传统意志主宰之天的一种变形。孔子在与前两种天的关联中乃一消极被动者,对于意志主宰之天或命运之天,孔子只有被动承受或被决定的份;与此不同,孔子在同道德之天的关联中乃一积极主动者,他们之间不再是决定与被决定的关系,而是那种榜样与学习者(或效仿者)之间才有的关系。相应于上述变化,道德之天在道学家那里,只负责解释孔子"有德无位"身位中"有德"的方面,而不负责解释孔子何以"无位"的问题,他们用以解释孔子"无位"的是通过"气禀"、"气数"等表现出来的命运之天。

据上文分梳,在不同儒者对孔子"有德无位"事件的讨论中,其所谓天具有不同的含义与功能,但就其每场必到的出场特点而言,它实际上已经成了一个符号,一个标志着在人事之外的外部力量的符号。讨论者们无一例外地在话语中将它与孔子并列,这显示出了讨论者们内心深处的如下观念:孔子"有德无位"非关人事或非人力所致,它与外在之天有关。现代归因理论指出,人们习惯为行为的结果(成功或失败)寻求原因,借此来改变认识并达到改变行为的激励效果。人们通常将原因归结为努

---

① 《论语·颜渊》。

力、能力、任务难度或机遇中的某一方面。① 当儒家把孔子"有德无位"的原因归于"时"、"遇"也即命运之天时，实即把孔子"有德无位"归因于机遇，这是一种与主体的努力、能力无关的外部不稳定的不可控制的因素，此种归因具有保护自信心的作用。把孔子"有德无位"归因于意志主宰之天，也具有与此相同的效果。可见，儒家把孔子"有德无位"归因于天，系出于自我保护与自我激励的需要。此外，话题讨论中现身的天，不但负责解释孔子"有德无位"的原因，而且也负责解释"德位合一"理想的实现问题。吕大临在为程颢所写的《哀辞》中曾说：

> 夫位天地，育万物者，道也；传斯道者，斯文也；振已坠之文，达未行之道者，先生也。使学不卒传，志不卒行，至于此极者，天也。②

吕氏所言"使学不卒传，志不卒行，至于此极者，天也"一语，实为儒者们的共同观念。儒家政治理想的实现要依赖于天，这符合施特劳斯对古典政治哲学一般特征的刻画。③

在孔子"有德无位"话题讨论中所出现的事物里，除天之外，尚有"凤鸟"、"河图"、"麟"等事物。④ "凤鸟"、"河图"首见于《论语·子罕》，故后儒对此二事物同孔子之关系的讨论，也主要是

---

① 可参芮明杰主编，《管理学——现代的观点》，上海：上海人民出版社，2006，页311。

② 吕大临，《哀词》，见《二程遗书》"附录"，前揭，页395。

③ 施特劳斯指出："按照古典政治哲学的看法，最佳政治秩序的建立必然依赖于不可控制、难以把握的命运或者机运（chance）。"（见氏著，《现代性的第三次浪潮》，见贺照田主编，《西方现代性的曲折与展开》，前揭，页89。）

④ 需要说明的是，出现于楚简《穷》篇的"骐骥"，作为"得遇"的例证，它服务于作者"遇不遇，天也"的结论论证，在孔子"有德无位"话题讨论史上，该事物仅此一见，同孔子无法建立起结构性的关系，故在此不论。

在《论语》学的领域中进行的。"麟"见于《春秋》"哀公十四年"，后儒对它与孔子之关系的讨论，则主要是在《春秋》学（特别是公羊学）中展开的。"凤鸟"、"河图"、"麟"作为"瑞"，它们是天与孔子之间的信使，肩负有连接并沟通二者的功能；它们从属于意志主宰之天，本身没有独立自足的意义。在儒者的论述中，天以"麟"等神圣事物向孔子传达天意，孔子亦由此而获知天意、天命，以此等神圣事物为中介，孔子与意志主宰之天之间的神圣联系得以建立。

（二）孔子与人物

在孔子"有德无位"话语系列中出现的人物为数众多，以孔子为中心，他们形成了一个特殊的群体，该群体中的成员或来自传说，或来自实际的历史（即便来自实际历史的成员，他们事实上也不生活在同一个时代），在儒者的特殊意图之下，他们在话语中一起现身并肩负不同的功能。这些成员有的出场次数多，有的出场次数少；有些人物在某一话语中担当某一角色与功能，在另一话语中则转换成另一角色与功能；看起来很复杂，但他们的出场并非没有规则可循。依据他们在话语中所担当的功能以及被分派的角色，这些为数众多的人物可分为两种类型，即"有德有位"者（或"遇时者"）与"有德无位"者（或"不遇时者"）。

1. 孔子与"有德有位"者

如同天一样，"有德有位"者在孔子"有德无位"话题讨论中也是每场必到，他们在意志主宰之天之下是受命者，在命运之天之下则是"遇时者"。据本书在第二、三、四、五章中的分梳，在不同时代的儒者那里，这些"有德有位"者（或"遇时者"）的出场有所不同，其出场情况如下：

楚简《穷》篇	舜、傅说、吕望、管夷吾、百里奚、孙叔三射
孟子	舜、禹、启
荀子	舜、禹
程朱	尧、舜、禹、汤、文、武、皋陶、伊、傅、周公、召公
戴震	尧、舜、禹、汤、文、武、周公
章学诚	尧、舜、禹、汤、文、武、周公

　　上表中的"有德有位"者据其得位方式的不同而可区分为禅让与革命两个系列。前一系列以尧舜禹为代表，后一系列以汤武为代表。前者的出场频率明显高于后者，就儒生们的实际论述来看，他们在话题讨论中也处于中心位置，与孔子的关系最近；后者则处于相对边缘的位置，与孔子关系较远。这两个系列的"有德有位"者在话题讨论中地位的不同，及其同孔子关系之远近的差别，折射出了儒家崇尚禅让而对革命有所保留的政治哲学态度；往深处看，则是儒家重德轻力的政治观念。汤武虽也有"德"，但由于他们在"得位"过程中使用了武力，所以其"德"不如尧舜禹那样纯粹，如孔子就曾借论乐而对之有所贬低，他们不是孔子等儒者要效仿的榜样，从这一意义上说，史华慈对儒家关于武力态度的观察是准确的。[①] 儒家坚持道德政治原则，他们贬低甚至不认可那种建立在"力"的基础之上的政治，但中国政治史的实际情形却是，政权的取得与维持都要仰仗于"力"。所谓"马上得天下"、"一条杆棒打下四百座军州"，都表明了"君权的传统中是以'力'为核心的"，[②]如此一来，儒生们便不能不生活在背离了其理想信念的现实之中，他们全部的政治努力及其政治哲学的意义，体现在其以

---

① 参史华慈，《古代中国的思想世界》，前揭，页114。
② 余英时，《"君尊臣卑"下的君权与相权》，见氏著，《中国思想传统的现代诠释》，前揭，页89。

"德"对"力"的对抗与矫治上。

在禅让系列的"有德有位"者中,舜与禹都是由禅让而得位者,他们在话语中具有相同的形式上的功能,可以互相代替。其间区别在于,舜的出场次数大大多于禹(事实上,舜在话语讨论中是唯一一个逢场必到的人物),而且讨论者们在舜身上所花费的文字也远多于禹,这些现象表明,舜在孔子"有德无位"话题讨论中的地位特殊而重要。尧舜禹相禅的传说由来已久,它是否是历史真实并不重要,①重要的是,它在儒家历代不绝的传说中已成为信仰真实。在上述信仰真实中,舜既是禅让行为的接受者,又是禅让行为的发出者,在尧舜禹相禅的传说中承上启下,处于枢纽的地位。此外,舜同孔子一样都是布衣出身,作为孔子的楷模,孔子曾极力表彰他,这是后儒重视他的另一重要缘由。

讨论者们之所以习惯性地将以舜为代表的"有德有位"者(或"遇时者")同孔子在话语中加以并列,是基于如下考量。首先,从舜作为"遇时者"的方面来说,讨论者们注重的是"时"这一因素,以舜的"遇时"来彰显孔子的"不遇时",目的是要说明"时"在有德者得位过程中的决定性作用。其次,从舜作为"有德有位"者的方面来说,讨论者们要借助舜这一历史人物来说明:"德位合一"理想与"有德者得位"并非是"托之空言",而是在历史上实有其事。在后一种情形中,"舜"在话语中担当着调解孔子"有德无位"事实同"德位合一"理想及"大德必得其位"信念之冲突的功能。"舜"这一符号的使用,可使儒生

---

① 如顾颉刚就认为,尧舜禹之间相禅的关系,不过是战国时人为鼓吹禅让说而建立起来的(顾颉刚,《讨论古史答刘胡二先生》,见氏编著,《古史辨》[第一册],前揭,页130)。

不因孔子个人的"有德无位"事件而质疑、否弃理想信念，①但它无形中也带来了如下问题：同"舜"所标志的完美相比，孔子"有德无位"的不完美性在此被凸显。出于推尊孔子以及儒家之道的需要，儒生们往往会赋予该"不完美"以创造性的解释，将它解释成为另一种形式的"完美"，如孟子、董仲舒、朱熹、章学诚、康有为等大儒就强调夫子虽然"有德无位"，但其功却贤于尧舜这些"有德有位"者。

孔子"有德无位"话语系列中出场的"有德有位"者，据其所得之"位"的不同又可分为圣王与圣相（或贤相）两个系列。在西汉之前的话题讨论中，"位"明确指君位或天子之位，因此，其所谓"有德有位"者系指圣王。宋代之后，话题讨论中的"位"开始包括相位，圣相由此也进入了"有德有位"者的行列。在儒学史上对孔子"有德无位"话题的讨论中，"周公"这一人物比较特殊。在孟子那里，"周公"被归为"有德无位"者，②宋代之后则被明确视为"有德有位"者，③并成为圣相系列的代表。儒生们对周公的这一不同看法反映了他们对"位"的不同理解，④这与儒生们

---

① 值得指出的是，由舜所代表的"有德有位"，其符号意义不仅指称历史上的那些圣君圣相，而且也指称那些圣君圣相所处身于其中的时代（三代）以及理想的政治状态，这是儒家据以建立其历史认知与政治认知的重要坐标。

② 参《孟子·万章上》。

③ 参朱熹《中庸章句序》。李峻在解释《中庸章句序》中的"圣圣相承"时曾经指出："韩愈的'道'的传承谱系中，只有'成汤、文、武'的'君'的系列，并无'皋陶、伊、傅'的'臣'的系列（'周公'是作为'摄政王'，亦在'君'列）。然而这样一来，传承链条中难免会出现断裂，如禹不可能直接传道于汤，三代亦多有平庸之主，如武丁乃闻道于傅说，方能成就大治。故而朱熹又添上'臣'的系列，君臣交错，相互授受，丁宁告诫，方能称'圣圣相承'。"（氏著，《〈中庸章句序〉中的"道统"与"道学"——对〈朱熹的历史世界〉的一点质疑》，见 http://www.govyi.com/paper/n3/paper/200605。）

④ 孟子所言"位"指天子之位，因此，他以"周公"为"有德无位"者；宋代之后所言"位"，包含君位与臣位，其所谓"有德有位"者包括圣君与圣相两种，周公作为圣相，故可在"有德有位"者之列。

生存于其中的政治情势有关。在秦汉特别是王莽新政失败之后的政治世界中,权力者们出于家天下的敏感而对儒家的"革命"论、"禅让"论进行弹压,[①]这使得儒家在"德"、"位"之间展开的以"德位合一"为目标的政治言论空间大为收窄,"革命"、"禅让"几成绝响,[②]先秦时期"圣王"与"王圣"并存的两条思路与言路只剩下了一条——"王圣"。此种变化在孔子"有德无位"话题讨论中的表现是,以贤相周公这一"有德有位"者比拟孔子这一"有德无位"者的现象开始出现并流行。该比拟意味着:圣如孔子,即便遇时,所得之位也不过如周公一般。很明显,这是一种在绝对君臣秩序观念下为避免僭越所作的解释,与之相关联的是,儒家对孔子的政治想象也经历了一个从素王到贤相的变化,这一变化乃是在君权不断高涨的历史背景下发生的,[③]而该变化也透露出了儒家在此情势下退缩让步的消息。

此外,在东汉之后的孔子"有德无位"解释史上,虽也有将孔子同尧舜禹等圣王加以并列者,但其主要目的是要强调孔子传道的历史功绩或孔子在道的流传史上的重要地位,[④]而非像汉儒一样从"位"的角度上关注孔子。

---

① 如汉景帝对辕固生之革命论说的压制(见《史记·儒林列传》)、如宋太祖对《易·乾卦》"飞龙在天"所作"此书岂可令常人见"的感叹(见《宋史·儒林一·王昭素》)、如雍正对曾静"皇帝合该是吾学中儒者做"观点的光火与批判(见《大义觉迷录》卷二)。

② 有人尝问陆九韶:"孟子说诸侯以王道,是行王道以尊周室? 行王道以得天位?"九韶答以"得天位",又问曰:"却如何解后世疑孟子教诸侯篡夺之罪?"九韶又答以"民为贵,社稷次之,君为轻",陆九渊听说后再三称叹,以为"旷古以来无此议论"(见《象山语录》,前揭,页50)。由象山再三称叹,我们即可知儒家此等革命性论说在后世的稀缺。

③ 君权高涨与相权低落是一枚硬币的两面,李俊在总结中国宰相制度变迁规律时说:"中国宰相制度,代不相同,然相因而变,有其趋势,亦有其法则。趋势维何? 时代愈前,相权愈重;时代愈后,相权愈轻。"(见氏著,《中国宰相制度》,上海:上海书店,1996,页239。)

④ 如朱熹与章学诚,参本书第四章第三节及第五章第二节中的相关论述。

2. 孔子与"有德无位"者(或"不遇时者")

在战国儒家对孔子"有德无位"的话题讨论中，"有德无位"者(或"不遇时者")是一群体，如在孟子那里，这一群体就包含益、伊尹与周公等成员，①而在荀子那里则有比干、关龙逢、伍子胥、子弓等。② 这些"有德无位"者(或"不遇时者")在孟、荀话题讨论中的现身，具有削弱孔子"有德无位"事件之突兀性及伤感强度的功能。③汉代之后，孟、荀所提到的这些"有德无位"者要么升格为"有德有位"者(如周公)，要么在话语中隐去了，如此一来，孟、荀所谓"有德无位"者就只剩下了孔子一人。④当"有德无位"者还是一个包含众多成员的群体的时候，孔子作为其中成员之一，其与"有德有位"者、"无德有位"者等政治生活成员的关系看上去没有那么直接、突兀。当孔子一旦成为唯一的"有德无位"者时，其与上述成员的关系就不能不变得直接、突兀起来，孟、荀曾试图削弱此种突兀性，朱熹、戴震、章学诚等后儒则在认可这种突兀性的同时，赋予它以积极的意义。

"有德有位"者与"有德无位"者是孔子"有德无位"话题讨论中的两种基本人物类型，是话语结构的重要构成者与支撑者。此外，在话题讨论中还出现了一些出现频率不高却很特殊的外来者，此即程氏兄弟所说的佛陀与康有为所讲的耶稣基督。据儒家的标准，佛陀与耶稣基督也是"有德无位"者，不

---

① 参《孟子·万章上》。

② 参《荀子·大略篇》、《赋篇》、《非十二子篇》、《宥坐篇》。在荀子所提到的"不遇时者"中，"比干"出现的次数最多(三次)。

③ 如用荀子的话来说就是"不遇世者众矣，何独丘也哉"(《荀子·宥坐篇》)。

④ 今人赵善湘以箕子为"有德无位"的素王，强调箕子作为道统传承者的角色(赵善湘，《洪范统一》，台北：台湾商务印书馆，1983，页658)，这实际上是以历史上的孔子"有德无位"问题及其素王论解释为参照依据而得出来的。

管是在"无位"方面,还是"有德"方面,他们都与孔子具有相似性与可比性。事实上,程氏兄弟与康有为将他们与孔子并列,就是要孔子与他们在"德"方面比高低,目的是对以孔子为代表的儒家文化与以上述二教主为代表的外来文化进行优劣比较。从发生学的角度看,这种基于卫道目的的文化比较具有被动性,而且在此种文化比较中,孔子"有德无位"话题也开始游离其以往的政治哲学论域而滑向了宗教性的领域;另一方面,与王弼式的孔老优劣比较不同,上述比较也开始溢出了传统的边界。

上文分析了孔子"有德无位"话题讨论中必定出现的三个元素:天、"有德有位"者与"有德无位"者;这三个元素之间彼此勾连的关系构建起了孔子"有德无位"话语的主体性结构。在历史上,话题讨论的具体方式与结论或不同,但它们无不在此话语结构中展开,此种话语结构乃是儒家的深层思想结构在孔子"有德无位"这一思想史事件上的反映与展现。

二、儒家政治哲学及其现代命运

(一) 儒家的政治理解及其角色定位

儒学史上的孔子"有德无位"话题,基本上是一个对自己或自己人所谈论的话题(汉儒是例外),政治现实("德"、"位"分离)与儒家政治理想("德位合一")之间的背离与紧张,为儒生持续谈论这一话题提供了动力。在上述背离与紧张之下,儒生们既需要解决"大德必得其位"信念同孔子"有德无位"事实之间的矛盾这一理论难题,也需要解决儒者的政治性生存这一现实问题(也即持有"德位合一"理想的儒者如何在"德"、"位"分离的现实中生存的问题)。话题的隐秘性特征表明,一部孔子"有德无位"解释史实际上也是儒家的一部心灵史,人们由此可了解儒家关于政治的真实见解及其微妙变化。

由前文对孔子"有德无位"话语结构所作的分析来看，儒家的政治哲学思考是在"天"、"人"之间展开的。在儒家"天人有分"思想结构下的孔子"有德无位"话题讨论中，"位"对应于"天"，"德"对应于"人"，①因此，"'天'、'人'之间"可落实为"'位'、'德'之间"。"天"这一因素的存在表明，儒家心目中的政治不纯然是人事（"人"），政治有其非人力所能致的方面。儒家之"天"不能独立地"视"、"听"、"言"、"行"，对"人"有严重的依赖，②其独立性与绝对性远不及西方的上帝或自然法，但它的存在毕竟使儒家的政治哲学思考具备了外在超越的维度，这是古代政治哲学与现代政治哲学的重大分野处。儒家据"天"而审视"人"（人事），依据"德"、"位"的不同组合情况，儒家所理解的政治生活中的"人"可分为如下四种类型："有德有位"者、"无德有位"者、"有德无位"者与"无德无位"者。政治世界是由人构成的，对儒家来说，其心目中的政治世界即由上述四种类型的"人"及"天"构成。作为"有德无位"者，儒生们对政治的理解与看法，实即体现在他们对"天"以及其他三类"人"的看法与关系定位中。

据前文分析，广义的"有德有位"者指历史上的圣王、圣相，狭义的"有德有位"者则仅指圣王。儒家把历史上的圣王、圣相看作是其政治世界中不可或缺的重要成员这一现象表明，儒家理解中的政治世界并不局限于当下，而是延伸至古代圣王、圣相所生活过的三代，三代是儒家历史哲学认知与政治哲学认知中

---

① 楚简《穷达以时》篇作者、孟子、荀子等儒者即采取此种看法，参本书第二章中的相关论述。
② 如《尚书·泰誓》曰："天视自我民视，天听自我民听。"《皋陶谟》曰："天工人其代之。"《春秋繁露·深察名号第三十五》云："天不言，使人发其意；弗为，使人行其中。"

的一个重要基点,他们据此把握历史,①审视并批评时政,儒生
们的复古追求与"是古非今"的政治姿态实即导源于此。

儒家因追求"德位合一"理想的缘故而重视"无德有位"
者,②但在孔子"有德无位"话语史上,"无德有位"者出场的次数
却甚少,孟子曾提及桀纣,荀子在提及比干、关龙逢等"不遇时"
者时,曾提及迫害他们的桀纣。③ 桀纣作为"无德有位"者中的
极端类型,代表的是最腐朽最恶的世袭权力。由于孔子是"有德
无位"者方面的代表,因此,孔子与桀纣在话语中的并列,可使
"有德无位"者同"无德有位"者之间的紧张、对立明朗化与尖锐
化,"无德有位"者在孔子"有德无位"话题讨论中之所以很少出
场,大概就是因为题材敏感的缘故。

儒家对"德位合一"理想实现的构想有"圣王"与"王圣"两种
思路,前者的实质是"有德者应该得位",暗含有让儒生中的最贤
者做天子的意思,该思路十分具有革命性,对世袭政治是一种极
大的挑衅,坚持此种思路的儒生同世袭权力者势必会处于对立
之中。眭孟之于孝昭、盖宽饶之于孝宣、曾静之于雍正,就是这
方面的例证。"圣王"思路在王莽新政失败之后几近绝迹,宋代
之后的儒家主要在"王圣"思路下来思考、谈论理想实现问题。
"王圣"思路同孟子甚有关系,孟子曾说:"继世以有天下,天之所
废,必若桀纣者也。"④这也就是说,世袭权力者只要还没有"无

---

① 冯友兰曾指出:"依中国旧日对于历史之见解,中国历史可截然分为两时期,即
　所谓三代以上及三代以下。所谓三代以上之时期,乃一完全黄金时代。在其时
　社会之各方面,皆完全为理想的。至于三代以下,则完全为一堕落时期;在此时
　期中之各时代,其距三代愈远者,其堕落愈甚。"(冯友兰,《中国政治哲学与中国
　历史中之实际政治》,见吕思勉、童书业主编,《古史辨》[第七册下编],前揭,页
　296。)冯氏所言此种"中国旧日对于历史之见解"实由儒家所倡导并塑造。
② 在儒家"王圣"思路中,理想实现有赖于权力者(也即"无德有位"者)的修德
　成圣。
③ 《荀子·宥坐篇》。
④ 《孟子·万章上》。

德”到桀纣的地步，就有存在下去的合理性，换句话说，“王圣”思路是在承认现实世袭权力正当性的前提下来进行政治设想的，该政治设想的结果是以“圣君贤相”为理想的政治格局。“圣君垂拱而治，贤相则负责处理一切实际的政务。这样，皇帝虽然世袭却不妨害政府领袖——宰相——可以永远在全国范围内选拔出最贤能的人来担任。”[1]“贤相”可通过选拔产生，“圣君”却不可。由于“圣君”不是天生的，因此，儒生遂以“格君心之非”、辅助人君成圣为职。坚持“王圣”思路的儒生同世袭权力者的关系，不像“圣王”思路下二者之间的关系那样紧张，事实上，这也是宋代之后的主流思路。在“王圣”思路下，“德位合一”理想实现的关键在于人君成为圣人，在人君不接受“圣化”或无法“圣化”的情形下，儒生唯有“守先待后”，以传道自任。

在儒学史上，尽管罕有“无德无位”这样的表述，但儒者对民的刻画表明，它其实主要是指民众，只有在极少情况下，个别儒生（如颜元）才用它来指称后儒，以表达其不满。[2] 首先让我们来看一下儒生是如何看待民众的。

> 夫民，合而听之则圣，散而听之则愚。合而听之，则大同之中，有个秉彝在前，是是非非，无不当理，故圣。散而听之，则各任私意，是非颠倒，故愚。[3]

程颐的上述说法很有代表性，在儒学史上，这是一种根深蒂

---

① 余英时，《“君尊臣卑”下的君权与相权》，见氏著，《中国思想传统的现代诠释》，前揭，页 79。
② 《清史稿·儒林一·颜元》。
③ 《二程遗书》，前揭，页 367。

固的对民的看法。[1] 在儒家看来,民之整体能决定政权转移,在政治生活中具有神一样的作用,因此,儒家劝告有位者为政当以民为本。另一方面,民之个体"至愚",没有"自治"能力,因此,民又是一种被动的政治存在,儒生由此将自己定位为民的教化者与代表。在此我们可观察到,在儒家对民的理解中有两个不可分离的方面,即民本论与民不能自治论。近代以来,人们习惯于拿儒家的民本论同西方的民主思想进行附会,力图使民本论在实现现代转化或包装之后,重新成为中国现代政治的正当性依据。[2] 与民本论备受关注形成鲜明对照的是,人们对儒家的民不能自治论却鲜有论及,此种缺失影响了我们对儒家政治哲学之全貌与本相的认识。

上文揭示了儒家对政治世界中其他三类成员的看法,据此我们可进一步把握儒生在政治世界中的自我角色定位。在"圣王"思路下,儒生自感处于"天"与"民"(即"无德无位"者)之间,他们相信通过向历史上之"有德有位"者的学习即可把握天意或道,从而拥有统治、教化"民"的知识与资格。将这一思路推到极致,便不能不得出如下结论:儒生才是真正正当的统治者,"无德有位"者(即世袭权力者)理应被儒生所取代;这是儒家政治哲学中最富有革命性的思想。

---

[1] 张载曰:"民虽至愚无知,惟于私己然后昏而不明,至于事不干碍处则自是公明。"(《张载集·经学理窟·诗书》,章锡深点校,北京:中华书局,1978,页256—257。)陆九渊曰:"夫民合而听之则神,离而听之则愚。"(《象山语录》,前揭,页23。)这些言论同程颐所言实无二致,其中所包含的观念绝非惟有道学家才有,如唐代陆贽所言:"所谓众庶者,至愚而神。"(《奉天请数对群臣兼许令论事状》,见[唐]陆贽著,《陆贽集》,王素点校,北京:中华书局,2006,页390。)

[2] 陈独秀对这种附会很不以为然,认为"以古时之民本主义为现代之民主主义,是所谓蒙马以虎皮耳"(陈独秀,《再质问东方杂志记者》,转引自李泽厚,《中国现代思想史论》,北京:东方出版社,1987,页104)；殷海光也指出,以儒家的民本论附会民主思想是"把爱国与讲知识混为一谈"(殷海光,《殷海光先生文集》,台北:九思出版社,1979,页179)。

在"王圣"思路下，儒生处于"天"、"君"与"民"之间，具有多重角色。一方面，儒生作为天意或道的代表，肩负有教导人君并辅佐他教化民众的双重政治责任；另一方面，儒生作为民意代表，又肩负有为民请命的政治职责。人们不难看出，上述角色在政治生活中所处的位置，恰好是秦汉之后"君尊臣卑"政治现实中矛盾容易激化的地方。可见，儒家在"王圣"思路下对自身定位的角色，具有缓解传统政治生活矛盾的功能。此外，这些角色的存在对防止或遏止中国传统政治往"力"一方面的畸形发展也甚有意义。

（二）儒家政治哲学与现代世界

儒学在现代世界中的整体命运，通常被描绘成一个从政治退至社会、然后又从社会收缩为人生的不断退缩的过程。[①] 据金耀基所言，"制度化儒学"早已死亡，但"社会化儒学"仍然存在，且对经济发展具有重要的推动力。[②] 金氏所谓"制度化儒学"实即政治儒学或儒家政治哲学，它真的就已经死了或者说完全从现实政治中"退"出来了吗？金观涛就不这么看，他指出：

---

① 陈少明，《遭遇自由》，见氏著，《等待刺猬》，前揭，页148。另可参景海峰《儒学的现代转型与未来定位》一文（见国际儒学联合会主编，《儒学现代性探索》，北京：北京图书馆出版社，2002，页1—15）。儒学在中国现代世界中的步步退缩，同激进主义一波接一波的激烈攻击密不可分，这些攻击大多集中在其政治哲学方面。马克思主义学者立足于民主（平等）的价值立场，以知识社会学的手法，强调儒家政治哲学同传统君主专制政治之间的依存性关系。自由主义与现代新儒家之间的论战主要集中在儒家的核心政治理念"内圣外王"（或"德位合一"）上，自由主义批评儒家政治哲学具有泛道德主义、公私领域不分以及德治思维的自负等缺陷，主张"德"与"位"或"内圣"与"外王"相分离，以便使"内圣"归"内圣"，"外王"归"外王"。
② 金耀基，《东亚发展的文化诠释——论香港的理性传统主义》，见氏著，《中国社会与文化》，香港：牛津大学出版社，1992，页166。

从结构上讲，当代中国大陆占统治地位的意识形态既不是西方的马克思主义（包括新马克思主义流派），也不是苏联的马克思列宁主义，而是一种用马克思主义语言表达的，但结构上十分类似于儒家文化的思想系统。因此，才会出现当代中国文化史上最奇特的现象：表面上是用马克思主义彻底地批判旧文化，但这种运动又必然是顺着儒家文化发展的内在逻辑展开的。因此，一方面传统在名义上遭到批判，另一方面与其等价的东西却在运动中制造出来，而且在现代的名义下变得出奇的强大。[①]

金观涛的具体观点确当与否，我们在此不论，但他所言马克思主义与儒家文化的思想系统在结构上的相似性，无疑很有见地。如再联系到刘小枫在《儒家革命精神源流考》一书中所作精神现象学分析工作，我们可以说，儒家政治哲学同马克思主义政治哲学在结构上的相似性或隐性同构性，正是国人接受马克思主义的释义学背景。在革命时期，儒家政治哲学中的革命精神为现代革命提供了精神资源；在革命成功之后，儒家政治哲学中的民本论、圣人正义论以及德治主义等思想，则为人民民主政体的选择与建设提供了释义学背景。可见，在中国现代世界中儒家政治哲学通过充当隐性参照物的方式而悄然进入了我们的政治生活，而非成为了"博物馆中的陈列品"（列文森）或"无体可附的游魂"（余英时），它没有伴随中国传统社会制度的崩解而一同云消雾散，而是通过附着在现代意识形态这一新的"体"上而得到了现代延续。当然，儒家政治哲学尽管有其现代延续的一面，它毕竟不再是一种建制化的存在了。

[①] 金观涛，《当代中国马克思主义的儒家化》，转引自李明辉，《当代儒学的自我转化》，前揭，页4。

　　施特劳斯曾将"现代性"界定为"对前现代政治哲学的激进变更（radical modification）"，而变更的结果"看起来是对前现代政治哲学的拒绝"；从上述判断出发，他认为"现代性的危机原本是现代政治哲学的危机"。① 在施氏那里，前现代政治哲学即古典政治哲学，它追求以美德为目标的最佳制度，而现代政治哲学的特点与危机就体现在它对这一追求的放弃上。以此来看，中国现代世界对儒家政治哲学至少是表面上的拒斥，乃是中国现代性危机的原因与表现；由于这种拒斥是以西方现代政治哲学为依据来进行的，因此，中国的现代性问题不仅是古今关系问题，而且还牵涉着中西关系问题，由此而被激起的是民族辩护立场上的保守主义与西化立场上的激进主义之争。激进主义自五四以来的高歌猛进，使国人同自身传统越来越疏离，文化认同危机或"无家可归"的精神危机已成今日不可忽视的大问题。②

　　人们当下对儒家政治哲学的看法与态度主要有如下三种：第一，激进保守主义者（如蒋庆、康晓光等）主张恢复儒家政治哲学的意识形态地位；第二，自由主义者在主张以"日用常行"的生活领域为现代儒学的出路的同时，③也注意从思想上疏通儒学与自由主义的关系，力图使自由主义扎根于儒家的文化传统；④第三，马克思主义者对大陆激进保守主义颇为戒备，⑤但其"马克思主义中国化"的提法表明，同自由主义者一样，他们也不再

---

① ［美］施特劳斯，《现代性的三次浪潮》，见贺照田主编，《西方现代性的曲折与展开》，前揭，页 88、页 87。

② 可参甘阳，《中国：如何避免"自宫式"的现代化？》，http://www.qglt.com，2005。

③ 参余英时，《现代儒学的回顾与展望——从明清思想基调的转换看儒学的现代发展》，见氏著，《现代儒学论》，前揭，页 41。

④ 参陈少明，《道德重构中的制度与修养问题——兼谈儒学与政治自由主义的关系》，见氏著，《等待刺猬》，前揭，页 188－193。

⑤ 参方克立，《甲申之年的文化反思——评大陆新儒学"浮出水面"和保守主义"儒化"论》，见《中山大学学报》（社会科学版），2005(6)。

坚持以往的激进立场,不再将儒家政治哲学简单地等同于历史上陈旧腐朽的东西而摒弃之,而是对之表现出了相当的宽容。

本书作者认为,在中国现代世界中,儒家政治哲学如果不甘于甘阳所说的人文文化守护者的角色而想有更大的作为的话,[1]它就必须对自身进行深度的自我反省与批判,这种自我反省与批判不是在枝枝节节上进行的,而是从根本上来开展。

儒家的政治哲学思考展开于"德"、"位"之间,具有明显的道德化取向,这样的思考空间与取向狭窄而单一,难以容纳以"智"或"理性化"为特征的现代政治哲学。儒家并非不重视"智",作为三达德之一,"智"在儒家那里地位亦甚高,问题在于,儒家之谓"智"是服务于"仁"并为"仁"所统摄的,[2]它本身没有独立自足的意义;事实上,孔门行教实践一开始就是重仁轻智斥勇的。[3] 余英时把先秦儒家看作是中国政治传统中的主智论者,[4]这自然是相对于道家与法家而言的宏观上的立论,但究其实际,儒家对道德价值的重视远甚于知识理性,此种倾向在儒生的为学方面表现为"德性"比"问学"更具价值上的优先性,在儒生的政治行为方面则表现为重教化而轻行政。[5] 儒家重道德而轻知识理性的价值偏爱或执拗,对中国古代政治生活产生了重要影响,即由王莽改制这一事件来说,事件表明,仅仅凭靠"德"而蔑视历史上积累下来的行政经验理性,不但不能实现好政治,反而

---

[1] 参甘阳《儒学与现代——兼论儒学与当代中国》一文(见氏著,《古今中西之争》,前揭)。
[2] 如子曰:"里仁为美。择不处仁,焉得知?"(《论语·里仁》)
[3] 陈少明,《孔门三杰的思想史形象——颜渊、子贡和子路》,见氏著,《经典世界中的人、事、物》,前揭,页101。
[4] 余英时,《反智论与中国政治传统——论儒、道、法三家政治思想的分野与汇流》,见氏著,《中国思想传统的现代诠释》,前揭,页47—51。
[5] 朱熹所言"郡守以承流宣化为职守,不以薄书财计狱讼为事"可为此作一生动注脚。

会带来坏政治。近人黄仁宇指出，中国传统社会之所以难以实现现代转型，就在于缺乏"数目字管理"；①作为塑造中国政治传统的重要力量之一，儒家对此不能说没有干系。

儒家不仅因对"德"的过于注重而使其政治哲学思考的空间与取向狭窄而单一，其所谓"德"也与现代政治哲学相异，难以支撑现代政治生活。在儒家以"德位合一"为目标的政治哲学思考中，"德"贯通天意与民心，为政治统治提供正当性，就其与天意的关联来看，"德"的正当性具有超越性的一面。但在现代政治哲学中，新的政治正当性乃是世俗化的，以"去道德化"为标志的，它有自由、民主与富强三个正当性轴心。② 这是儒家政治哲学与现代政治哲学的重大分野处。如单就政治正当性这一话题来说，二者之间的差异也体现在如下方面：

　　　　西方近代政治经济制度正当性根据并非仅仅是道德。用道德的合理性很难理解弱肉强食的竞争、市场经济中的私有产权，以及形式法规高于道德价值的合理性。何况西方现代性背后最重要的价值——个人权利，是一种不完全等同于道德的正当性，是不可能用向善的意志来加以论证的。这样一来，无论如何扩大中国传统之理的内涵，只要它是道德式的，就无法完全包容西方现代政治经济制度正当性论证。③

---

① 参黄仁宇《〈万历十五年〉和我的"大"历史观》一文（见氏著，《万历十五年》，北京：生活·读书·新知三联书店，2004，页 265－281）。
② 许纪霖，《近代中国政治正当性之历史转型》，见刘擎编，《权威的理由——中西政治思想与正当性观念》，北京：新星出版社，2008，页 76。
③ 金观涛、刘青峰，《天理、公理和真理——中国文化"合理性"论证以及"正当性"标准的思想史研究（一）》，见 http://blog.tianya.cn/blogger/trackback.asp?BlogID＝348708&PostID＝1244！。

如就"德"与民意的关联来看,儒家所谓"德—民意"具有比较强的主观性,他们往往单方面地宣称有德或代表了民意,这种"自以为是"的民意同现代奠基于民主选举之上的民意不是同一回事,我们在王莽的改制实践中对此已有所领略。①

儒家政治哲学在现代世界所面临的这种境况不是孤立的现象,这是因为,德性在古今政治生活中的位置已发生了重大转变。施特劳斯指出,古典政治哲学追寻最好的政制(regime),认为这种政制对德性实践最具指导性,但它的建立却要"必然依赖于不可控制、难以把握的命运或者机运(chance)";在现代政治哲学这里,德性不再被理解为国家(commonwealth)为之而存在的东西,相反,它成了为了国家的缘故才存在的东西;与此同时,现代政治哲学由于降低了目标,同时又认为"机运可被驾御",因而相信"政治问题的解决是有保证的"。② 所谓"降低了目标"是指,现代政治哲学为了提高实现理想的可能性而降低了道德标准,它放弃了灵魂方面的要求,而仅满足于身体方面的安全。③由此而言,放弃了灵魂方面的要求而专注于保护人们身体的现代政治哲学,乃是以"政"、"教"分离为其基本特征的。

以"德位合一"为核心价值理念的儒家政治哲学无疑是主张"政教合一"(广义上的)的,我们甚至可以说,它关注人的灵魂甚

---

① 在中国近代史上,人们以儒家的民本论为释义学背景而接续上了卢梭式的人民主权论,二者的共同点是都强调民意。在这一现代接续中,儒家所谓"德—民意"不但得以现代延续,而且其主观性在现代世界中被放大了,并带来了诸多流弊与危害。许纪霖指出,自清末民初以来,民意之内涵的客观性和抽象性依次减弱,而主观性和流变性逐渐递增,这给了民本正当性一个重新翻盘的空间,统治者只要宣称代表民意,便可以民本正当性冒充民主的正当性,或者以民粹主义的名义行专制主义之实(许纪霖,《近代中国政治正当性之历史转型》,见刘擎编,《权威的理由——中西政治思想与正当性观念》,前揭,页75)。

② 施特劳斯,《现代性的三次浪潮》,见贺照田主编,《西方现代性的曲折与展开》,前揭,页89—91。

③ 参陈建洪,《施特劳斯论古今政治哲学及其文明理想》,见《世界哲学》,2008(1)。

于关注人的身体。当我们追问儒家政治哲学何去何从，追问它在今天这样一个以世俗化或目的合理性为特征的现代世界中的命运时，一个首当其冲的问题就是，它是否愿意放弃其在灵魂方面的要求，或者说，它是否愿意放弃其"政教合一"式的政治理解，这是它能否进行现代转化的一个重要关节点。儒家重视权变，[①]又强调"时"的观念，[②]与伊斯兰教等文化传统相比，儒家更具有"与时俱进"的意识，如刘述先在回应伊斯兰哲学家纳斯尔时就强调，为了避免那种神治状态下的专制者的出现，政教分离是必要的；[③]而以民主为防止专制者出现的制度性保障，则是现代新儒家们的共识；由此可见，儒家的核心政治哲学见解——"德位合一"之现代转化，至少在观念的层面上已经有所进行了。

---

① 参黎红雷，《儒家管理哲学》，广州：广东高等教育出版社，1997，页 93—96。

② 章太炎对儒家重"时"的传统多有批评，曾说："然则孔子之教，惟在趋时，其行义从时而变，……君子时中，时伸时绌，故道德不必求其是，理想亦不必求其是，惟期便于行事则可矣。用儒家之道德，故艰苦卓厉者绝无，而冒没奔竞者皆是。……用儒家之理想，故宗旨多在可否之间，议论止于函胡之地。"（章太炎，《诸子学略说》，见刘梦溪主编，《中国现代学术经典——章太炎卷》，陈平原编校，石家庄：河北教育出版社，1996，页 483—484。）

③ 任军，《纳斯尔与刘述先："回儒对话"语境中的"传统"与"现代"之争》，见《世界哲学》，2009(5)。

附录一：文献综述

　　本书试图通过对孔子"有德无位"解释史的历史考察，来研究儒家政治哲学的生成、演变及其特质，这样的研究方式与主题，涉及儒学史与儒家政治哲学两大论域，关于该两大论域的研究文献可谓汗牛充栋，兹就与本文最直接相关者陈述如下，以方便读者将其与本书作参照性的比较与理解。

一、关于儒家政治思想的研究

　　儒学在中国古代历史上曾受到道、释两家的冲击与挑战，但只限于"内圣"领域，其政治思想（即"外王"方面）自汉以来即处于自然正当的地位。清末以来输入中土的西学对儒家政治思想的冲击与挑战，则是中国"三千年未有之大变局"（李鸿章语），自此以降，对儒家政治思想的讨论一直是中国现代化进程中的热点问题，该方面的研究文献不可胜计，既散见于中国通史（如钱穆之《国史大纲》，北京：商务印书馆，1996 年）、学术史（如钱穆之《国学概论》，北京：商务印书馆，1997 年）、思想史（如侯外庐之《中国思想通史》，北京：人民出版社，1956 年）与哲学史（如冯友兰《中国哲学史》，北京：中华书局，1992 年）等研究领域的作品中,也见于政治思想史的专题研究中(如萧公权:《中国政治思想史》,沈阳:辽宁教育出版社,2001 年;刘泽华:《中国政治思想史》,杭州:浙江人民出版社,1996 年),专题性的论文探讨更是多不胜数。这些研究无一例外是在中西比较的认知框架下展开的,这是中国现代性现象的重要表现。

我们可依不同标准对以往儒家政治思想的研究文献加以分类。首先,依论者是否持有明确的价值立场,可将上述研究分为两大类,一是有明确价值立场的研究,一是"价值中立"立场上的知识学研究。前者又可分为激进主义与保守主义两大阵营。严复的《论世变之亟》与《辟韩》(见王栻编:《严复集》,北京:中华书局,1986 年)、吴虞的《儒家主张阶级制度之害》(见王曰美主编:《儒家政治思想研究》,北京:中华书局,2003 年)及陈独秀《宪法与孔教》(1916 年 11 月 1 日《新青年》2 卷 3 号)诸文开激进主义之先河,在中国现代的民族性生存比较中,他们质疑、否定作为传统意识形态的儒学的正当性,而以西方的宪政民主为中国政治的现代出路。早期激进主义者以不容妥协的姿态,强调儒家政治思想同民主、自由、人权等现代政治观念的不相容性,要求与自身传统进行彻底决裂,该思想主张通常也被称为"西化"派。在五四之后,殷海光等海外自由主义者继续从事批评儒家政治思想的工作(《孔制的崩溃》,见王曰美主编《儒家政治思想研究》),大陆学者自五十年代之后则从马克思主义的立场与视野上继续推进五四的激进立场(如赵纪彬之《论语新探》,北京:人民出版社,1976 年),其间千孔一面的著作与讨论文章皆可作如是观。在这一推进中,大陆学者尤为关注儒学与专制体制之间的关联,较早的有王亚南(《官僚政治与儒家思想》,见王曰美主编《儒家政治思想研究》),晚近的则有南开大学的刘泽华派。

保守主义系应激进主义的刺激而起,在中国"保种、保教、保国"的现代生存主题中,他们尤为关注"保教"方面。其演变有前后两期,一是应五四刺激而起的新儒家,一是大陆近年出现的新保守主义。新儒家自熊十力起即关注"外王"问题,在《原外王》一文中(见王曰美主编《儒家政治思想研究》),熊氏欲从《大易》、《春秋》、《礼运》、《周官》诸经抉择孔子的外王学,在《周官》研究中,熊氏认为《周官》的政治主张在取消王权、实行民主政治,其社会理想则一方面本诸《大易》格物之精神,期于发掘工业,一方面欲逐渐消灭私有制,使一切事业归于国营。熊氏这种致力于儒家政治思想之现代转化的致思方向,为新儒家的第二代所继承,他们在熊氏的基础上,进一步思考儒学的现代调适问题,思考如何从"内圣"开出新"外王",即如何实现儒家道德精神(道统)同科学、民主的现代衔接问题,其中以牟宗三的观点具有代表性与影响力。牟氏在比较儒家道德哲学与康德道德哲学时指出,儒家的"内圣"之学比西学要高超(《心体与性体》,上海:上海古籍出版社,1999 年),其欠缺在"外王"方面;在《政道与治道》一文中(见郑家栋编:《道德理想主义重建——牟宗三新儒学论著辑要》,北京:中国广播电视出版社,1993 年),牟氏将中国历史上"一治一乱"现象归于没有"政道",由此而呼吁建立中国的"政道"——民主制度,这是其"开出"说的具体体现。牟氏将科学、民主安置在儒家的"良知本体"之上,以"良知自我坎陷"来解决儒学与科学、民主的关系,可谓用心良苦——既要确立儒家价值的绝对性与优越地位,又要在此前提下容纳科学、民主这些现代价值。就对中国政治史与儒家政治思想的认识深度以及对现代民主思想的体认而言,徐复观胜过牟氏,其在《中国的治道》一文所言中国政治的二重主体性及其矛盾问题,以及在《儒家在修己与治人的区别及其意义》一文中对儒家政治思想中关于"修己"与"治人"之区分的历史发掘(见氏著,《中国思想史论集续篇》,上海:上海书店出版社,2004 年),俱发前人之所未发,可见其思想之敏锐与深刻。关于 1949 年之后台湾新儒家的发展及其同自由主义的关系，可参韦政通《新儒家与自由主义观念冲突的检讨》（见汤一介、杜维明主编：《百年中国哲学经典·八十年代以来卷（1978—1997）》，深圳：海天出版社，1998 年）及李明辉《徐复观与殷海光》（见氏著，《当代儒学的自我转化》，北京：中国社会科学出版社，2001 年）二文。

　　新儒家第三代的重要代表杜维明，在其前辈的基础上，致力于儒学同国际哲学界的对话，以及儒学对于解决现代性问题的资源意义，在政治哲学上承认自由主义秩序的不可逾越性，强调儒家须接纳自由、民主、人权等基本理念（哈佛燕京学社、三联书店主编：《儒家与自由主义》，北京：生活·读书·新知三联书店，2001 年）。海外新儒家致力于儒家政治思想同现代民主理念的疏通工作，他们虽应五四反传统的激进而起，实并不简单排斥五四，他们也承认民主与科学的价值，其间区别在于，新儒家不像激进派那样强调儒学与西方现代民主之间非此即彼的对立，而是强调二者之间的亲和性与相容性。钱穆是海外保守主义者中比较特殊的一个，其学术立足于史学而非宋学，他提倡对本国已往之历史要抱有"温情与敬意"（《国史大纲》[上]），认为中国传统政治与西方截然不同，力辩中国无专制政治（《中国传统政治与儒家思想》，见王曰美主编《儒家政治思想研究》）。

　　大陆保守主义的出现是相当晚近的事情。自上世纪五十年代到七十年代，大陆思想界为主流意识形态所笼罩，儒学在其中是被批判、打压的对象。伴随八十年代的思想解放运动以及九十年代市场经济的发育，大陆知识思想界开始出现了保守主义的声音，并由此而形成了新左派、自由主义同保守主义并存共在的思想格局。到目前为止，存身于新左派与自由主义夹缝中的保守主义，其声音并非完全一致，据陈明的划分（见"中道论坛"），其中共有四派，即蒋庆的政治儒学（《政治儒学》，北京：三联书店，2003 年）、康晓光的策论儒学、盛洪的经济儒学（《为万世开太平——一个经济学家对文明问题的思考》,北京:北京大学出版社,1999 年)与陈明的文化儒学(《儒者之维》,北京:北京大学出版社,2004 年)。前两派对儒家传统政治哲学尤为关注,在传统"夷夏之辨"的民族性辩护立场上,二者皆强调民主的缺陷性而持抵制立场,如康晓光即提出"中国民主化是祸国殃民的选择"的观点,该二派放言要以儒家政治哲学作为中国现代政治的合法性基础,欲想恢复儒学以往的意识形态地位与建制化功能,其"原教旨主义"气息可看作是对长期激进"西化"的焦虑性反应。与海外保守主义相比,一直处于激进主义语境中的大陆保守主义更为激进,他们所依托的儒学资源也颇为不同,前者立足于宋学,后者则主要依托于汉学。甘阳的"批判的文化保守主义"是大陆保守主义中比较特殊的一种,有见于"现代化"的不可避免及其负面价值,他从区分"古今"问题与"中西"问题的性质差异入手,既不主张儒学去迎合"工具理性"(即牟宗三式的"开出"说),也不主张儒学高唱"道德理想主义"(即价值理性的道路),认为儒学唯一的道路只能是守卫人文文化(《儒学与现代——兼论儒学与当代中国》,《古今中西之争》,北京:生活·读书·新知三联书店,2006 年)。关于中国保守主义与自由主义之间的历史关系,可参李明辉《当代儒学的自我转化》、何信全《儒学与现代民主》二著作的"导论"(北京:中国社会科学出版社,2001 年)以及顾昕《德先生是谁?——五四民主思潮与中国知识分子的激进化》(见哈佛燕京学社、三联书店主编:《儒家与自由主义》)诸文。

在儒家政治思想的研究中有一种知识学立场上的研究,其中,以余英时为代表。余氏在其学术生涯中,自始至终地关注儒家政治思想,他关于该方面的研究著作计有:《士与中国文化》(上海:上海人民出版社,1996 年)、《现代儒学论》(上海:上海人民出版社,1998 年)、《朱熹的历史世界——宋代士大夫政治文化的研究》(台北：允晨丛刊，2003 年)、《论戴震与章学诚——清代中期学术思想史研究》(北京：生活·读书·新知三联书店，2005 年)等。由其著作之名即可推想，余氏的论域由先秦、两汉、宋代、明清直至近现代，贯穿了整部儒学历史。余氏以史学的态度与方法梳理儒学的思想脉络，注意儒家政治思想与社会政治之间的互动(尤以《朱熹的历史世界》为典型)，弥补了观念史研究与哲学史研究的一些短处，其研究方法与相关研究成果对本文助益良多。干春松的《制度化儒家及其解体》(北京：中国人民大学出版社，2003 年)亦是儒家与社会政治互动视角下的研究作品。

从研究方法上看，儒家政治思想研究领域中的传统方法为观念史、思想史与哲学史的方法，以现象学的方法从事该领域的研究是近年才出现的一个新动向，其中，以刘小枫的《儒家革命精神源流考》(上海：上海三联书店，2001 年)为代表。刘著对儒家革命精神所作的现象学考察工作，从一个特殊视角揭示了儒家政治思想的源流与结构，对于本文考察儒家政治思想的观念结构很有启发。此外尚有张祥龙的《从现象学到孔夫子》(北京：商务印书馆，2001 年)。对儒家政治思想的研究，从侧重于"政"还是侧重于"治"，亦可区分为两种，传统研究以前者为主体内容，注重儒家政治思想同现代民主或自由的"格义"，后者则留意于发掘儒家政治思想中的管理智慧，其中，以黎红雷的《儒家管理哲学》(广州：广东高等教育出版社，1997 年)为代表，牟宗三在《政道与治道》一文中对中国治道类型的分析也是该领域中的重要作品。

儒家政治思想的现代命运问题，一直是人们所关心的焦点问题之一，因为这涉及到儒学在现代社会生活中的定位问题，在该问题上，有代表性的作品主要有徐复观的《儒家政治思想的构造及其转进》(见王曰美主编《儒家政治思想研究》)、余英时的

《现代儒学论》、蒋庆的《政治儒学》。徐氏从现代新儒家的一般立场出发,认为儒家的德治思想比西方的政治思想要高出一等,但由于缺少了治于人者的自觉的阶段,因此儒家的政治思想需要倒转过来,接上民主政治这一环。余氏则认为,现代世界中的儒学是"游魂",已不可能再实现其以往的建制化功能,其前途在"日用常行"领域,蒋氏则要求重新实现儒学的这一功能。儒家政治思想同西方现代政治理论的"格义"一直没有终止,力图疏通儒学与自由主义的关系,寻求二者之间的衔接点是新近出现的一个新动向,该方面的研究工作主要有:刘军宁的《自由主义与儒教社会》(见《公法评论》,http://www. gongfa. com)、陈少明的《道德重构中的制度与修养问题——兼谈儒学与政治自由主义的关系》(见氏著,《等待刺猬》,上海:上海三联书店,2004年)、任剑涛的《社会政治儒学的重建——关于"儒家自由主义"的理论期待》(http://yuandao. com)以及范亚峰的《自由的民族理论是否可能》、《寻求宪政中华的正当性根基》(见《公法评论》,http://www. gongfa. com)、《内圣归内圣,外王归外王——自由主义与儒家传统初论》等系列文章(《世纪中国》,http://www. cc. org. cn),这些研究工作或注意于儒学与自由主义之间的互补性,或力图从儒家传统政治思想中寻求民主宪政的超验根据,皆着眼于中国当下的政治建设。其他相关讨论文章尚有:胡维希的《中国传统政治哲学的困境及其现代转换——兼论现代政治哲学的构成》(《政治学研究》,2004年第3期)、何显明的《儒家政治哲学的内在理路及其限制》(《哲学研究》,2004年第5期)、邓曦泽的《论德性与权力的断然分离》(《中国哲学史》,2004年第2期)、徐克谦的《论儒学基本原理与民主政治的兼容与接轨》(《孔子研究》,2004年第6期)。

　　国外学者们关于儒学及儒家政治思想的研究,为我们理解儒家政治思想的性格、缺陷及其前途提供了难得的外域参照,它们主要有：韦伯的《儒教与道教》（南京：江苏人民出版社，1997年）、列文森的《儒教中国及其现代命运》（北京：中国社会科学出版社，2001年）、艾兰的《世袭与禅让——古代中国的王朝更替传说》（北京：北京大学出版社，2002年）、史华慈的《古代中国的思想世界》（南京：江苏人民出版社，2005年）、郝大维与安乐哲的《通过孔子而思》（北京：北京大学出版社，2005年）、亨廷顿的《文明的冲突与世界秩序的重建》（北京：新华出版社，2002年）。关于儒家政治思想的研究文献实在太多，本文在此所举，只是与本文关系较大者，势必挂一而漏万。

二、关于孔子圣人形象的研究

本文选题源于学者们关于孔子"圣化"研究的启发。

在古代社会，人们关于孔子的身位或形象颇有分歧与争论，如道、墨两家就不承认孔子是圣人，即便在儒学内部，也有圣人、素王与教主的差异，以及圣人与贤人的差异，诚如顾颉刚所言："各时代有各时代的孔子，即在一个时代中也有种种不同的孔子呢。"①但不管怎么说，这些分歧与争论仍不出传统思想之范围，而且也不会影响孔子在秦汉之后中国社会中的主要身位——"圣人"。受清儒"以复古为解放"之学风（梁启超语）以及西学东渐的影响，中国现代学界有一场更为热烈的关于孔子身位或形象的争论，由于孔子已成为中国文化的象征，因此，这场争论实牵一发而动中国文化之全身；在这场争论中，"古今"问题同"中西"问题纠缠在一起，因此，争论呈现出与古代完全不同的面貌。引发这一现代争论的是古史辨派的代表人物顾颉刚。顾氏在其

---

① 顾颉刚，《春秋时的孔子和汉代的孔子》，见氏编著，《古史辨》（第二册），前揭，页131。

《春秋时的孔子和汉代的孔子》一文中,着重考察孔子如何从一个有才干、有宗旨、有热诚的人被塑造成"感生"、"受命"的教主,其手法实即胡适之谓"剥皮主义",其目的是要去掉孔子头上的神圣光环,还孔子以本来的面貌。① 自此以降,孔子的地位不断下落,"由素王教主之地位一降而为'教授老儒','比于伏生,申公'",冯友兰对此感慨说:"真孔子之厄运也。"② 由此而激起了现代新儒家对孔子之圣人身位的维护。

顾氏《春秋时的孔子和汉代的孔子》开后世孔子圣人形象研究之先河。自上世纪八十年代改革开放以来,从圣人观的角度从事中国思想文化特别是儒家思想文化的研究,逐渐成风。朱维铮《历史上的孔子与孔子的历史》(见氏著,《走出中世纪》,上海:上海人民出版社,1987 年)一文从历史的角度考察孔子形象的变化;王文亮的《中国圣人论》(北京:中国社会科学出版社,1993 年)是圣人观研究方面的通论之作,作者强调中国古代信仰以圣人信仰为基本特征,对中国古代的圣人观念作了较为系统的整理。本世纪初以来,圣人观研究主要集中于孔子圣人形象的历史变迁方面,看上去是对顾颉刚之研究工作的延续与深化,吴润仪的《从"神"圣到"玄"圣——关于董仲舒、王弼两种孔子圣人形象的比较研究》(中山大学硕士论文,2004 年)一文,是对孔子圣人形象变迁所作的断代史研究,李冬君的《孔子圣化与儒者革命》(北京:中国人民大学出版社,2004 年)与林存光的《历史上的孔子形象——政治与文化语境下的孔子和儒学》(济南:齐鲁书社,2004 年),对孔子圣人形象的历史变迁作了全景式的描述。余树萍的《另类圣人——道统之外孔子形象的若干考察》(中山大学博士论文,

---

① 李零近著《去圣乃得真孔子——〈论语〉纵横谈》(前揭)所从事的亦是此种意义上的工作。
② 冯友兰,《孔子在中国历史中之地位》,见顾颉刚编著,《古史辨》(第二册),前揭,页 196。

2005)一文,探讨了孔子在"道统之外"的形象,使孔子的历史形象更加清晰与丰满起来。其他专题性研究,可参程宜山的《论儒家哲学中的圣人崇拜》(载《中国哲学史》,1992 年第 1 期)、李冬君的《儒家分化与孔子圣化》(载《中国哲学史》,1998 年第 7 期)、李英华的《先秦诸子圣王观探析——兼与柏拉图哲学王思想比较》(载《中国哲学史》,2005 年第 1 期)诸文。值得指出的是,郝大维与安乐哲在《通过孔子而思》一书中对孔子形象及生命历程的分析,为我们提供了外域眼光。

不同时代的儒生因着不同的时代需要而塑造不同的孔子形象,考察这些塑造工作的动力、手法与机制,可以使我们理解儒学是如何在不同时代调适自身的,从而可以使我们更加历史具体地理解儒学的发展。在以往关于孔子圣人形象的研究中,有一个基本问题未得到充分对待:不管儒生们如何塑造孔子的圣人形象,孔子"有德无位"都是一个无法回避的基本问题。我们甚至可以说,不同时代的儒生对孔子新圣人形象的塑造,通常都是经由对孔子"有德无位"问题加以新解释来实现的。这样,考察孔子"有德无位"解释史,就成了孔子圣人形象演变史与儒学史研究中的一个不可小觑的重要环节。由于孔子"有德无位"问题涉及到儒家核心政治理念,对它的解释又关涉到儒生们在现实政治中的生存,因此,孔子"有德无位"解释史又为儒家政治哲学研究提供了一个独特的重要视角。

本文的研究意图与研究方式决定了这是一种跨时代、跨领域的研究,涉及众多文献是预料中的事。关于原始资料方面的文献、关于儒学断代史方面的文献、关于儒家政治哲学专题研究方面的文献,在此不再一一说明了,向那些在这些方面作出了辛苦工作的作者们致敬。

附录二：主要参考文献

一、经史子集类

李学勤主编:《十三经注疏》,北京:北京大学出版社,1999 年。

程树德:《论语集释》,程俊英、蒋见元点校,北京:中华书局,1997 年。

《国语》,上海师范大学古籍整理研究所校点,上海:上海古籍出版社,
    1995 年。

[汉]司马迁:《史记》,北京:中华书局,1998 年。

[汉]班固:《汉书》,[唐]颜师古注,北京:中华书局,1983 年。

[宋]范晔:《后汉书》,[唐]李贤等注,北京:中华书局,1987 年。

[元]脱脱等:《宋史》,北京:中华书局,1985 年。

[清]赵尔巽等:《清史稿》,北京:中华书局,1977 年。

《诸子集成》,上海:上海书店出版社,1994 年。

[清]苏舆:《春秋繁露义证》,钟哲点校,北京:中华书局,2002 年。

[汉]董仲舒:《董仲舒集》,衡水师范专科学校中华传统文化研究所编注,
    北京:学苑出版社,2003 年。

[宋]周敦颐:《周敦颐集》,北京:中华书局,1990 年。

[宋]张载:《张载集》,章锡琛点校,北京:中华书局,1978 年。

[宋]张载:《张子正蒙》,[清]王夫之注,上海:上海古籍出版社,2000 年。

[宋]程颢、程颐:《二程集》,王孝鱼点校,北京:中华书局,1981 年。

[宋]程颢、程颐:《二程遗书》,上海:上海古籍出版社,2000 年。

[宋]黎靖德编:《朱子语类》(八册),王星贤点校,北京:中华书局,1994 年。

[宋]朱熹:《朱熹集》,郭齐、尹波点校,成都:四川教育出版社,1996 年。

[宋]朱熹:《四书章句集注》,北京:中华书局,1983 年。

［宋］朱熹、吕祖谦：《朱子近思录》，上海：上海古籍出版社，2000年。

［宋］陆九渊：《陆九渊集》，钟哲点校，北京：中华书局，1980年。

［宋］陆九渊：《象山语录》，上海：上海古籍出版社，2000年。

［宋］周密：《齐东野语》，北京：中华书局，1983年。

［清］颜元：《颜元集》（上、下），王星贤、张芥尘、郭征点校，北京：中华书局，1987年。

［清］王懋竑：《朱熹年谱》，何忠礼点校，北京：中华书局，2006年。

［清］戴震：《戴震文集》，赵玉新点校，北京：中华书局，1980年。

［清］戴震：《孟子字义疏证》，何文光整理，北京：中华书局，1982年。

［清］章学诚：《文史通义校注》，叶瑛校注，北京：中华书局，2005年。

［清］江藩：《国朝汉学师承记》，钟哲整理，北京：中华书局，1983年。

［清］皮锡瑞：《经学通论》，北京：中华书局，1998年。

［清］龚自珍：《龚自珍全集》，王佩诤校，北京：中华书局，1959年。

［清］康有为：《康有为全集》（共十二集），姜义华、张荣华编校，北京：中国人民大学出版社，2007年。

［清］康有为：《论语注》，楼宇烈整理，北京：中华书局，1984年。

［清］康有为：《孟子微　礼运注　中庸注》，楼宇烈整理，北京：中华书局，1987年。

［清］康有为：《长兴学记　桂学答问　万木草堂口说》，楼宇烈整理，北京：中华书局，1988年。

［清］康有为：《康南海自编年谱（外二种）》，楼宇烈整理，北京：中华书局，1992年。

二、近现代著作

A

［美］艾尔曼：《经学、政治和宗教——中华帝国晚期常州学派今文学派研究》，赵刚译，南京：江苏人民出版社，1998年。

［美］艾恺：《最后的儒家——梁漱溟与中国现代化的两难》，王宗昱、黄健中译，南京：江苏人民出版社，1993年。

［美］艾兰：《世袭与禅让——古代中国的王朝更替传说》，孙心菲、周言译，范毓周、刑文审订，北京：北京大学出版社，2003年。

B

白奚：《稷下学研究——中国古代的思想自由与百家争鸣》，北京：生活·

读书·新知三联书店,1998年。

[古希腊]柏拉图:《理想国》,郭斌和、张竹明译,北京:商务印书馆,
2002年。

C

曹锦清编选:《儒学复兴之路——梁漱溟文选》,上海:上海远东出版社,
1995年。

陈来:《朱子哲学研究》,上海:华东师范大学出版社,2000年。

陈来:《朱子书信编年考证》(增订本),北京:生活·读书·新知三联书店,
2007年。

陈来:《古代宗教与伦理——儒家思想的根源》,上海:上海三联书店,
1996年。

陈来:《现代中国哲学的追寻》,北京:人民出版社,2001年。

陈来、甘阳主编:《孔子与当代中国》,北京:生活·读书·新知三联书店,
2008年。

陈荣捷:《朱子门人》,上海:华东师范大学出版社,2007年。

陈少明:《汉宋学术与现代思想》,广州:广东人民出版社,1995年。

陈少明:《等待刺猬》,上海:上海三联书店,2004年。

陈少明:《〈齐物论〉及其影响》,北京:北京大学出版社,2004年。

陈少明:《经典世界中的人、事、物》,上海:上海三联书店,2008年。

陈少明主编:《体知与人文学》,北京:华夏出版社,2008年。

陈学凯:《正统论与革命观——中国传统政治文化的调节机制》,西安:陕
西人民出版社,1998年。

陈柱:《公羊家哲学》,台北:台湾中华书局,1980年。

D

邓艾民:《朱熹王守仁哲学研究》,上海:华东师范大学出版社,1989年。

[德]狄尔泰:《精神科学引论》(第一卷),童奇志、王海鸥译,北京:中国城
市出版社,2002年。

[美]杜维明:《道学政——论儒家知识分子》,上海:上海人民出版社,
2006年。

F

方诗铭、王修龄:《古本竹书纪年辑证》,上海:上海古籍出版社,2008年。

[美]费正清:《中国:传统与变迁》,北京:世界知识出版社,2002年。

冯达文:《早期中国哲学略论》,广州:广东人民出版社,1998年。

冯达文：《宋明新儒学略论》，广州：广东人民出版社，1998 年。

冯友兰：《中国哲学史》（上、下），北京：中华书局，1992 年。

冯友兰：《贞元六书》（上、下），上海：华东师范大学出版社，1996 年。

冯友兰：《中国哲学史新编》（上、中、下），北京：人民出版社，1998 年。

冯友兰：《中国现代哲学史》，广州：广东人民出版社，1999 年。

G

干春松：《制度化儒家及其解体》，北京：中国人民大学出版社，2003 年。

甘阳：《古今中西之争》，北京：生活·读书·新知三联书店，2006 年。

甘阳：《通三统》，北京：生活·读书·新知三联书店，2007 年。

［英］格雷：《自由主义》，曹海军、刘训练译，长春：吉林人民出版社，2005 年。

葛兆光：《七世纪前中国的知识、思想与信仰世界——中国思想史》，上海：复旦大学出版社，1999 年。

顾颉刚编著：《古史辨》（第一、二、五册），上海：上海古籍出版社，1982 年。

顾颉刚：《秦汉的方士与儒生》，上海：上海古籍出版社，1998 年。

顾颉刚：《春秋三传及国语之综合研究》，成都：巴蜀书社，1988 年。

郭沂：《郭店竹简与先秦学术思想》，上海：上海教育出版社，2002 年。

国际儒学联合会主编：《儒学现代性探索》，北京：北京图书馆出版社，2002 年。

H

哈佛燕京学社、三联书店主编：《儒家与自由主义》，北京：生活·读书·新知三联书店，2001 年。

［英］哈耶克：《致命的自负》，刘戟锋等译，北京：东方出版社，1991 年。

［英］哈耶克：《自由秩序原理》，邓正来译，北京：生活·读书·新知三联书店，2003 年。

韩德民：《荀子与儒家的社会理想》，济南：齐鲁书社，2001 年。

韩星：《儒法整合——秦汉政治文化论》，北京：中国社会科学出版社，2005 年。

［美］郝大维、安乐哲：《通过孔子而思》，何金俐译，北京：北京大学出版社，2005 年。

何怀宏：《世袭社会及其解体——中国历史上的春秋时代》，北京：生活·读书·新知三联书店，1996 年。

何信全：《儒学与现代民主》，北京：中国社会科学出版社，2001 年。

贺照田主编：《西方现代性的曲折与展开》，长春：吉林人民出版社，2002 年。

[美]亨廷顿:《文明的冲突与世界秩序的重建》,周琪等译,北京:新华出版社,2002 年。

侯外庐:《中国思想通史》,北京:人民出版社,1956 年。

胡适:《中国古代哲学史》,合肥:安徽教育出版社,1999 年。

胡适:《戴东原的哲学》,合肥:安徽教育出版社,1999 年。

胡治洪:《全球语境中的儒家论说》,北京:生活·读书·新知三联书店,2004 年。

黄进兴:《优入圣域:权力、信仰与正当性》,西安:陕西师范大学出版社,1998 年。

J

姜广辉:《颜李学派》,北京:中国社会科学出版社,1987 年。

姜广辉主编:《中国经学思想史》(第一、二卷),北京:中国社会科学出版社,2003 年。

蒋庆:《公羊学引论》,沈阳:辽宁教育出版社,1995 年。

蒋庆:《政治儒学》,北京:生活·读书·新知三联书店,2003 年。

蒋义斌:《宋代儒释调和论及排佛之演进——王安石之融通儒释及程朱学派之排佛反王》,台北:台湾商务印书馆,1988 年。

[加]金里卡:《当代政治哲学》,刘莘译,上海:上海三联书店,2005 年。

K

[美]柯林斯:《哲学的社会学——一种全球的学术变迁理论》,吴琼等译,北京:新华出版社,2004 年。

L

[英]拉卡托斯:《科学研究纲领方法论》,兰征译,上海:上海译文出版社,1986 年。

[德]莱布尼茨:《神义论》,朱雁冰译,北京:生活·读书·新知三联书店,2007 年。

[英]莱斯诺夫:《二十世纪的政治哲学家》,冯克利译,北京:商务印书馆,2002 年。

李冬君:《孔子圣化与儒者革命》,北京:中国人民大学出版社,2004 年。

李零:《郭店楚简校读记》(增订本),北京:北京大学出版社,2002 年。

李零:《简帛古书与学术源流》,北京:生活·读书·新知三联书店,2004 年。

李零:《丧家狗——我读〈论语〉》,太原:山西人民出版社,2007 年。

李零：《去圣乃得真孔子——〈论语〉纵横谈》，北京：生活·读书·新知三联书店，2008 年。

李明辉：《当代儒学的自我转化》，北京：中国社会科学出版社，2001 年。

李甦平：《朱熹评传——匡时济世，博学慎思》，南宁：广西教育出版社，1995 年。

李宪堂：《先秦儒家的专制主义精神——对话新儒家》，北京：中国人民大学出版社，2003 年。

李向平：《信仰、革命与权力秩序——中国宗教社会学研究》，上海：上海人民出版社，2006 年。

李学勤：《缀古集》，上海：上海古籍出版社，1998 年。

李泽厚：《中国古代思想史论》，北京：人民出版社，1985 年。

李泽厚：《中国现代思想史论》，北京：东方出版社，1987 年。

李泽厚：《实用理性与乐感文化》，北京：生活·读书·新知三联书店，2005 年。

李宗桂：《中国文化导论》，广州：广东人民出版社，2002 年。

黎红雷：《儒家管理哲学》，广州：广东高等教育出版社，1997 年。

黎红雷：《人类管理之道》，北京：商务印书馆，2000 年。

梁启超：《先秦政治思想史》，天津：天津古籍出版社，2003 年。

梁启超：《中国近三百年学术史》，北京：东方出版社，2003 年。

梁启超：《清代学术概论》，上海：上海古籍出版社，1998 年。

［美］列文森：《儒教中国及其现代命运》，郑大华、任菁译，北京：中国社会科学出版社，2001 年。

林存光：《历史上的孔子形象——政治与文化语境下的孔子和儒学》，济南：齐鲁书社，2004 年。

刘梦溪主编：《中国现代学术经典——康有为卷》，朱维铮编校，石家庄：河北教育出版社，1996 年。

刘梦溪主编：《中国现代学术经典——章太炎卷》，陈平原编校，石家庄：河北教育出版社，1996 年。

刘墨：《乾嘉学术十论》，北京：生活·读书·新知三联书店，2006 年。

刘擎编：《权威的理由——中西政治思想与正当性观念》，北京：新星出版社，2008 年。

刘小枫：《现代性社会理论绪论》，上海：上海三联书店，1998 年。

刘小枫：《儒家革命精神源流考》，上海：上海三联书店，2001 年。

刘小枫：《拯救与逍遥》（修订本），上海：上海三联书店，2001 年。

刘小枫：《刺猬的温顺》，上海：上海文艺出版社，2002 年。

刘小枫:《儒教与民族国家》,北京:华夏出版社,2007年。

刘小枫主编:《施特劳斯与古典政治哲学》,张新樟等译,上海:上海三联书店,2002年。

刘小枫编:《中国文化的特质》,北京:生活·读书·新知三联书店,1990年。

刘泽华:《中国政治思想史》(先秦卷),杭州:浙江人民出版社,1996年。

[法]卢梭:《社会契约论》,何兆武译,北京:商务印书馆,2003年。

罗根泽:《罗根泽说诸子》,上海:上海古籍出版社,2001年。

罗根泽编著:《古史辨》(第四册),上海:上海古籍出版社,1982年。

吕思勉、童书业编著:《古史辨》(第七册),上海:上海古籍出版社,1982年。

M

[意]马基雅维里:《君主论》,潘汉典译,北京:商务印书馆,1997年。

[德]曼海姆:《意识形态和乌托邦》,艾彦译,北京:华夏出版社,2001年。

蒙文通:《经史抉原》,成都:巴蜀书社,1995年。

牟宗三:《中国哲学十九讲》,上海:上海古籍出版社,1998年。

牟宗三:《心体与性体》,上海:上海古籍出版社,1999年。

牟宗三:《道德理想主义重建——牟宗三新儒学论著辑要》,郑家栋编,北京:中国广播电视出版社,1993年。

N

[德]尼采:《哲学与真理》,上海:上海社会科学出版社,1995年。

倪梁康:《胡塞尔现象学概念通释》,北京:生活·读书·新知三联书店,1999年。

倪梁康主编:《面对实事本身——现象学经典文选》,北京:东方出版社,2000年。

[美]诺夫乔伊:《存在巨链——对一个观念的历史的研究》,张传有、高秉江译,邓晓芒、张传有校,南昌:江西教育出版社,2002年。

P

庞朴:《一分为三论》,上海:上海古籍出版社,2003年。

［瑞士］皮亚杰：《结构主义》，倪连生、王琳译，北京：商务印书馆，1984 年。

Q

钱穆：《中国近三百年学术史》，北京：中华书局，1987 年。

钱穆：《国史大纲》（修订本）（上、下），北京：商务印书馆，1996 年。

钱穆：《国学概论》，北京：商务印书馆，1997 年。

钱穆：《先秦诸子系年》，北京：商务印书馆，2002 年。

钱穆：《两汉经学今古文平议》，北京：商务印书馆，2003 年。

钱穆：《秦汉史》，北京：生活・读书・新知三联书店，2004 年。

钱穆：《中国历代政治得失》，北京：生活・读书・新知三联书店，2006 年。

R

任剑涛、郭巍青主编：《政治哲学的理论视界》，广州：广东人民出版社，
　　2003 年。

S

萨孟武：《中国政治思想史》，台北：三民书局股份有限公司，1989 年。

［日］山口久和：《章学诚的知识论——以考证学批判为中心》，王标译，上
　　海：上海古籍出版社，2006 年。

［美］史华慈：《古代中国的思想世界》，程刚译，刘东校，南京：江苏人民出
　　版社，2005 年。

［德］施米特：《政治的概念》，刘宗坤等译，上海：上海人民出版社，2004 年。

［美］施特劳斯、克罗波西主编：《政治哲学史》，李天然等译，石家庄：河北
　　人民出版社，1993 年。

［美］施特劳斯：《自然权利与历史》，彭刚译，北京：生活・读书・新知三联
　　书店，2003 年。

束景南：《朱子大传》（上、下），北京：商务印书馆，2003 年。

［英］斯金纳：《自由主义之前的自由》，李宏图译，上海：上海三联书店，
　　2003 年。

［英］斯可拉顿：《保守主义的含义》，王皖强译，刘北成校，北京：中央编译

出版社,2005 年。

T

汤一介、杜维明主编:《百年中国哲学经典:五十年代后卷(1949－1978)》、《百年中国哲学经典:八十年代以来卷(1978－1997)》,深圳:海天出版社,1998 年。

[美]田浩编:《宋代思想史论》,杨立华、吴艳红等译,北京:生活·读书·新知三联书店,2003 年。

[法]托克维尔:《论美国的民主》,董果良译,北京:商务印书馆,1997 年。

W

王葆玹:《今古文经学新论》,北京:中国社会科学出版社,1997 年。

王健文主编:《政治与权力》,北京:中国大百科全书出版社,2005 年。

王俊义:《清代学术探研录》,北京:中国社会科学出版社,2002 年。

王庆节:《解释学、海德格尔与儒道今释》,北京:中国人民大学出版社,2004 年。

王文亮:《中国圣人论》,北京:中国社会科学出版社,1993 年。

王亚南:《中国官僚政治研究》,北京:中国社会科学出版社,1981 年。

王曰美主编:《儒家政治思想研究》,北京:中华书局,2003 年。

汪荣祖:《康有为论》,北京:中华书局,2006 年。

[德]韦伯:《儒教与道教》,洪天富译,南京:江苏人民出版社,1997 年。

[德]韦伯:《学术与政治》,冯克利译,北京:生活·读书·新知三联书店,2005 年。

韦政通:《董仲舒》,台北:东大图书公司,1986 年。

吴宗国主编:《中国古代官僚政治制度研究》,北京:北京大学出版社,2004 年。

X

夏勇:《中国民权哲学》,北京:生活·读书·新知三联书店,2004 年。

向世陵、冯禹:《儒家的天论》,济南:齐鲁书社,1991 年。

肖滨:《传统中国与自由理念——徐复观思想研究》,广州:广东人民出版社,1999年。

肖滨主编:《中大政治学评论》,广州:广东人民出版社,2003年。

萧公权:《康有为思想研究》,汪荣祖译,北京:新星出版社,2005年。

萧公权:《中国政治思想史》,沈阳:辽宁教育出版社,2001年。

萧延中:《"天命"与"德性"——中国政治思想中的"正当性"问题》,北京:中国人民大学出版社,2004年。

谢遐龄编选:《变法以致升平——康有为文选》,上海:上海远东出版社,1997年。

徐梵澄:《陆王学术——一系精神哲学》,上海:上海远东出版社,1994年。

徐复观:《学术与政治之间》,台北:台湾学生书局,1985年。

徐复观:《两汉思想史》(第一、二、三卷),上海:华东师范大学出版社,2001年。

徐复观:《中国人性论史(先秦篇)》,上海:上海三联书店,2002年。

徐复观:《中国思想史论集续篇》,上海:上海书店出版社,2004年。

徐复观:《徐复观论经学史二种》,上海:上海书店出版社,2005年。

徐克谦:《先秦儒家及其现代阐释》,南京:南京师范大学出版社,1999年。

许倬云:《西周史》(增订本),北京:生活・读书・新知三联书店,1994年。

许倬云:《许倬云自选集》,上海:上海教育出版社,2002年。

Y

[古希腊]亚里士多德:《政治学》,吴寿彭译,北京:商务印书馆,1996年。

[德]雅斯贝尔斯:《大哲学家》,李雪涛主译,北京:社会科学文献出版社,2005年。

阎步可:《士大夫政治演生史稿》,北京:北京大学出版社,2003年。

杨　宽:《西周史》,上海:上海人民出版社,1999年。

余嘉锡:《余嘉锡说文献学》,上海:上海古籍出版社,2001年。

余英时:《士与中国文化》,上海:上海人民出版社,1996年。

余英时:《中国思想传统的现代诠释》,南京:江苏人民出版社,2003年。

余英时:《现代儒学论》,上海:上海人民出版社,1998年。

余英时:《论士衡史》,上海:上海文艺出版社,1999 年。

余英时:《朱熹的历史世界——宋代士大夫政治文化的研究》,台北:允晨丛刊,2003 年。

余英时:《论戴震与章学诚——清代中期学术思想史研究》,北京:生活·读书·新知三联书店,2005 年。

余英时:《现代危机与思想人物》,北京:生活·读书·新知三联书店,2005 年。

俞可平:《政治与政治学》,北京:社会科学文献出版社,2005 年。

Z

张宝明:《自由神话的终结》,上海:上海三联书店,2002 年。

张分田:《中国帝王观念——社会普遍意识中的"尊君—罪君"文化模式》,北京:中国人民大学出版社,2004 年。

张灏:《张灏自选集》,上海:上海教育出版社,2002 年。

张祥龙:《海德格尔思想与中国天道——终极视域的开启与交融》,北京:生活·读书·新知三联书店,1997 年。

张祥龙:《从现象学到孔夫子》,北京:商务印书馆,2001 年。

张勇主编:《中国思想史参考资料集·晚清至民国卷》(上、下编),北京:清华大学出版社,2005 年。

赵纪彬:《论语新探》,北京:人民出版社,1976 年。

赵明:《先秦儒家政治哲学导论》,北京:北京大学出版社,2004 年。

朱维铮:《走出中世纪》,上海:上海人民出版社,1987 年。

朱学勤:《思想史上的失踪者》,广州:花城出版社,1999 年。

后　记

　　本书为中山大学"211 工程"三期重点学科资助项目,并得到了广东教育学院博士科研专项经费的资助。

　　本书是在笔者学位论文《在"德"与"位"之间——儒家政治哲学史上的一条线索》的基础上修订而成的。学位论文答辩通过后(2006 年 12 月),直至今年年初,笔者才重新拾起论文,不成想又杂事俗务缠身,以至修订工作时断时续,前后几近一年。期间小女豆豆问世,初为人父,欣喜、忙碌之状可以想知。

　　在本书修订过程中,笔者参考了当初论文评审人冯达文教授、陈立胜教授与郭齐勇教授的评审意见,以及书稿匿名评审人的评审意见,这些意见有的在本书中已经体现出来,有的则尚在消化之中,这些意见对本书的完善甚有助益,在此向他们致以诚挚的感谢。黎红雷教授既是我硕士时期的导师,也是我博士时期的导师,十余年来,他对我循循善诱、关怀有加,不学如我,常自愧有负师恩,今借此机会向他表达由衷的感激与感谢。我的同事叶长茂副教授曾给我许多学业上的帮助与精神上的支持,在此一并谢过。

　　本书得以出版得力于陈少明教授与刘小枫教授。陈少明教授与李兰芬教授伉俪,这些年来给了我数不清的教诲与帮助,感铭至深。少明教授自我读硕士时就是我的老师,钦佩其为学为人,虽不能至,心向往之。聆听过小枫教授的课,当面承教的机会虽不多,这些年来其著作对我影响委实不小,对少明教授、小枫教授对后学的奖掖表示衷心感谢。

自然还得要提及一下我的家人,感谢他们对我的工作的大力支持。本书最初的构思是在同我的太太吴润仪女士散步时的讨论中形成的,这些年来,她承担了许多家务,豆豆问世后又全身心照顾她,使我得以有时间从事学业。我的岳母杨静端女士勤劳能干、任劳任怨,为我们全家解决了后顾之忧。对她们的付出,我由衷地感激。

这本小书之得以问世,同上述师友亲人的支持与帮助是分不开的,此外还有很多支持过帮助过我的人,限于篇幅,就不再一一列举他们的名字了,每念及他们,便感动不已、惶恐不已,自忖惟有精进不已,方不至辜负他们的支持与付出。小女已半岁多矣,乌溜溜的眼睛常常紧盯着人物看,其眼光之专注与清澈,往往使人有些招架不住,这提醒我,做人做事要对得住小女的眼光。

王光松

2008 年冬于广州

2009 年 7 月 7 日补记于广州

图书在版编目(CIP)数据

在"德"、"位"之间 / 王光松著. —上海：
华东师范大学出版社,2010.1
（政治哲学文库 / 甘阳,刘小枫主编）
ISBN 978-7-5617-7502-8

I.①在… II.①王… III.①儒家－政治哲学－研究
IV.①B222.05

中国版本图书馆 CIP 数据核字(2010)第 013159 号

华东师范大学出版社六点分社

企划人 倪为国

本书著作权、版式和装帧设计受世界版权公约和中华人民共和国著作权法保护

政治哲学文库
在"德"、"位"之间
王光松 著

责任编辑 杨宇声
封面设计 吴正亚
责任制作 肖梅兰
出版发行 华东师范大学出版社
社 址 上海市中山北路 3663 号 邮编 200062
电话总机 021－62450163 转各部门 行政传真 021－62572105
客服电话 021－62865537（兼传真）
门市（邮购）电话 021－62869887
门市地址 上海市中山北路 3663 号华东师范大学校内先锋路口
网 址 www.ecnupress.com.cn
印 刷 者 上海印刷（集团）有限公司
开 本 890×1240 1/32
插 页 2
印 张 8
字 数 165 千字
版 次 2010 年 3 月第 1 版
印 次 2010 年 3 月第 1 次
书 号 ISBN 978-7-5617-7502-8/B・534
定 价 28.00 元
出版人 朱杰人

（如发现本版图书有印订质量问题,请寄回本社客服中心调换或者电话 021-62865537 联系）

πολιτικά

政治哲学文库

甘阳 刘小枫 | 主编

　　政治哲学具有不受现代学术分工桎梏的特性。
这首先是因为，政治哲学的论题范围极为广泛，既涉
及道德、法律、宗教、习俗以至社群、民族、国家及其
经济分配方式，又涉及性别、友谊、婚姻、家庭、养育、
教育以至文学艺术等表现方式，因此政治哲学几乎
必然具有跨学科的特性。说到底，政治哲学是一个
政治共同体之自我认识和自我反思的集中表达。

陈壁生　《经学、制度与生活》
王光松　《在"德"、"位"之间》
罗晓颖　《马克思与伊壁鸠鲁》
谭立铸　《柏拉图与政治宇宙论》
魏朝勇　《自然与神圣》
张志扬　《西学中的夜行》